JUÍZES FAZEM JUSTIÇA?

MAIRA SCAVUZZI

Decisão judicial e democracia constitucional

casa do direito

Copyright © 2021 by Editora Letramento
Copyright © 2021 by Maira Scavuzzi

Diretor Editorial | **Gustavo Abreu**
Diretor Administrativo | **Júnior Gaudereto**
Diretor Financeiro | **Cláudio Macedo**
Logística | **Vinícius Santiago**
Comunicação e Marketing | **Giulia Staar**
Assistente de Marketing | **Carol Pires**
Assistente Editorial | **Matteos Moreno e Sarah Júlia Guerra**
Designer Editorial | **Gustavo Zeferino e Luís Otávio Ferreira**
Capa | **Estúdio IRÃ**

CONSELHO EDITORIAL JURÍDICO

Alessandra Mara de Freitas Silva
Alexandre Morais da Rosa
Bruno Miragem
Carlos María Cárcova
Cássio Augusto de Barros Brant
Cristian Kiefer da Silva
Cristiane Dupret
Edson Nakata Jr
Georges Abboud
Henderson Fürst
Henrique Garbellini Carnio
Henrique Júdice Magalhães
Leonardo Isaac Yarochewsky
Lucas Moraes Martins
Luiz Fernando do Vale de Almeida Guilherme
Nuno Miguel Branco de Sá Viana Rebelo
Renata de Lima Rodrigues
Rubens Casara
Salah H. Khaled Jr
Willis Santiago Guerra Filho.

Todos os direitos reservados. Não é permitida a reprodução desta obra sem aprovação do Grupo Editorial Letramento.

Dados Internacionais de Catalogação na Publicação (CIP) de acordo com ISBD

S288j	Scavuzzi, Maira
	Juízes fazem justiça? Decisão judicial e democracia constitucional / Maira Scavuzzi. - Belo Horizonte, MG : Letramento ; Casa do Direito, 2021.
	288 p. ; 15,5cm x 22,5cm.
	ISBN: 978-65-5932-131-5
	1. Direito. 2. Teoria da decisão. 3. Jusnaturalismo. 4. Positivismo. 5. Pós-positivismo. 6. Direito pós-bélico. 7. Giro linguístico. 8. Hermenêutica. 9. Teoria estruturante da norma. 10. Fundamentação das decisões judiciais. 11. Conceito performático. 12. Resposta correta. 13. Ativismo judicial. 14. Filosofia do direito. I. Título.
2021-4228	CDD 340
	CDU 34

Elaborado por Vagner Rodolfo da Silva - CRB-8/9410

Índice para catálogo sistemático:
1. Direito 340
2. Direito 34

Rua Magnólia, 1086 | Bairro Caiçara
Belo Horizonte, Minas Gerais | CEP 30770-020
Telefone 31 3327-5771

CASA DO DIREITO
é o selo jurídico do Grupo
Editorial Letramento

editoraletramento.com.br • contato@editoraletramento.com.br • editoracasadodireito.com

À minha mãe, Lídia, à minha irmã, Bruna, e à minha avó, Jaci (*in memoriam*), em testemunho de todo o meu amor e de minha gratidão.

AGRADECIMENTOS

Agradeço ao Professor Nelson Nery Jr. pela valiosa orientação que, desde a graduação, prestou-me. Para mim, será sempre o exemplo a ser seguido, dada a sua incansável busca pelo saber. Considero-o o maior processualista brasileiro vivo e o jurista mais completo da atualidade.

Ao Professor Georges Abboud, cujo brilhantismo me inspira na busca do meu melhor. Serei eternamente grata pela oportunidade de poder aprender consigo um modo crítico e holístico de tratar o direito. Eu não seria a pesquisadora e a docente que sou hoje não fosse sua amizade e parceria constantes. As pesquisas que, ao longo dos anos, conduzimos juntos, inspiraram a dissertação de mestrado da qual se originou essa obra e os ajustes realizados para a sua publicação.

Aos professores Pedro Serrano e Rafael Thomaz de Oliveira, que muito me honraram ao compor a banca examinadora de minha dissertação. Os apontamentos realizados serviram para reflexão e desenvolvimento, não apenas desta pesquisa, como de tantas outras que, desde então, realizei.

À minha mãe, Lídia Cristina Scavuzzi, cujo suporte foi essencial à conclusão de todas as etapas de minha trajetória profissional. Consigo, aprendi pelo discurso e, sobretudo, pelo exemplo, a importância (e as dificuldades) do estudo e do trabalho duro, *principalmente quando se é mulher*.

Ao estimado Ricardo Yamin, pelo constante apoio em cada estágio de minha empreitada acadêmica. Os laços de amizade que, curiosamente, apenas forjamos depois da graduação, decerto, hoje, estão mais fortes do que nunca, posto que nutridos por lealdade, respeito e carinho mútuos.

À minha irmã, Bruna Scavuzzi, cuja bravura sempre me inspira a vencer minhas inseguranças e a perseguir minhas metas. A despeito de eu ser mais velha, com ela aprendo muito mais do que ensino.

À brilhante Maria Carolina Starzynski, pela revisão inicial do texto e pelo encorajamento durante o processo de pré-publicação.

À Marcella Abboud, pela revisão gramatical e pelas valiosas sugestões realizadas, sobretudo no que se refere ao título e à conclusão desta obra.

Por fim, aos meus alunos, que são um constante estímulo para que eu, cada vez mais e sempre, evolua como docente e pesquisadora.

11		**APRESENTAÇÃO**
14		**PREFÁCIO**
18		**INTRODUÇÃO**
20	**1.**	**ESTUDAR O PASSADO PARA COMPREENDER O PRESENTE**
27	1.1.	O POSITIVISMO JURÍDICO E SEUS DOGMAS
27	1.1.1.	DO JUSNATURALISMO AO JUSPOSITIVISMO EXEGÉTICO
38	1.1.2.	OS TRAÇOS COMPARTILHADOS DOS VÁRIOS POSITIVISMOS JURÍDICOS
43	1.1.2.1.	Ainda e sempre direito e moral: notas sobre os positivismos inclusivista e exclusivista
46	1.1.3.	POSITIVISMO EXEGÉTICO OU LEGALISTA: O DIREITO COMO LEI E A INTERPRETAÇÃO COMO ATO DE CONHECIMENTO
48	1.1.4.	OUTRAS MANIFESTAÇÕES FILOSÓFICAS: A ESCOLA HISTÓRICA, A JURISPRUDÊNCIA DOS CONCEITOS, A JURISPRUDÊNCIA DOS INTERESSES, A ESCOLA DO DIREITO LIVRE E A JURISPRUDÊNCIA DOS VALORES
55	1.2.	PREMISSAS FUNDAMENTAIS DO POSITIVISMO NORMATIVISTA DE KELSEN
61	1.2.1.	A INTERPRETAÇÃO SOB O VIÉS KELSENIANO
64	1.3.	DA FILOSOFIA CLÁSSICA À FILOSOFIA DA CONSCIÊNCIA. A DISCRICIONARIEDADE PRESENTE NA DECISÃO KELSENIANA
71	**2.**	**A VIRADA PARADIGMÁTICA: DO POSITIVISMO AO PÓS-POSITIVISMO**
72	2.1.	MARCOS FILOSÓFICOS
72	2.1.1.	GIRO LINGUÍSTICO
79	2.1.1.1.	A verdade dividida (ou por que isto não é um cachimbo)
82	2.1.2.	A FILOSOFIA HERMENÊUTICA DE MARTIN HEIDEGGER
99	2.1.3.	HERMENÊUTICA FILOSÓFICA DE HANS-GEORG GADAMER.
106	2.2.	MARCO POLÍTICO-HISTÓRICO: A SEGUNDA GUERRA MUNDIAL
114	2.2.1.	NEOCONSTITUCIONALISMO E PÓS-POSITIVISMO *NÃO SÃO* SINÔNIMOS
115	2.2.1.1.	O surgimento das novas Constituições
117	2.2.1.2.	As alterações ocasionadas no agir dos Tribunais
118	2.2.1.3.	As novas teorias doutrinárias
118	2.2.1.4.	Neoconstitucionalismo: um museu de grandes novidades

122	2.3.	MARCO TEÓRICO-JURÍDICO: A DIFERENCIAÇÃO ENTRE TEXTO E NORMA
128	2.4.	DE COMO SE DÁ A INTERPRETAÇÃO NO PÓS-POSITIVISMO E POR QUE A HERMENÊUTICA NÃO É SUBJETIVISTA
130	**3.**	**A FUNDAMENTAÇÃO COMO FONTE DE LEGITIMIDADE DA FUNÇÃO JURISDICIONAL**
131	3.1.	AS FUNÇÕES DA FUNDAMENTAÇÃO NO ESTADO DEMOCRÁTICO DE DIREITO CONFORME A DOGMÁTICA PROCESSUAL-CONSTITUCIONAL
139	3.2.	O *STATUS* CONSTITUCIONAL DA MOTIVAÇÃO: A MOTIVAÇÃO COMO DIREITO E DEVER FUNDAMENTAL
144	3.2.1.	REQUISITOS DA MOTIVAÇÃO: CLAREZA, COERÊNCIA E LÓGICA
149	3.2.2.	A LEGISLAÇÃO COMO REFORÇO DO DEVER CONSTITUCIONAL: AS INOVAÇÕES TRAZIDAS PELO CPC 489, §1º E PELO *PACOTE ANTICRIME*
152	3.2.3.	ADVERTÊNCIA NECESSÁRIA: O LEGISLADOR INFRACONSTITUCIONAL NÃO INAUGUROU O DEVER DE FUNDAMENTAÇÃO PLENA
153	3.3.	O *STATUS* HERMENÊUTICO DA FUNDAMENTAÇÃO: A MOTIVAÇÃO COMO *LOCUS* ADEQUADO À DEMONSTRAÇÃO DA COERÊNCIA E INTEGRIDADE DO ATO DECISÓRIO
163	3.4.	O QUE A FUNDAMENTAÇÃO *NÃO É*. SOBRE A IMPOSSIBILIDADE DE UM MÉTODO PARA DECIDIR
168	**4.**	**É A JUSTIÇA UM ENUNCIADO PERFORMÁTICO?**
169	4.1.	ENTRE ANALÍTICOS E CONTINENTAIS
178	4.2.	ALGUMAS PALAVRAS SOBRE A ANALÍTICA DE JOHN L. AUSTIN
183	4.3.	OS CONCEITOS PERFORMÁTICOS DE JOHN L. AUSTIN: UMA PROPOSTA DE INSTRUMENTALIZAÇÃO DA TEORIA DOS ENUNCIADOS PERFORMATIVOS PARA A DETECÇÃO DE FRAGILIDADES ARGUMENTATIVAS
198	4.4.	A JUSTIÇA COMO CONCEITO PERFORMÁTICO
199	4.4.1.	O EMPREGO DO CRITÉRIO DO JUSTO NA JURISPRUDÊNCIA NACIONAL

209 **5. DO ATIVISMO JUDICIAL E DA NECESSIDADE DE UMA TEORIA DA REPOSTA CORRETA NO DIREITO**

210 5.1. DAS TRADIÇÕES ROMANO-GERMÂNICA (*CIVIL LAW*) E ANGLO-SAXÔNICA (*COMMON LAW*)

211 5.1.1. ALGUNS APONTAMENTOS HISTÓRICOS SOBRE A *COMMON LAW* E A *CIVIL LAW*

215 5.1.2. DA RELAÇÃO ENTRE *CIVIL LAW* E *COMMON LAW* COM AS FONTES DO DIREITO: ENTRE A LEI E A JURISPRUDÊNCIA

220 5.2. ATIVISMO JUDICIAL: O MAL DA DÉCADA

220 5.2.1. A CONSTRUÇÃO DO CONCEITO: AFINAL, O QUE É ATIVISMO JUDICIAL?

229 5.2.2. O CARÁTER ANTIDEMOCRÁTICO DO ATIVISMO JUDICIAL (OU POR QUE NÃO EXISTE BOM ATIVISMO)

239 5.3. DO COMBATE À DISCRICIONARIEDADE COMO ELEMENTO DE RACIONALIDADE DO PODER

243 5.3.1. A TESE DA RESPOSTA CORRETA DE RONALD DWORKIN

259 5.3.2. A TESE DA RESPOSTA CONSTITUCIONALMENTE ADEQUADA DE LENIO STRECK

264 5.4. OS ENUNCIADOS PERFORMÁTICOS E O ATIVISMO JUDICIAL

265 5.5. O MALEFÍCIO DOS CONCEITOS PERFORMÁTICOS PARA A DEMOCRACIA: A KATCHANGA E A LUTA CONTRA A CORRUPÇÃO

271 **À GUISA DE CONCLUSÃO: O DIREITO SUBMERSO EM ÁGUAS TURVAS**

277 **POSFÁCIO**

280 **REFERÊNCIAS BIBLIOGRÁFICAS**

APRESENTAÇÃO

Não seria necessário que eu lesse a obra de Maira Scavuzzi para ter a certeza de que seria instigante. Em parte, porque o tema toca diretamente meus interesses de pesquisa; mas principalmente porque pude, honrosamente, presenciar a transformação da graduanda na autora que hoje apresento e admiro. A introdução de Maira nos demonstra, prontamente, a dimensão da autora, que é professora, pesquisadora e advogada. O conflito palpável acerca do ideário de justiça que nos introduz pode parecer uma anedota de sala de aula, mas é um conflito perene no fazer jurídico, um nó cuidadosamente desfeito pela autora, esmiuçado com didática, mas sem pressupor uma incapacidade crítica de seus leitores.

Não tenho ressalvas em dizer que a Maira foi a melhor aluna que já tive: compromissada, crítica, estudiosa, perspicaz. Com essas qualidades, Maira obteve, logo após terminar sua graduação, a aprovação no programa de mestrado da PUC-SP.

Além do sucesso acadêmico, Maira é hoje uma excelente advogada, sendo motivo de grande honra e satisfação trabalharmos juntos em diversos projetos acadêmicos e consultivos. A bela trajetória profissional da autora é agora coroada com novo e importantíssimo evento: a publicação de seu primeiro livro, que ora tenho a honra de apresentar.

Trata-se da versão comercial de sua dissertação de mestrado aprovada com a nota máxima. O livro busca estabelecer qual é a verdadeira função do Poder Judiciário e os limites que se colocam ao seu exercício. Dada a crise constitucional enfrentada no Brasil, compreender o funcionamento – e o papel – das restrições postas à atividade jurisdicional é absolutamente urgente. O que se tem visto – e que Maira ilustra com clareza – é o Poder Judiciário ser ora descreditado, ora tomando partidos que abrem mão da defesa do que há de mais importante numa democracia, a Constituição.

Além da relevância temática, a obra tem três pilares que gostaria de destacar: o histórico, o filosófico e o artístico. É evidente a importância de se estabelecer uma relação íntima entre teoria do direito e filosofia, bem como compreender o direito à luz dos eventos históricos. Todavia, essa importância não tem nos garantido qualidade e nem segurança epistêmica, afinal, não raro, o estudo do direito oscila entre ser hermético demais para a troca de saberes ou raso demais para o debate.

Superando esse duplo problema, Maira nos apresenta um levantamento histórico de muita qualidade na explicação sobre a ascensão do positivismo em relação ao jusnaturalismo. Em termos filosóficos, dá conta de cobrir o giro ontológico-linguístico de Heidegger a Austin, passando por Gadamer, e ainda nos presenteia com análises de quadros, poemas e livros que tanto ilustram seu claro raciocínio, quanto abrem portas – que jamais deverão ser fechadas – para a reflexão.

Em seu livro, a autora expõe rica concatenação de raciocínio entre Austin, Dworkin e Lenio Streck, evidenciando como essas três visões podem ser sistematizadas na busca da consolidação do ideal de democracia dentro do direito. Ou seja, a estruturação de um modelo decisório pautado nas instituições democráticas e não na subjetividade do intérprete.

Maira, de forma bastante elucidativa, identifica o problema do problema. Explicamos. Mais do que diagnosticar o risco da discricionariedade para a forma como decidimos, ela vislumbra a principal ferramenta do agir subjetivista, o constante uso dos enunciados performáticos (ou performativos). Por meio desses enunciados, a autonomia do direito é historicamente solapada a ponto de não conseguirmos visualizar sequer a diferenciação funcional do sistema jurídico.

A pretexto de fazerem justiça, sem constrangimentos institucionais, julgadores afastam legalidade democraticamente produzida, bem como padrões normativos de Tribunais Superiores. Se não compreendermos a pergunta do livro, dificilmente avançaremos na proteção de uma democracia constitucional no Brasil.

Ademais, a erudição da obra não impede o didatismo, tampouco a inserção de temas atuais e de impacto imediato, como as recentes questões sobre a luta contra corrupção, a lava-jato e o ex-juiz Sergio Moro, talvez o exemplo mais presente no cotidiano de como á arriscado trocarmos a interpretação da lei por ideais de como fazer um mundo melhor, mais justo e menos corrupto...

Atenta a todas essas questões fundamentais, Maira apresenta uma contribuição acadêmica fundamental para a defesa da Constituição e do Poder Judiciário tal qual ele deve ser. Além da sólida pesquisa acadêmica e do didatismo, a autora nos presenteia com uma escrita clara, coerente e de leitura muito agradável.

Todo aluno deveria ler o livro apresentado. A leitura, além de evidenciar a complexa realidade do fenômeno jurídico, serve para desfazer qualquer ingenuidade ou simplório romantismo que o aluno possa apresentar sobre o direito. Em uma democracia constitucional, a maturidade democrática impõe a compreensão do direito como elemento do nosso processo civilizatório e não uma ideologia em busca do seu conceito de justiça.

Certo dia, ouvi um poema de Cora Coralina que reproduzo para externar meu ponto de vista sobre a autora: no poema, o eu lírico dizia que tudo que fazia nunca havia sido feito, por isso, a compreensão do outro não lhe era fácil, vivia sempre com a sensação de que algo, em sua fala, escapava ao outro, porque havia sempre de nascer antes do tempo. O eu lírico passa, então, a perseguir o tempo. Ao final, conclui: *alguém me retrucou. / Você nasceria sempre/antes do seu tempo. /Não entendi e disse amém*. Maira sempre nascerá antes do tempo.

Por isso, como professor, desejo às minhas alunas e aos meus alunos que possam trilhar os mesmos passos que Maira; como advogado, renovo a alegria e a honra atuais em poder trabalhar ao lado da autora. Como pesquisador, parabenizo profundamente a Editora Casa do Direito por disponibilizar ao público leitor obra de tamanha qualidade.

São Paulo, março de 2021, ao longo da infindável pandemia.

GEORGES ABBOUD
Professor da Faculdade de Direito da Pontifícia Universidade Católica de São Paulo (PUC-SP), Professor do mestrado e doutorado em Direito Constitucional do Instituto Brasiliense de Direito Público (IDP-DF). Livre-Docente Doutor e Mestre em Direito pela PUC-SP.

PREFÁCIO

A autora, Maira Scavuzzi, dá a público obra de grande relevância para o direito brasileiro. Fruto de sua pesquisa para a elaboração da dissertação com que obteve, na PUC-SP, o título de Mestre em Direito, o livro é escrito em linguagem escorreita, de fácil leitura e compreensão, dada a forma direta, simples e clara com que a autora expõe o seu pensamento acerca do tema nele versado.

Maira foi minha aluna na PUC-SP, e, junto com Ricardo Yamin Fernandes, assiste-me na cadeira de Direito Processual Civil no curso de Graduação em Direito da PUC-SP. Estudiosa e pesquisadora incansável, acumula cultura jurídica associada à inquietação e espírito crítico, qualidades que fazem com que seus escritos ganhem originalidade e dêem ao leitor ocasião para a reflexão tão necessária para o aprimoramento da aplicação no direito nos dias de hoje.

Além de suas qualidades acadêmicas e de pesquisadora, Maira é advogada militante e integra escritório de advocacia com expertise reconhecida no cenário brasileiro e internacional. Profissional completa, portanto, que nos dá esse brinde que é o livro que ora tenho a honra de prefaciar.

O tema do livro é de indiscutível atualidade e oportunidade, pois trata de um dos assuntos que mais intrigam o profissional do direito nos tempos atuais: o ativismo judicial e a função constitucional do Poder Judiciário.

Logo de início Maira lança ao leitor a pergunta: "em uma democracia constitucional, cabe ao juiz decidir conforme o senso de justo?". No livro, a autora discute a função jurisdicional dentro do estado democrático de direito e lança o desafio de delimitar essa função, à luz da Constituição, para que se possa chegar ao ideal de "como o juiz deve decidir". Parece utópico, mas não é! Cumprir a Constituição é dever de todos, inclusive do Poder Judiciário que, ao aplicar e interpretar a Constituição, deve decidir de acordo com ela.

Maira analisa o passado para compreender o presente. Traz exposição sobre o positivismo jurídico e o pós-positivismo, demonstrando que é necessário compreender-se e contextualizar-se a função do Poder Judiciário à luz do passado e do presente, para que se possa projetar o juiz do futuro, sempre, é claro, à luz do texto e do espírito da Constituição Federal. Do jusnaturalismo e do positivismo exegético – deste último nunca bem compreendido pelos filósofos do direito, inclusive com entendimento enviesado da doutrina kelseniana –, passando pelas várias escolas que se têm sucedido no tempo e no espaço, como a da escola do direito livre (Hermann Ulrich Kantorowicz) – o juiz é livre para julgar, não se vinculando apenas ao direito positivo, mas também às demandas da sociedade, podendo, inclusive, decidir *contra Constitutionem* e *contra legem*, que teve incidência na prática da judicatura do *bon juge Magnaud* (bom juiz Paul Magnaud), da evolução histórica (Claude Bufnoir, Raymond Salleiles, Paul Esmein), jurisprudência dos conceitos (Begriffsjurisprudenz – Georg Friedrich Puchta, Bernhard Windscheid, Rudolph von Jhering, Friedrich Carl von Savigny), jurisprudência dos interesses (Interessenjurisprudenz – Philipp Heck), jurisprudência dos valores (Wertungsjurisprudenz – Karl Larenz, Helmuth Coing, Carl-Wilhelm Canaris, Franz Bydlinski), até chegar na filosofia hermenêutica (Martin Heidegger) e na hermenêutica filosófica (Hans-Georg Gadamer) surgidas no pós segunda guerra mundial.

Esse contexto histórico-filosófico feito pela autora nos primeiros tópicos do livro é necessário para que o leitor possa compreender o que vem em seguida, vale dizer, o exame da função do Poder Judiciário na prática do direito: o que tem sido feito pelos juízes e o que deveria ter sido feito pelos juízes ou, ainda melhor, o que deverá ser feito pelos juízes para que o Brasil realmente possa entrar para o rol dos países que se encontram sob o regime constitucional do (verdadeiro) Estado Democrático de Direito.

A distinção entre texto e norma, que a autora apreende da doutrina de Friedrich Müller[1], é aplicada em todo o trabalho, no sentido de que o texto normativo é a enunciação abstrata que se encontra na Constituição e nas leis e somente adquirirá força, eficácia e efetividade, quando se tornar norma jurídica, isto é, quando o juiz proferir sentença que contenha o comando para aqueles que a devem cumprir. O comando que emerge da sentença é a norma; o que está escrito na Constituição e nas leis é apenas texto.

Por isso a distinção é relevante, porque a função jurisdicional é de magna importância no estado democrático de direito, na medida em que é o juiz que dá *enforcement* para o que está escrito nos textos normativos constitucionais e legais. Por isso deve haver, sempre, submissão e limitação da atividade do Poder Judiciário ao texto e ao espírito da Constituição e das leis do País. Ao apartar-se da Constituição e das leis, verifica-se na atividade jurisdicional assim exteriorizada verdadeiro déficit democrático que retira dessa decisão a legitimidade imprescindível dentro do Estado Democrático de Direito.

Maira propõe no livro a delimitação da atividade jurisdicional ao que determinam a Constituição e as leis, o que se nos afigura exato.

A par do desassombro da autora, que manifesta a coragem de expor suas idéias críticas à atividade jurisdicional no Brasil, são examinadas situações de grande importância para o estudo dessa limitação propostas por Maira, das quais podemos citar a do pacote Anticrime – Lei n. 13964, de 24.12.2019,[2] que a autora justifica como um dos mecanismos para que se evite a falta ou deficiência de fundamentação das decisões judiciais.

Esse o ponto fulcral do trabalho: o dever de fundamentação das decisões judiciais. Com base nesse dever constitucional do magistrado, Maira examina a atividade jurisdicional no Brasil, estudando seu conteúdo e limites, propondo soluções.

---

1 Friedrich MÜLLER. *Juristische Methodik*, v. I (*Grundlegung für die Arbeitsmethoden der Rechtspraxis*), 11.ª ed., Berlin: Duncker & Humblot, 2013, *passim*; Friedrich MÜLLER. *Teoria estruturante do direito*, v. 1, 3.ª ed., São Paulo: Ed. Revista dos Tribunais, 2011, *passim*; Friedrich MÜLLER. *O novo paradigma do direito: introdução à teoria e metódica estruturantes*, 3.ª ed., São Paulo: Ed. Revista dos Tribunais/Thomson Reuters, 2013, *passim*.

2 A Lei 13964/2019 teve 24 dispositivos vetados pelo Presidente da República. O Congresso Nacional derrubou 16 desses vetos, que foram reincorporados ao texto da lei.

Ocupa-se a autora de estudar o que denomina de enunciados performáticos de juízes e tribunais e com isso discute os enunciados abstratos, incorretamente chamados no Brasil de ... precedentes, que nada têm a ver com os precedentes do *common law*, que possui requisitos específicos e só podem ser utilizados pelos juízos anglo-saxônicos, como causa de decidir, se não houver lei específica tratando da matéria. Em suma, no common law, havendo lei sobre determinado assunto, é vedado ao juiz aplicar precedentes! Não estamos, pois, caminhando para o sistema do *common law*, como se tem falado aqui, como se fora um mantra.

Cumprimentamos a autora, a editora e, principalmente, os destinatários deste fantástico livro, que expõe com maestria, coragem e competência o correto pensamento de Maira Scavuzzi.

São Paulo, abril de 2021.

NELSON NERY JUNIOR
Professor Titular da Faculdade de Direito da
Pontifícia Universidade Católica de São Paulo
(PUC-SP). Sócio fundador de Nery Advogados.

INTRODUÇÃO

Após alguns anos de prática docente, a sala de aula revela que determinadas experiências tendem à repetição. Geralmente, o debate relacionado ao vínculo que existe entre direito e justiça é uma constante. Quando perguntamos aos primeiranistas se é função de um juiz promover a justiça, as respostas costumam ser afirmativas. É difícil imaginar resultado diverso, afinal, grande parte dos ingressantes escolhe a faculdade de direito especialmente por conta do desejo de combater aquilo que consideram injusto. Nós mesmos não fomos diferentes dos alunos para os quais, hoje, lecionamos.

Nosso objetivo é por à prova a premissa de que todos nós um dia partimos. Por isso, nossos estudos estarão guiados pela seguinte pergunta: em uma democracia constitucional, cabe ao juiz decidir conforme o senso de justo?

Conforme se vê, ao fim, o que pretendemos é estabelecer qual é a verdadeira função do Poder Judiciário e os limites que se colocam ao seu exercício. Compreender as restrições postas à atividade jurisdicional é absolutamente urgente. O Brasil vive, hoje, um período de crise institucional iminente. O Poder Judiciário, a quem o constituinte atribuiu a defesa última da norma mais importante do sistema (a Constituição), tem violado a integridade do texto constitucional, sob a escusa de alcançar fins outros, que não são próprios do papel que lhe cabe desempenhar.

Justamente por isso se torna imprescindível a discussão acerca dos parâmetros de controle das decisões judiciais, que, ao fim e ao cabo, constituem limites necessários ao Poder Judiciário no exercício de sua função típica. Em resumo, precisamos aprofundar o debate sobre teorias da decisão no Brasil, isto é, discutir sobre *como um juiz deve decidir*.

Não podemos realizar essa tarefa sem, antes, perceber a importância da fundamentação para uma decisão judicial. Muito embora as conclusões sejam relevantes, é a motivação (e não o resultado em si) que permite aferir se a decisão está ou não adequada ao direito vigente. Ou seja, é a partir da fundamentação que podemos fiscalizar a atividade judicial, para verificar se está de acordo com a Constituição e com a lei. Não batalhamos tanto para substituir o arbítrio dos monarcas absolutistas pelo governo das leis para que, ao fim, os juízes possam afastá-las quando do exercício da jurisdição.

Se queremos preservar o Estado de Direito (e queremos!), é preciso fortalecer as amarras que vinculam o Poder Judiciário ao bloco de legalidade vigente, composto pela Constituição e pelas leis. Por isso, é preciso combater as formas de motivação que, em lugar de amarrar os juízes ao mastro da legalidade, servem como subterfúgio para que possam descumpri-la. As motivações que servem como pretexto para o descumprimento da lei não são verdadeiras fundamentações constitucionais; são fundamentações aparentes, simulacros de fundamentação, que, afinal, não justificam da maneira devida o exercício da função jurisdicional.

Nesse contexto, é imprescindível refletir se a justeza é um critério decisório que estreita ou afrouxa os vínculos que obrigam o magistrado a observar o direito vigente.

1. ESTUDAR O PASSADO PARA COMPREENDER O PRESENTE

"O jusnaturalismo vem ao encontro de nossa exigência de mudar, melhorar ou, conforme o caso, justificar a lei em vigor; mas, como diz Gellner, 'é pouco crível'. O positivismo jurídico é mais crível ou, para melhor dizer, pode nos oferecer uma teoria coerente do fenômeno jurídico, racionalmente construída e empiricamente controlada; mas é incapaz de nos dizer qualquer coisa sobre a justiça ou injustiça das leis, cuja teoria expôs com tanto rigor. Em outras palavras, o jusnaturalismo cumpre bem sua função quando se apresenta como uma ideologia do direito; o positivismo desempenha bem sua função quando se apresenta como uma teoria do direito".

NORBERTO BOBBIO

A interpretação é o ato de revelação do sentido e alcance da norma jurídica. O jurista deve buscar a verdade real. Não existem lacunas no ordenamento jurídico. A lei, quando clara, dispensa interpretação. Quando interpreta, o aplicador do direito deve se valer dos métodos teleológico, histórico, sistemático, gramatical, dentre outros. A sentença é a conclusão do processo silogístico de aplicação da norma. Ao decidir, o juiz se vale de seu livre convencimento motivado.

As assertivas acima são exemplos de um acervo de "verdades" cotidiana e indiscriminadamente reproduzidas nas diversas instâncias do direito. Quando disseminadas, não se questiona sua coerência perante as viradas paradigmáticas ocorridas no campo da filosofia e da filosofia jurídica ou sua adequação ao padrão normativo de maior valia no sistema, que é a Constituição Federal vigente. Cuidam-se de verdades incontestáveis e inverificáveis, aprendidas quase que por osmose pelo profissional do direito e utilizadas para alicerçar toda sorte de argumentação, que, contudo, estão fundadas no intitulado "senso comum teórico dos juristas".

A expressão "senso comum teórico" foi cunhada por Luis Alberto Warat para designar, num sentido geral, "as condições implícitas de produção, circulação e consumo das verdades nas diferentes práticas de enunciação e escritura do Direito"[3].

Ao praticar o direito, o jurista é influenciado por uma série de construções pré-existentes, que, silenciosamente, guiam o seu discurso. É uma espécie de cultura comum, uma trama de "verdades incontestáveis", presentes, ainda que veladamente, na fala dos acadêmicos, doutrinadores, advogados e juízes.

Lenio Streck leciona que o senso comum teórico é o "conhecimento que se encontra na base de todos os discursos científicos e epistemológicos do Direito"[4]. Escorado nos ensinamentos de Pierre Bourdieu, o autor afirma que o senso comum teórico instituiu tendências comuns no imaginário dos juristas, capazes de propiciar o conhecimento confortável e acrítico do direito e, consequentemente, responsáveis pela banalização da prática jurídica[5]. Conforme Streck, o senso comum teórico é um *habitus*, compreendido como "o conjunto de crenças e práticas que compõem os pré-juízos do jurista, que tornam a sua atividade

---

3 *Introdução geral do Direito I: intepretação da lei: temas para uma reformulação.* Porto Alegre: Fabris, 1994, p. 13.

4 *Hermenêutica jurídica e(m) crise.* 11ª ed., rev., atual. e ampl. Porto Alegre: Livraria do Advogado, 2014, p.85.

5 "O senso comum teórico institui uma espécie de *habitus* (Bourdieu), ou seja, predisposições compartidas, no âmbito do imaginário dos juristas. Isso porque, segundo Bourdieu, *há, na verdade, um conjunto de crenças e práticas que, mascaradas e ocultadas pela* communis opinio doctorum, *propiciam que os juristas conheçam de modo confortável e acrítico o significado das palavras, das categorias e das próprias atividades jurídicas, o que faz do exercício do operador jurídico um* habitus, *ou seja, um modo rotinizado, banalizado e trivializado de compreender, julgar e agir com relação aos problemas jurídicos,* e converte o seu saber profissional em uma espécie de 'capital simbólico', isto é, numa riqueza reproduzida a partir de uma intrincada combinatória entre conhecimento, prestígio, reputação, autoridade e graus acadêmicos." *Idem*, p. 85-86.

refém da quotidianidade (algo que podemos denominar de concretude ôntica), d'onde falará do e sobre o direito"[6].

Quem consome o senso comum teórico reproduz conceitos e categorias que não compreende completamente. Recebe-os acriticamente e os repete, a despeito da sua incapacidade de explicá-los. De maneira geral, não percebe os paradoxos e as fragilidades dos argumentos que perpetua, mesmo porque a discussão acerca desses paradoxos e fragilidades simplesmente não o alcança, afinal, verdades incontestáveis não seriam incontestáveis se recebidas mediante um exercício reflexivo por parte do interlocutor.

Acerca do tema, é essencial a crítica de Streck, para quem a perpetuação do senso comum teórico começa nas salas de aula, onde se vende um modelo simplificado de direito, ainda indeciso entre positivismo exegético e voluntarismo, alicerçado no esquema sujeito-objeto e cuja interpretação continua a respaldar-se nos métodos gramatical, teleológico, histórico etc[7].

Decerto, existe uma grave crise no ensino jurídico brasileiro[8], que, estimulado pelo senso comum teórico, insiste na manutenção das velhas práticas, a despeito dos novos paradigmas inaugurados.

Nada obstante o surgimento de um novo constitucionalismo, de que é produto a Constituição brasileira de 1988, o texto constitucional parece não penetrar a comunidade jurídica na devida e merecida intensidade. As aulas, não raro, constituem leituras dinâmicas dos Códigos e/ou disseminam interpretações isoladas das leis, feitas à revelia do texto constitucional. O movimento neoconstitucionalista, que trouxe novos textos constitucionais – e cuja pretensão era não apenas a vinculação formal, mas também substancial da lei –, frustrou-se, em parte, no seu objetivo. A Constituição de 1988 instituiu uma nova era, mas a academia, presa ao senso comum teórico, continua a ensinar o

---

6 STRECK, Lenio Luiz. *Jurisdição constitucional e decisão jurídica*. 3ª ed. São Paulo: Revista dos Tribunais, 2013, p. 50.

7 *Idem*, p. 98-99.

8 A crise a que se refere é tratada, com maestria, por Lenio Streck em "Jurisdição constitucional e decisão jurídica" e "Hermenêutica jurídica e(m) crise". Ver os textos completos em: STRECK, Lenio Luiz. *Jurisdição constitucional e decisão jurídica*. 3ª ed. São Paulo: Revista dos Tribunais, 2013, p. 48-68; STRECK, Lenio Luiz. *Hermenêutica jurídica e(m) crise*. 11ª ed., rev., atual. e ampl. Porto Alegre: Livraria do Advogado, 2014, p.85-113.

direito da antiga tradição, na qual o protagonista era exclusivamente a lei, esquecendo-se de examiná-la à luz do texto constitucional. Este, quando muito, era utilizado para a verificação de meros requisitos formais de produção legislativa.

Formada uma geração de juristas que exerce o direito (apenas) a partir dos Códigos, é natural observar-se, no Brasil, um índice de "baixa constitucionalidade": cogita-se o respeito à lei, mas não à Constituição, apesar de sua superioridade hierárquica[9]. Nada simboliza mais o contrassenso ora exposto que os primeiros artigos do CPC vigente, *e.g.*, o art. 10º: o legislador considerou necessário à lei infraconstitucional proibir o juiz de decidir sem ouvir as partes para

---

9 Sobre o tema: "Uma questão que denuncia aquilo que mais adiante chamarei de 'baixa constitucionalidade', e que contribui(u) para a ineficácia da Constituição, foi a falta de uma teoria do Estado e uma teoria constitucional, com as quais se construiriam as condições de possibilidade para a implementação da nova Constituição. Trata-se, fundamentalmente, de uma crise de paradigmas, isto é, uma crise no âmbito filosófico e no âmbito de direito. São, enfim, as crises que sustentam o próprio positivismo jurídico.

Para se ter uma ideia acerca dessa problemática que envolve o 'novo' e o 'velho', vale referir que, estando em vigor a nova Constituição, os cursos jurídicos no País não modificaram sequer seus currículos visando à construção de um imaginário voltado à Constituição do Estado Democrático de Direito.

Nesse sentido, é relevante lembrar que o problema tem características universalizantes. Com efeito, a exemplo do Brasil, também países como Portugal, Itália e Espanha, para citar apenas alguns, estiveram sob regimes autoritários antes do advento das Constituições que estabeleceram o novo modelo de Estado Democrático de Direito. Os velhos paradigmas teimam em prevalecer. Nesse sentido, o Tribunal Constitucional espanhol chegou a estabelecer, na sentença 64/83, de 21 de julho, a imposição aos juízes e tribunais da obrigatoriedade de interpretarem as leis em conformidade com a Constituição.

Em *terrae brasilis*, se durante o *ancién* régime, por exemplo, as disciplinas de direito civil ocupavam duas, três e até quatro vezes o espaço destinado ao direito constitucional, após a entrada em vigor do novo texto constitucional a situação se manteve. Não ocorreu a 'angústia do estranhamento'. No lugar em que deveria exsurgir o novo, continuou-se com as velhas práticas, insuladas no sentido comum teórico. Se não fosse pelo aparecimento do novo, enfim, da refundação da sociedade, a partir de um pacto constituinte que estabeleceu em seus textos as condições de possibilidade para o resgate de um passado que relegou milhões de pessoas à exclusão social, a comunidade jurídica ao menos deveria ter dado ênfase à Constituição enquanto fundamento de validade, mesmo no (velho) sentido kelseniano da palavra". STRECK, Lenio Luiz. *Jurisdição constitucional e decisão jurídica*. 3ª ed. São Paulo: Revista dos Tribunais, 2013, p. 53.

garantir o respeito à proibição de decisão surpresa, decorrência lógica do contraditório e da ampla defesa (art. 5ª LV da CF). A redação do CPC veio a calhar, mas não evita um estranhamento: a necessidade de a lei infraconstitucional repetir o texto do constituinte para que muitas de suas previsões ganhem repercussão na jurisprudência e na doutrina, como se a Constituição, por si, não possuísse aplicabilidade direta e imediata[10]. O cenário se agrava quando se percebe que a Constituição de 1988 possui substancial importância, porquanto inaugurou a democracia após um longo período de predomínio do Estado autoritário.

Outro exemplo da reprodução de paradigmas superados impulsionada pelo senso comum teórico são as súmulas vinculantes. A despeito de suplantada a ideia de que não existe texto carente de interpretação, a súmula vinculante, instituída pela EC 45/2004, foi recebida por parte da doutrina como instrumento hábil a diminuir o número de processos que esgotam o Judiciário, como se *a*) um enunciado geral e abstrato pudesse conter em si uma solução pronta e acabada a ser aplicada via subsunção nos diversos casos *sub judice*; e *b*) as peculiaridades do caso concreto não trouxessem ao aplicador variantes que não cabem automaticamente num texto normativo e/ou não alteram completamente a direção normativa para a qual se imaginava que aquele texto, a princípio, apontava[11].

Afirmar ser a lei o centro do debate jurídico, em detrimento da Constituição, e ser possível o método silogístico-subsuntivo para aplicação de uma norma (contida desde sempre num determinado enunciado) ao caso, são ideias que remontam ao modo mais primitivo do positivismo (positivismo legalista). Tratam-se de exemplos de como a comunidade jurídica brasileira reproduz, irrefletidamente, modelos de pensamento superados, nutridos no senso comum teórico. O *habitus* é uma instância de manutenção dos pré-juízos que não se colocam à prova. Quem se encontra sob o constrangimento do *habitus*, não reflete sobre os preconceitos que inevitavelmente o acompanham na compreensão do direito. "Em síntese, o *habitus* vem a ser o *locus*

---

[10] Nesse sentido: *Idem*, p. 55.

[11] Ver: STRECK, Lenio Luiz. *Hermenêutica jurídica e(m) crise*. 11ª ed., rev., atual. e ampl. Porto Alegre: Livraria do Advogado, 2014, p. 105.

da decaída para o discurso inautêntico repetitivo, psicologizado e desontologizado"[12].

Se a academia, responsável pela formação dos futuros professores, doutrinadores, advogados, promotores, juízes etc., ensina com amparo no senso comum teórico, o profissional formado naturalmente o reproduzirá no seu dia a dia laboral. A crise do ensino jurídico é, indubitavelmente, uma crise do direito[13]. Está instituído, então, um ciclo vicioso, no qual o direito ensinado, produzido e reproduzido, é aquele construído no âmago do senso comum teórico.

Para romper esse ciclo vicioso, é necessário conhecer as críticas feitas a determinados conceitos jurídicos suplantados – embora ainda perpetuados no senso comum teórico –; compreender as inconsistências identificadas em certas linhas de pensamento, além de como e por que foram superadas; filtrar as informações postas como "verdades", para expurgar do cotidiano assertivas que desmoronam ante críticas realizadas a partir de reflexões mais atuais; e abandonar a prática de receber acriticamente as informações, como se fossem um saber conatural, cuja contestação seria impossível ou desnecessária. É imprescindível, enfim, refletir de forma profunda sobre o direito, e, para tanto, conhecer os paradigmas de pensamento de relevância e identificar conceitos que – apesar de incontestados no senso comum jurídico – não sobreviveram às críticas que lhe foram postas no decorrer da história.

A eleição consciente de um referencial teórico é essencial para o estudo de qualquer tema.[14] Quando não nos (pre)ocupamos com o paradigma de pensamento que estrutura o nosso raciocínio, assumimos o risco de fincar os pés em um que já está superado, mesmo porque, via de regra, os paradigmas recém suplantados são também os mais "tradicionais" e, num geral, dominam o senso comum teórico. Noutras palavras, as críticas recentemente postas a um determinado modo de

---

12 STRECK, Lenio Luiz. *Jurisdição constitucional e decisão jurídica*. 3ª ed. São Paulo: Revista dos Tribunais, 2013, p. 51.

13 STRECK, Lenio Luiz. *Hermenêutica jurídica e(m) crise*. 11ª ed., rev., atual. e ampl. Porto Alegre: Livraria do Advogado, 2014, p. 100.

14 Acerca do tema, Bernd Rüthers leciona que *"No existe una ciencia del derecho si los problemas de fundamento no son penetrados teoréticamente. Se trata, ante todo y frente a la pregunta sobre la necesidad o no de la teoría del derecho, de si los juristas desean conocer lo que hacen o si prefieren escoger, consciente o inconscientemente, la desorientación"*. RÜTHERS, Bernd. *Teoría general del derecho: concepto, validez y aplicación del derecho*. Bogotá: Themis, 2018, p. 27.

pensar chegam tardiamente (quando chegam) ao senso comum teórico, reconhecidamente um âmbito hostil às reflexões e refratário às mudanças, a exemplo de todo costume ou cultura arraigada.

É esta a razão de ser dos dois primeiros capítulos desta obra: assegurar que as premissas de partida da obra, por influência de um senso comum teórico fatalmente atrasado, não estejam fundadas num modelo ultrapassado de pensamento.

Para tanto, primeiramente, serão analisadas as bases do paradigma "superado" – o positivismo – para, posteriormente, tratar do paradigma que o suplantou – o pós-positivismo. Antes, porém, é necessário advertir que o positivismo cujo exame se pretende é o exegético-normativista. A presente obra não se ocupará profundamente das novas formas de reestruturação da doutrina positivista, posteriores ao normativismo, isto é, o positivismo inclusivo e exclusivo.[15] A razão para tanto é bastante simples: no Brasil, o que predominantemente se reproduz é um sincretismo exegético-normativista. O positivismo contemporâneo não alcançou capilaridade suficiente para, a primeiro momento, diante dos objetivos que guiaram esta primeira edição, justificar uma análise profunda. O positivismo a ser vencido, portanto, é aquele rotineiramente aplicado, nada obstante a existência de vertentes mais sofisticadas.

---

15 Conforme se sabe, Ronald Dworkin formulou críticas agressivas ao positivismo jurídico, que resultaram, inclusive, num embate histórico com Hebert Hart. É Hart quem, no pós-escrito de "O Conceito de direito", ao rebater as exposições de Dworkin, se autodeterminará adepto de um *soft positivism*, ou positivismo inclusivo. Isso porque confessa a possibilidade de a regra de conhecimento (norma última e superior do ordenamento) incorporar valores morais. Os positivismos inclusivo e exclusivo (ou *hard positivism*) são as duas novas frentes do juspositivismo que exsurgem a partir de Hart e se diferenciam estruturalmente de acordo com a posição adotada diante da relação entre direito e moral. Dentre os positivistas inclusivistas, estão Jules Coleman e Will Waluchow, e, dentre os positivistas exclusivistas, estão Joseph Raz e Scott Shapiro. Sobre o tema, ver: MACEDO JR., Ronaldo. *Do xadrez à cortesia: Dworkin e a teoria do direito contemporânea*. São Paulo: Saraiva, 2014, p. 166 e ss.; STRECK, Lenio Luiz. *Dicionário de hermenêutica: quarenta temas fundamentais da Teoria do Direito à luz da Crítica Hermenêutica do Direito*. Belo Horizonte: Casa do Direito, 2017, p. 159 e ss; *Verdade e consenso: constituição, hermenêutica e teorias discursivas*. 5ª ed. rev., modificada e ampl. São Paulo: Saraiva, 2014, p. 40 e ss.

1.1. O POSITIVISMO JURÍDICO E SEUS DOGMAS

1.1.1. DO JUSNATURALISMO AO JUSPOSITIVISMO EXEGÉTICO

O positivismo é uma postura científica originada no século XIX que se expandiu para o direito, mas que a ele não se limita. Com efeito, as ciências da natureza e a técnica, que, àquela época, atingiram o ápice, contaminaram, inclusive, a filosofia.

Mario Losano identifica três classes de positivismo: o sociológico ou clássico, o lógico e o jurídico.[16]

O positivismo clássico de Auguste Comte, que surgiu para se contrapor à escolástica medieval e à filosofia idealista alemã, pretendia importar para as ciências sociais (para o direito, inclusive) precisão similar à da matemática e à das ciências naturais. A esse respeito, o reporte de Bernd Rüthers é bastante elucidativo:

> "Como ideal de una nueva teoría del conocimiento se tenía el exitoso lenguaje de las matemáticas, puramente experimental, dominado por regularidades absolutas y formulado mediante un lenguaje preciso. Estos métodos de razonamiento debían también hacerse realidad en las ciencias del espíritu".[17]

Com o tempo, a proposta comtiana se transformou num movimento generalizado no campo das ciências sociais e do espírito.[18] O positivismo clássico caracteriza-se por trabalhar apenas com os dados da realidade, exceção feita às leis da matemática e da lógica (elementos abstratos), utilizadas para demonstrar com rigor científico as teses propostas.[19]

O termo "positivo", que dá origem à palavra "positivismo", designa os fatos, isto é, apenas aquela porção da realidade que pode ser contada, medida, pesada ou submetida a experimentos científicos[20]. Em

---

16 *Sistema e estrutura no direito: vol 2: o século XX*. São Paulo: Martins Fontes, 2010, p. 28.

17 *Teoría del derecho: concepto, validez y aplicación del derecho*. Bogotá: Themis, 2018, p. 237.

18 *Idem*, p. 238.

19 *Sistema e estrutura no direito: vol 2: o século XX*. São Paulo: Martins Fontes, 2010, p. 30.

20 STRECK, Lenio Luiz. *Hermenêutica jurídica e(m) crise: uma exploração hermenêutica da construção do Direito*. 11ª ed. rev., atual. e ampl. Porto Alegre: Livraria do Advogado, 2014, p. 123.

resumo, apenas é positivo aquilo que é acessível ao sentido ou à razão humana.[21] Com efeito, para a doutrina positivista, as ciências deveriam se limitar ao "'*dado', a los 'hechos', a aquello que puede ser empíricamente determinado y descrito*"[22], excluído qualquer questionamento concernente à fundamentação das normas, dos valores ou fins políticos que lhe são subjacentes. Os problemas dos valores e da política integram a metafísica, não a ciência, que não poderia, de qualquer modo, resolvê-los empiricamente.[23]

Como o positivismo, nesse estágio inaugural, apegava-se aos fatos observáveis e empiricamente seguros, as únicas leis com as quais se ocupava eram as leis naturais, que, em si, resumem as constantes extraídas da observação dos acontecimentos da natureza. Daí dizermos que as leis, no sentido positivista filosófico, têm por objeto sempre um "ser" e nunca um "dever".[24]

No direito, esse modo de pensar, em primeiro momento, limitou o objeto de conhecimento aos fatos externos, como o comportamento dos juízes ou do legislador. Os valores e os juízos de valor eram relegados à esfera daquilo que não se conhecia cientificamente, isto é, à esfera do irracional. Cientificamente, asseverar que determinada coisa é boa ou má era impossível e, por isso, os juízos de valor eram considerados ilegítimos.[25] A isso se intitula "relativismo com relação aos valores", expressão que, conforme ensina Mario Losano, não quer significar indiferença face aos valores, mas a convicção de que é impossível demonstrá-los cientificamente.[26]

---

21 TAVARES, André Ramos. *Fronteiras da hermenêutica constitucional*. São Paulo: Método, 2006, p. 20.

22 *Teoría del derecho: concepto, validez y aplicación del derecho*. Bogotá: Themis, 2018, p. 238.

23 *Idem, ibidem*.

24 "El positivismo clásico entiende por leyes solo las que pertenecen a las ciencias naturales, es decir, la unión constante entre hechos observables y empíricamente seguros. En fin, las leyes, entendidas en el sentido del positivismo filosófico, describen siempre un 'ser' y nunca un 'deber'". *Idem, ibidem*.

25 LOSANO, Mario. *Sistema e estrutura no direito: vol 2: o século XX*. São Paulo: Martins Fontes, 2010, p. 29.

26 *Idem*, p. 30.

O positivismo lógico, datado do século XX, retoma a ideia antimetafísica de Comte, com influxos do empirismo de Ernst Mach e do rigor demonstrativo da lógica matemática e da análise da linguagem.[27] Os positivistas lógicos acreditavam na possibilidade de purificar a linguagem das proposições metafísicas, com intuito de criar uma linguagem científica capaz de unir as ciências da natureza e as ciências do espírito. Noutras palavras, pretendiam a "cientifização" da linguagem das proposições metafísicas, para que pudessem dialogar com as ciências naturais.

Nesse processo, o positivismo jurídico sofreu influência do positivismo clássico e absorveu a ideia da antimetafísica, manifestada no desconhecimento de um direito natural e no relativismo moral, ao tempo que, em lugar de também perfilhar o empirismo, primava pelos elementos formais de análise.[28]

O objeto de conhecimento do positivismo jurídico se restringiu à lei (Códigos) e depois passou à norma, elementos postos pelo homem e depositários da mensurabilidade valorizada pelo positivismo clássico.[29] Decerto, para o direito influenciado pelo positivismo comtiano, a lei (e, depois, a norma) tornou-se o que os fatos eram para as ciências naturais: o objeto determinável empiricamente com o que o observador deveria se preocupar.[30]

Norberto Bobbio, em obra clássica sobre o tema, afirma que a locução substantiva "positivismo jurídico" advém de "direito positivo"[31], isto é, aquele posto (positivado) pelo homem, conforme referido por Abelardo na Idade Média.[32] No mesmo sentido:

---

[27] *Idem*, p. 30.

[28] *Idem*, p. 33.

[29] STRECK, Lenio Luiz. *Hermenêutica jurídica e(m) crise: uma exploração hermenêutica da construção do Direito*. 11ª ed. rev., atual. e ampl. Porto Alegre: Livraria do Advogado, 2014, p.123.

[30] RÜTHERS, Bernd. *Teoría del derecho: concepto, validez y aplicación del derecho*. Bogotá: Themis, 2018, p. 239.

[31] BOBBIO, Norberto. *O positivismo jurídico: lições de filosofia do direito*. São Paulo: Ícone, 1995,15.

[32] *apud* BOBBIO, Norberto. *O positivismo jurídico: lições de filosofia do direito*. São Paulo: Ícone, 1995, p. 19

Nesta direção aponta sua raiz etimológica, originado do latim *positivus* (*positus*: particípio do passado de *ponere* – "colocar", "botar" + *tivus*: que designa uma relação ativa ou passiva), que se refere a algo existente de modo explícito, estabelecido e/ou aceito convencionalmente.[33]

O direito positivo, portanto, é produto do comportamento do homem e pode "ser definido como o conjunto de regras e normas que rege o convívio humano num determinado contexto histórico (temporal), social e territorial (espacial)".[34]

O direito positivo e a doutrina positivista se revelam diametralmente opostos ao direito natural e ao jusnaturalismo. O paralelo que se realiza entre um e outro é eficiente para a definição desses conceitos, que, porque antagônicos, reciprocamente se delimitam.

Bobbio compila seis critérios de distinção entre o direito positivo e o direito natural:

> a) o primeiro se baseia na antítese *universalidade/particularidade* e contrapõe o direto natural, que vale em toda parte, ao positivo, que vale apenas em alguns lugares (Aristóteles, Inst.-1ª definição);
> b) o segundo se baseia na antítese *imutabilidade/mutabilidade*: o direito natural é imutável no tempo, o positivo muda (Inst.- 2ª definição-, Paulo); esta característica nem sempre foi reconhecida: Aristóteles, por exemplo, sublinha a universalidade no espaço, mas não acolhe a imutabilidade no tempo, sustentando que também o direito natural pode mudar no tempo;
> c) o terceiro critério de distinção, um dos mais importantes, refere-se à fonte do direito e funda-se na antítese *natura-potestas populus* (Inst. -1ª definição, Gróci);
> d) o quarto critério se refere ao modo pelo qual o direito é conhecido, o modo pelo qual chega a nós (isto é, os destinatários), e lastreia-se na antítese *ratio-voluntas* (Glück): o direito natural é aquele que conhecemos através de nossa razão. (Este critério liga-se a uma concepção racionalista da ética, segundo a qual os deveres morais podem ser conhecidos racionalmente, e, de um modo mais geral, por uma concepção racionalista da filosofia). O direito positivo, ao contrário, é conhecido através de uma declaração de vontade alheia (promulgação);
> e) o quinto critério concerne ao objeto dos dois direitos, isto é, aos comportamentos regulados por estes: os comportamentos regulados pelo direi-

---

[33] STRECK, Lenio Luiz. *Dicionário de hermenêutica: quarenta temas fundamentais da Teoria do Direito à luz da Crítica Hermenêutica do Direito.* Belo Horizonte: Casa do Direito, 2017, p. 167.

[34] ABBOUD, Georges; CARNIO, Henrique Garbellini; OLIVEIRA, Rafael Tomaz de. *Introdução à teoria e à filosofia do Direito.* 3ª ed. São Paulo: Revista dos Tribunais, 2015, p. 77

to natural são bons ou maus por si mesmos, enquanto aqueles regulados pelo direito positivo são por si mesmos indiferentes e assumem uma certa qualificação apenas porque (e depois que) foram disciplinados de um certo modo pelo direito positivo (é justo aquilo que é ordenado, injusto o que é vetado) (Aristóteles, Grócio);

f) a última distinção refere-se ao critério de valoração das ações e é enunciado por Paulo: o direito natural estabelece aquilo que é bom, o direito positivo estabelece aquilo que é útil[35].

O positivismo não é outra coisa senão o modelo de pensamento que reduz o direito àquele que está posto, ao passo que o jusnaturalismo aceita a existência de uma dualidade de ordenamentos: o direito positivo, dado pelo Estado, e o direito natural, anterior e superior ao positivado.[36] As doutrinas jusnaturalistas não negam a existência do direito estatal, apenas o subordinam a um ordenamento transcendente.[37]

Com espeque nos escritos de Bobbio, é possível afirmar que o *jusnaturalismo* é uma teoria *dualista* – isto é, uma teoria que acredita na existência de *duas ordens* normativas –, marcada pela preferência ou superioridade do direito natural sobre o direito positivo.[38] Por outro lado, o *juspositivismo* é uma teoria *monista*, que aposta na exclusividade do direito positivo, inadmitindo que, com ele, concorra um direito natural.[39]

---

35 BOBBIO, Norberto. *O positivismo jurídico: lições de filosofia do direito*. São Paulo: Ícone, 1995, 22-23.

36 Nesse sentido, leciona Bobbio: "O Jusnaturalismo é uma doutrina segundo a qual existe e pode ser conhecido um "direito natural" (ius naturale), ou seja, um sistema de normas de conduta intersubjetiva diverso do sistema constituído pelas normas fixadas pelo Estado (direito positivo). Este direito natural tem validade em si, é anterior e superior ao direito positivo e, em caso de conflito, é ele que deve prevalecer. O Jusnaturalismo é, por isso, uma doutrina antitética à do 'positivismo jurídico', segundo a qual só há um direito, o estabelecido pelo Estado, cuja validade independe de qualquer referência a valores éticos". BOBBIO, Norberto; MATEUCCI, Nicola e PASQUINO, Giangranco. *Dicionário de política*. vol. 1. 11ª ed. Brasília: Unb: Imprensa Oficial do Estado, 2000, p. 655-656.

37 ABBOUD, Georges; CARNIO, Henrique Garbellini; OLIVEIRA, Rafael Tomaz de. *Introdução à teoria e à filosofia do Direito*. 3ª ed. São Paulo: Revista dos Tribunais, 2015, p. 74

38 BOBBIO, Norberto. *Jusnaturalismo e Positivismo Jurídico*. 1ª ed. São Paulo: Editora Unesp, 2016, p. 156.

39 BOBBIO, Norberto. *Jusnaturalismo e Positivismo Jurídico*. 1ª ed. São Paulo: Editora Unesp, 2016, p. 156.

O que, de início, insta registrar, é que nem o jusnaturalismo e nem o juspositivismo esgotam as formas pelas quais a relação entre direito positivo e direito natural pode se dar.

Com efeito, existem autores que reconhecem a existência, tanto do direito natural, quanto do direito positivo, mas não creditam ao primeiro qualquer preeminência sobre o segundo. É o caso de Aristóteles e de Paulo, para os quais o direito positivo e direito natural não passam de espécies de um mesmo gênero que entre si não guardam qualquer relação de hierarquia. Cuida-se de uma visão que não é positivista, porque nega a exclusividade do direito positivo, e nem é jusnaturalista, pois não erige o direito natural à condição de ordenamento superior ao direito posto pelo Estado.[40]

De outra parte, há quem reconheça a existência dos dois ordenamentos, concedendo, porém, preferência ao direito positivo. Os adeptos desse modelo reconhecem ao direito natural uma função complementar ao direito positivo. Não cabe, então, ao direito natural suplantar o direito posto, mas integrá-lo, isto é, complementá-lo, sempre que as lacunas se apresentem.[41]

Nada obstante as várias possibilidade de edificação do direito, considerada a (in) existência do direito natural ou sua relação frente ao direito positivo, ao fim, o embate teórico se centrou entre positivismo e jusnaturalismo, isto é, entre a teoria que nega completamente a existência de um direito natural e aquela que, reconhecendo ambos os ordenamentos, prefere ao direito natural frente ao positivo.

A exemplo do positivismo, o jusnaturalismo possui vertentes variadas. A doutrina costuma parti-las entre aquelas que ora concebem o direito natural como lei na natureza, ora como lei divina revelada ao homem, ora, ainda, como lei ditada pela razão humana – aqui a ideia de ordem transcendente se perde para ceder passo àquela projetada pelo sujeito racional.[42]

---

40 BOBBIO, Norberto. *Jusnaturalismo e Positivismo Jurídico*. São Paulo: Editora Unesp, 2016, p. 156-157.

41 BOBBIO, Norberto. *Jusnaturalismo e Positivismo Jurídico*. São Paulo: Editora Unesp, 2016, p. 157.

42 "Com o renascimento e a modernidade, ocorre uma transformação profunda no conceito de direito que fora produzido pelas doutrinas clássicas do jusnaturalismo. O modo como esses dois períodos históricos passaram a tratar temas como liberdade, a autonomia e a vontade, afetarão, em toda sua amplitude, os estudos sobre

Por um outro viés, Bobbio escreve sobre três formas típicas de jusnaturalismo: a escolástica, a racionalista moderna e a hobbesiana.

A escolástica considera ser o direito natural uma reunião dos primeiros princípios éticos, destinados, *a priori*, aos legisladores para inspirá-los quando da formulação das regras do direito positivo.[43]

A racionalista moderna, de matriz kantiana, preceitua a ideia de que o direito natural é responsável pelo fornecimento da matéria de regulamentação (a parte preceptiva da regra), enquanto o direito positivo deve instituir os expedientes que determinam a sua forma de implementação (a parte punitiva). Não existiria, para essa vertente jusnaturalista, diferença de conteúdo entre direito natural e positivo. O traço distintivo entre ambos seria o procedimento empregado para fazer valer os seus preceitos. Por outro lado, o destinatário direto do direito natural não seria apenas legislador, mas também os próprios indivíduos.[44]

Por fim, a forma intitulada hobbesiana considera que o direito natural é a base fundante da legitimidade do legislador. Não existiria um vasto ordenamento de direito natural, mas, sim, uma norma única, que prescreve a obediência, pelos súditos, a tudo o quanto ordenado pelo Soberano. Nesse contexto, o direito natural teria por única função colocar em movimento o sistema e possibilitar a aplicação do direito

---

direito natural e a justiça. Isso porque o racionalismo antropocêntrico rejeitará qualquer ideal de ordem que não seja colocada pela razão, isto é, pelo homem. Ou seja: dá-se um manifesto afastamento com relação a qualquer determinação limitadora da liberdade ou da autonomia individual que seja dada por realidades transcendentes. Como explica Streck: 'para os clássicos, as premissas que arquitetavam o cenário jurídico eram autoevidentes – dadas por uma determinada natureza – para os modernos, as premissas são postas pelo sujeito racional'. Assim, as doutrinas racionalistas do direito natural, trabalham na construção de um sistema completo, sem a necessidade de recorrer a fatores externos para assegurar sua correção. Para tanto, passou-se a ter como pressuposta a ideia de que a razão pode dar a ela mesma um direito. E esse direito, construído racionalmente, é o melhor para gerir os assuntos humanos, não sendo necessária a sua justificação em nenhuma ordem transcendente". ABBOUD, Georges; CARNIO, Henrique Garbellini; OLIVEIRA, Rafael Tomaz de. *Introdução à teoria e à filosofia do Direito*. 3ª ed. São Paulo: Revista dos Tribunais, 2015, p. 75.

43 BOBBIO, Norberto. *Jusnaturalismo e Positivismo Jurídico*. São Paulo: Editora Unesp, 2016, p. 158.

44 BOBBIO, Norberto. *Jusnaturalismo e Positivismo Jurídico*. São Paulo: Editora Unesp, 2016, p. 159.

positivo. À luz dessa vertente, os destinatários do direito natural seriam apenas os indivíduos.[45]

Realizado o cotejo entre a forma kantiana e a hobbesiana, percebe-se que, na segunda, o direito natural fundamenta a legitimidade do direito positivo, viabilizando a sua aplicação, enquanto, na primeira, o direito positivo é a garantia de efetividade do natural. Para além disso, na forma racionalista moderna, o direito é inteiramente natural, exceção feita à parte punitiva, enquanto na hobbesiana, o direito é inteiramente positivo, salvo pelo fator de legitimação.[46]

É notável que a forma hobbesiana contém em si o gérmen teórico para a transição de um paradigma jusnaturalista para um positivista.[47] O próprio positivismo kelseniano, curiosamente, utiliza uma estrutura muito similar à reportada pelo jusnaturalismo hobbesiano – a norma hipotética fundamental, que não é *regra posta* (*positivada*), cumpre justamente o papel que o direito natural desempenha na teoria hobbesiana. Ao tema, voltaremos no item 1.2, quando tratarmos do normativismo de Hans Kelsen.

Historicamente, a passagem de uma era de hegemonia jusnaturalista para o império positivista está relacionada ao surgimento das codificações.

Na Idade Média, o direito natural prevalecia sobre o estatal porque sua origem era supostamente divina. O Estado Medieval foi marcado pela existência de uma pluralidade de subpoderes regionalizados ao lado do poder imperial, sem ordem hierárquica estabelecida. Diversos ordenamentos coexistiam, prejudicando a estabilidade necessária às relações sociais, políticas e econômicas.

O juiz medieval, no exercício de sua profissão, era livre para escolher dentre uma pluralidade de ordenamentos. Nesse contexto, o direito natural era alternativa válida à solução dos conflitos.

Após o declínio da sociedade medieval, formou-se o Estado Moderno, trazido pelo desejo de autoridade e ordem. O exercício das

---

[45] BOBBIO, Norberto. *Jusnaturalismo e Positivismo Jurídico*. São Paulo: Editora Unesp, 2016, p. 159.

[46] BOBBIO, Norberto. *Jusnaturalismo e Positivismo Jurídico*. São Paulo: Editora Unesp, 2016, p. 159-160.

[47] BOBBIO, Norberto. *Jusnaturalismo e Positivismo Jurídico*. São Paulo: Editora Unesp, 2016, p. 159-160.

funções do poder – a legislativa, a executiva e a judicante – era monopolizado pelo Estado, e o juiz se tornou um órgão estatal, inarredavelmente amarrado à ordem posta pelo governo, isto é, ao direito positivo. O poder central se fortaleceu frente às forças locais. Nesse cenário, é possível imaginar o nascimento de um direito uno, capaz de se impor exclusivamente nos limites territoriais de um Estado.[48]

Somente o regramento produzido pelo monarca era dotado de coercitividade, visto ser o único cuja transgressão incitava a atuação de um terceiro, encarregado do restabelecimento da ordem – o magistrado. Nesse sentido, o direito positivo ganha relevância, ao passo que o natural enfraquece sensivelmente, invertendo-se a escala de importância vigente no regime anterior. A ascensão da razão é também um fator decisivo. *Finda a Idade Média, exsurge a ideia de que o conhecimento verdadeiro só poderia ser assegurado por um método científico. A verdade era o que poderia ser demonstrado por meio de observação e experimento.* O direito natural, por essência ideal, não se adequava a esse novo modo de pensar. Não era passível de demonstração.[49]

Com passar do tempo, surgiram a necessidade e a conveniência de formular uma compilação das leis representativas do direito do governante. Daí o surgimento das codificações.

Os códigos, *a priori*, foram inovações de berço iluminista e, por conseguinte, jusnaturalistas (na sua vertente racional). Os filósofos da razão, alicerçando-se na possibilidade da existência de um legislador universal, capaz de produzir leis racionais de alcance temporal e espacial ilimitados, pugnavam pela compilação do direito natural, substitutiva das normas consuetudinárias regionalizadas.

É na França, em meados do século XVIII, que nasce a primeira reunião de leis similar àquelas produzidas atualmente. Cuida-se do Código Napoleônico, que assumiu papel inusitado no início de uma nova tradição jurídica.

Dizia o artigo 4º do referido código que "O juiz que se recusar a julgar sob o pretexto do silêncio, da obscuridade ou da insuficiência da lei, poderá ser processado como culpável de justiça denegada". É

---

48 Sobre o tema, veja-se: DALLARI, Dalmo de Abreu. *Elementos de Teoria Geral do Estado*. 26ª ed. São Paulo: Saraiva, 2007, p. 66-72.

49 STRECK, Lenio. *Dicionário de hermenêutica: quarenta temas fundamentais da Teoria do Direito à luz da Crítica Hermenêutica do Direito*. Belo Horizonte: Casa do Direito, 2017, p. 166-167.

da interpretação desse dispositivo que se originou o princípio basilar do positivismo jurídico, conhecido como "onipotência do legislador".

O dispositivo em comento impunha ao magistrado a obrigação de decidir o litígio, ainda que a lei fosse obscura, omissa ou insuficiente. Porém, não dizia explicitamente quais subterfúgios legítimos poderiam ser utilizados pelo julgador face aos defeitos da norma acima citados.

Ante a lei silente ou precária, torna-se possível ao aplicador buscar apoio nas entranhas do próprio ordenamento, valendo-se da analogia ou dos princípios gerais. Também é alternativa a decisão por equidade, âmbito em que é possível lançar mão do direito natural. É o que Bobbio ensina, agregando que:

> Os modernos teóricos do direito chamam a primeira solução de *auto-integração* e a segunda de *hetero-integração* do ordenamento jurídico. *A solução adotada pelo positivismo jurídico em sentido estrito é a primeira*: o dogma da onipotência do legislador, de fato, implica que o juiz deve sempre encontrar a resposta para todos os problemas jurídicos no interior da própria lei, visto que nela estão contidos aqueles princípios que, através da interpretação, permitem individualizar uma disciplina jurídica para cada caso. O dogma da onipotência do legislador implica, portanto, num outro dogma estreitamente ligado ao primeiro, o da completitude do ordenamento jurídico.
>
> *A solução que os redatores do artigo 4º tinham em vista era, ao contrário, a segunda: deixar aberta a possibilidade da livre criação do direito por parte do juiz.*[50] (grifo nosso)

A interpretação que preferia a autointegração era de autoria da Escola da Exegese, pioneira no positivismo, cujos dogmas conformam, em sua maioria, características desse movimento. Ou seja, ironicamente, a ideia codicista, originária da escola jusnaturalista – espírito que impulsionou a criação do Código francês –, indiretamente, deu azo ao surgimento de uma das correntes filosóficas positivistas de maior expressão: o positivismo exegético. Os códigos, cuja criação foi movida pelo escopo de compilar todo o direito (natural) racional, tornaram-se, ao fim e ao cabo, o único direito. A transcrição do direito natural deu azo ao prevalecimento de um dos (se não o) princípios positivistas de maior força: o de que o único direito possível é aquele criado pelo Estado.

---

[50] BOBBIO, Norberto. *O positivismo jurídico: Lições de filosofia do direito*. São Paulo: Ícone, 1995, p. 74-75.

Do ponto de vista ideológico, optar pelo positivismo em lugar do jusnaturalismo é um gesto profundamente significativo. A ética legalista apenas reconhece existência ao justo legal (é justo aquilo que a lei determina). A ética naturalista, a seu turno, adere à existência do justo natural, isto é, uma justiça independente da lei, que, inclusive, a condiciona. Ambas são mutuamente excludentes e, na prática, surtem efeitos diversos.

Se pela ética legalista as leis devem ser obedecidas enquanto tais por serem, por si, o critério do que é justo ou injusto, a ética jusnaturalista responde à máxima de que as leis devem ser observadas *enquanto forem justas*, condicionando a avaliação da justiça a um critério superior, metafísico.[51] É o que leciona Aleksander[52] Paczenik, quando afirma que positivismo e jusnaturalismo se distinguem exatamente no que se refere às condições de validade do direito: para o jusnaturalismo, o direito, quando imoral, não é obrigatório (*binding*), justamente porque a validade de uma regra deriva de um direito natural ou de uma moralidade superior; o juspositivismo, a seu turno, não associam legalidade e moralidade, de modo que uma norma pode ser imoral e, ainda assim, válida[53] e vinculante.

Não é por acaso que, no período posterior à Segunda Guerra, quando a humanidade teve de reavaliar uma série de paradigmas, inclusive o jurídico, tenha se recorrido ao jusnaturalismo. A ética jusnaturalista, que permitia a contestação do direito positivo injusto, a princípio, parecia resgatar moralmente o direito da *ideia* que a comunidade jurídica criou sobre as relações supostamente havidas entre positivismo e nazismo. Com efeito, acreditou-se que o positivismo tinha sido a doutrina que legitimou e viabilizou o regime nazista. Diante dessa sorte de pensamento, o jusnaturalismo surgiu como saída simplista e imediata. Tal saída, contudo, muito rapidamente foi abandonada, conforme melhor explicaremos no item 4.4 da presente obra.

---

51 BOBBIO, Norberto. *Jusnaturalismo e Positivismo Jurídico*. São Paulo: Editora Unesp, 2016, p. 159-160.

52 PECZENIK, Aleksander. *Taking laws seriously,* In: *Cornell Law Review*, v. 68, iss. 5 (1983), p. 660. Disponível em: https://scholarship.law.cornell.edu/clr/vol68/iss5/2/.

53 PECZENIK, Aleksander. *Taking laws seriously,* In: *Cornell Law Review*, v. 68, iss. 5 (1983), p. 660. Disponível em: https://scholarship.law.cornell.edu/clr/vol68/iss5/2/.

1.1.2. OS TRAÇOS COMPARTILHADOS DOS VÁRIOS POSITIVISMOS JURÍDICOS

O positivismo jurídico é um termo que abriga movimentos plurais. O exegetismo (ou positivismo legalista), por exemplo, que é a forma mais primitiva de positivismo jurídico, organiza seus estudos em torno dos códigos, posto que identifica a lei como direito, posto que ela será seu objeto de estudo.[54] Nesse ponto, diferirá do positivismo normativo kelseniano – para o qual o objeto de estudo da ciência do direito é a norma, aqui inclusa a própria decisão jurisdicional.

Não bastassem as divergências quanto ao objeto de estudo, a tradição positivista comporta, ainda, polêmicas relacionadas a outros temas centrais. Não obstante isso, é possível enumerar alguns traços mais ou menos comuns. O objetivo deste item é, justamente, navegar a doutrina nacional e a estrangeira, para identificar quais as características que enunciam enquanto próprias do positivismo jurídico, resvalando, sem pretensão de esgotar, a polêmica positivista mais relevante: a possível relação entre direito e moral.

Norberto Bobbio[55] sintetiza em sete as características do positivismo:

Primeiramente, refere-se à abordagem do objeto de estudo que, para a doutrina positivista, é, evidentemente, avalorativa. Direito, segundo os positivistas, seria um fato, não um valor, sobre o qual deve o jurista se debruçar como um verdadeiro cientista quando empenhado na análise dos eventos da natureza. De rigor, portanto, que, ao fazê-lo, prive-se de juízos valorativos. Daí o fundamento da teoria da validade: a norma é válida conforme observe o conjunto de predisposições

---

[54] "A escola da exegese francesa é apenas uma das faces que assume o positivismo clássico. É importante lembrar os movimentos surgido na Alemanha – a jurisprudência dos conceitos – e na Inglaterra – a jurisprudência analítica. Os três possuem um traço em comum: o material jurídico é produzido por uma *autoridade humana legitimada*. Sua diferença reside no produto específico engendrado e em qual autoridade é responsável por fazê-lo. Na França, os Códigos elaborados pelo legislador, na Alemanha, os conceitos gerais e abstratos trabalhados pelos acadêmicos, na Inglaterra, os precedentes da autoridade política competente. Em todo caso, o direito é um 'fato social', uma construção humana. O papel do jurista é apenas descrever o fato em questão. Deste pensamento se infere o esforço pela objetividade que é característica do positivismo". STRECK, Lenio Luiz. *Dicionário de hermenêutica: quarenta temas fundamentais da Teoria do Direito à luz da Crítica Hermenêutica do Direito*. Belo Horizonte: Casa do Direito, 2017, p. 159-160.

[55] *O positivismo jurídico: lições de filosofia do direito*. São Paulo: Ícone, 1995, p. 131-134.

formais indicadas por aquelas que lhe sejam superiores, independentemente do conteúdo que professe.

Em segundo lugar, Bobbio faz referência à definição do cerne de pesquisa. Esclarece o autor que

> o juspositivismo define o direito em função do elemento da coação, de onde deriva a *teoria da coatividade do direito*. [...] considerar o direito como fato, leva necessariamente a considerar como direito o que vige como tal numa determinada sociedade, a saber, aquelas normas que são feitas para valer por meio da força.[56]

Em terceiro lugar, observa Bobbio, no que diz respeito às fontes jurídicas, os juspositivistas conferem primazia à lei. O quarto traço se coloca no plano da teoria da norma jurídica, considerada um comando. O quinto se associa à teoria do ordenamento jurídico, coerente e completo segundo a filosofia juspositivista. O sexto, ao método da ciência jurídica e sua interpretação, considerada um processo autômato que deve privilegiar o elemento declarativo ao produtivo.

Por derradeira e sétima característica, cita-se a teoria da obediência absoluta da lei, tomada com maior reserva por Bobbio, eis que sua generalização e extensão a todas as teorias positivistas é dubitável.

Bernd Rüthers enumera três teses regentes do positivismo jurídico[57]: a primeira determina que o direito é composto apenas pelas disposições jurídicas editadas pelo Estado; para a segunda, toda lei emitida de acordo com os ditames da Constituição consubstancia direito vinculante; por fim, de acordo com a terceira, nenhum princípio material limita o legislador no processo de criação do direito, ou seja, não existe sobre o conteúdo da lei estatal qualquer forma de controle.[58]

Mario Losano, a seu turno, lista dois princípios comuns aos positivismos do século XIX, quais sejam:

---

56 *Idem*, p.131-132

57 Rüthers, a bem da verdade, utiliza os termos "positivismo legal" para se reportar às características retro. Entretanto, aloca, sob o termo em questão, vertentes diversas, como a própria teoria kelseniana. Por isso, acreditamos que tenha o autor utilizado a nomenclatura "positivismo legal" como sinônimo de "positivismo jurídico". Nesse sentido, *cf*. RÜTHERS, Bernd. *Teoría del derecho: concepto, validez y aplicación del derecho*. Bogotá: Themis, 2018, p. 239-251.

58 RÜTHERS, Bernd. *Teoría del derecho: concepto, validez y aplicación del derecho*. Bogotá: Themis, 2018, p. 239.

a) somente o direito positivo é direito: o direito deve ser produzido pela autoridade constituída de acordo com certos procedimentos, segundo um 'procedimento externamente reconhecível', e essa 'forma jurídica' é tão essencial quanto o seu conteúdo; b) o direito assim posto deve ser incondicionadamente obedecido: o único modo juridicamente admissível para exprimir o próprio dissenso é atuar para uma reforma legislativa das normas em contraste com os próprios valores; os valores são, de fato, elementos subjetivos e irracionais. Mas a norma formalmente em vigor deve ser aplicada, mesmo que desaprovada, até quando não seja substituída por outra.[59]

Em seguida, Losano aborda um terceiro princípio, próprio das formas mais rigorosas de positivismo – o normativismo kelseniano aqui incluso: "c) o positivismo extremo vincula o jurista unicamente à interpretação literal ou lógica da norma: interpretações que se refiram de algum modo aos valores são inadmissíveis porque não científicas".[60]

Ronald Dworkin, quando formulou sua célebre crítica ao positivismo, também elencou os traços característicos desse movimento. Para o Dworkin, o positivismo referenda algumas teses básicas, a saber: (i) a tese das fontes sociais; (ii) a tese da convencionalidade; e (iii) a tese da função descritiva.[61]

A tese das fontes sociais (tese social ou *social thesis*) é aquela que compreende o direito como o produto de um fato social. O tema é explorado por Joseph Raz, para quem a tese social preceitua que aquilo que o direito é ou deixa de ser é uma questão de fatos sociais.[62] A tese social seria, para J. Raz, o traço mais fundamental da teoria positivista, responsável, inclusive, pelo próprio nome outorgado ao movimento (positivismo), que é indicativo de que o direito é *positivado, posto, construído* pela atividade do homem.[63]

---

59 LOSANO, Mario G. *Sistema e estrutura no direito: vol 2: o século XX*. São Paulo: Martins Fontes, 2010, p. 33-34.

60 *Idem*, p. 34.

61 Confira-se a análise de Ronaldo Porto Macedo sobre a avaliação de Dworkin. MACEDO JR, Ronaldo Porto. *Do xadrez à cortesia*: Dworkin e a teoria do direito contemporânea. São Paulo: Saraiva, 2014. p. 160.

62 RAZ, Joseph. *La autoridad del derecho: ensayos sobre derecho y moral*. 2ª ed. Cidade do México: Universidade nacional autónoma de México, 1985, p. 55.

63 RAZ, Joseph. *La autoridad del derecho: ensayos sobre derecho y moral*. 2ª ed. Cidade do México: Universidade nacional autónoma de México, 1985, p. 56.

A esse respeito, Leslie Green, conceitua o positivismo jurídico (*legal positivism*) justamente como a tese de que a existência e o conteúdo do direito não dependeriam de seu mérito, mas de fatos sociais.⁶⁴ Para um positivista, isso não significa que o mérito do direito seja ininteligível ou desimportante, mas apenas que ele (o mérito) não exerce influência alguma na determinação da existência do direito ou dos sistemas jurídicos.⁶⁵ Dito de outro modo, não é o (des)alinhamento a um determinado ideal (de justiça, por exemplo) que levará à (in)existência do direito. Daí decorre a seguinte conclusão:

> *According to positivism, law is a matter of what has been posited (ordered, decided, practiced, tolerated, etc.); as we might say in a more modern idiom,* <u>*positivism is the view that law is a social construction*</u>.⁶⁶

Posta a questão conforme a expõe R. Dworkin, o fato social que consubstancia o fundamento de validade do sistema jurídico é regra de reconhecimento. A regra de reconhecimento é uma espécie normativa que funciona como o filtro para determinar se outras regras são ou não válidas. Cuida-se de uma regra que não dirige mandamentos diretamente ao jurisdicionado; em lugar disso, serve de guia para os aplicadores do direito, que nela encontrarão os critérios para identificar quais espécies normativas integram um dado ordenamento. A regra de reconhecimento é, justamente, um *fato social*, pois conseguimos apreender o seu conteúdo a partir da observação do comportamento dos Tribunais.

A tese da convencionalidade (*conventionality thesis*) determina que a regra de reconhecimento, da qual deriva o fundamento de validade de todas as demais regras de um sistema, é aceita convencionalmente.⁶⁷

---

64 "*Legal positivism is the thesis that the existence and content of law depends on social facts and not on its merits*". GREEN, Leslie. Legal Positivism. In: *Stanford Encyclopedia of Philosophy*, Fall Edition, p. 1.

65 "*Legal positivism is the thesis that the existence and content of law depends on social facts and not on its merits*". GREEN, Leslie. Legal Positivism. In: *Stanford Encyclopedia of Philosophy*, Fall Edition, p. 1.

66 "*Legal positivism is the thesis that the existence and content of law depends on social facts and not on its merits*". GREEN, Leslie. Legal Positivism. In: *Stanford Encyclopedia of Philosophy*, Fall Edition, p. 1. Grifos nossos.

67 STRECK, Lenio Luiz. *Dicionário de hermenêutica: quarenta temas fundamentais da Teoria do Direito à luz da Crítica Hermenêutica do Direito*. Belo Horizonte: Casa do Direito, 2017, p. 167.

A seu turno, a tese da função descritiva considera que, à teoria do direito (positivismo), cabe apenas descrever seu objeto, sem que qualquer avaliação valorativa faça parte desse processo.

Aos pontos retro, Dworkin acresce duas teses, próprias do positivismo hartiano, a saber, as teses da obrigação e da discricionariedade. Conforme a primeira, das regras jurídicas exsurgem obrigações vinculantes para os indivíduos. Sempre que, de uma regra, o juiz possa extrair uma obrigação clara, estará compelido a aplicá-la.[68] A segunda, por outro lado, preceitua a existência de casos de especial dificuldade (*hard cases*), para os quais não existe regra jurídica regulamentadora, de modo que caberá ao julgador agir discricionariamente, escolhendo a solução que, no seu entendimento, seja a mais adequada. Desse processo, surgirá um precedente, isto é, uma nova regra jurídica[69], que servirá para a regulamentação dos casos futuros.

Lenio Streck igualmente considera um marco do positivismo a possibilidade de discricionariedade judicial quando da aplicação da lei a casos especiais (os intitulados *casos difíceis*, ou *hard cases*), os quais exigem maior esforço interpretativo e cuja regulação pode não estar prevista expressamente.[70]

---

[68] MACEDO JR., Ronaldo Porto. *Do xadrez à cortesia*: Dworkin e a teoria do direito contemporânea. São Paulo: Saraiva, 2014. p. 161.

[69] Necessário recordar que o precedente judicial, no direito anglo-saxônico, tem papel e relevância ímpares, podendo se equiparar àquele desempenhado pela lei. Quando não existe legislação para uma dada situação fática, do modo como os tribunais a decidiram no passado pode se tornar uma regra jurídica orientadora, de aplicação obrigatória. Para melhor compreender o que é o sistema de precedentes nos ordenamentos norte-americanos, *cf.* as seguintes obras: ABBOUD, Georges; STRECK, Lenio. *O que é isto- o precedente judicial e as súmulas vinculantes?*. Porto Alegre: Livraria do Advogado, 2013; BERMAN, Harold. *Law and Revolution: the formation of the western legal tradition*. Cambridge, Massachusetts and London, England: Harvard University Press, 1983; BERMAN, Harold. *Law and Revolution II: the impact of the protestant reformations on the western legal tradition*. London: Harvard University Press, 2003; CHIASSONI, Pierluigi. *Il fascino discreto della common law: appunti sulla 'rilevanza' dei precedente giudiziali*. In: BRESSONE, Mario; SILVESTRI, Elisabetta; TARUFFO, Michele (orgs). I Metodi della Giustizia Civile. Milani: CEDAM, 2000; CROSS, Rupert, HARRIS, James. *Precedent in english law*. New York: Oxford University Press, 1991; MARINONI, Luiz Guilherme. *Precedentes obrigatórios*, 5ª ed., rev., atual. e ampl., São Paulo: Revista dos Tribunais, 2016.

[70] STRECK, Lenio Luiz. *Verdade e consenso: constituição, hermenêutica e teorias discursivas*. 5ª ed. rev., modificada e ampl. São Paulo: Saraiva, 2014, p. 73. No mesmo

Andrei Marmor, por sua vez, afirma que o núcleo comum das teorias positivistas compreende algumas assertivas compartilhadas, quais sejam: (i) o direito é um instrumento de controle social, que pode se destinar ao bem ou ao mal e ser ou não eficiente no cumprimento de suas finalidades[71]; (ii) o direito é um fenômeno ou instituição social, isto é, está estribado num fato social (tese social); (iii) o direito não necessariamente é condicionado por critérios morais (tese da separação entre moral e direito ou *separability thesis*).

1.1.2.1. AINDA E SEMPRE DIREITO E MORAL: NOTAS SOBRE OS POSITIVISMOS INCLUSIVISTA E EXCLUSIVISTA

Feita a exposição da abordagem de diversos autores acerca das características que comporiam o chão comum da doutrina positivista, cumpre tecer alguns comentários acerca da divergência que resultou numa verdadeira revolução do positivismo na contemporaneidade. Com efeito, a literatura estrangeira chama a atenção para uma reestruturação do positivismo, cujo epicentro é, para alguns (*e.g.* A. Marmor), a reinterpretação da intitulada *separation thesis* (tese da separação) e, para outros (*e.g.* J. Raz), o fortalecimento ou enfraquecimento da tese social.

A reestruturação retro, que se deu para oferecer resposta às críticas tecidas por Ronald Dworkin, redundou em duas vertentes distintas da teoria positivista: o positivismo inclusivista (*soft positivism*) e o positivismo exclusivista (*hard positivism*).[72] O embate entre *hard* e *soft positivism* é abordado por Wilfrid J. Waluchow em passagem digna de colação:

> En los últimos años ha surgido una controversia en las líneas del positivismo sobre la posibilidad de una conexión particular entre el derecho y la moral que algunos positivistas reconocidos aceptan como posible e incluso característica de los sistemas jurídicos modernos, pero que otros rechazan por considerarla inconsistente con la naturaleza misma del derecho, Filósofos como Jules Coleman, John Mackie y David Lyons han sugerido que entre las conexiones concebibles entre el derecho y la moral que un positivista podría aceptar está el hecho de

---

sentido: STRECK, Lenio Luiz. *Dicionário de hermenêutica: quarenta temas fundamentais da Teoria do Direito à luz da Crítica Hermenêutica do Direito*. Belo Horizonte: Casa do Direito, 2017, p. 178.

[71] MARMOR, Andrei. *Legal positivism: still descriptive and morally neutral*. In: *Oxford Journal of Legal Studies*, vol. 26, n. 4, 2006, p. 685.

[72] *Cf.* OMMATI, José Emílio Medauar; TORRANO, Bruno (coord). *O positivismo jurídico no século XXI*. Rio de Janeiro: Lumen Juris, 2018.

> que la identificación de una regla como válida dentro de un sistema jurídico, así como el discernimento del contenido de una regla o el modo en que influye en un caso jurídico, pueden depender de factores Morales.[73]

A partir da tese da separação, o positivismo contemporâneo se distinguiria entre inclusivistas e exclusivistas por força das polêmicas que circundam a extensão da partição entre moral e direito.

Para um exclusivista, a moral jamais poderia interferir na determinação da validade jurídica. Dito de outro modo, nunca a intitulada *regra de reconhecimento*, que dita os requisitos para que uma espécie normativa seja considerada válida, poderia incorporar critérios morais.[74]

O inclusivista, a sua vez, considera que o condicionamento do direito pela moral não é necessário, mas *possível*. É dizer que a regra de reconhecimento *pode* conter critérios morais.[75] As colocações de Brian Bix caminham exatamente nesse sentido: o que diferencia inclusivistas e exclusivistas é a aceitabilidade que se tem perante a ideia de que a regra de reconhecimento possa, quando assim convencionado, eleger critérios morais para a identificação do direito.[76] Significa dizer que, num dado sistema, uma norma poderia ser excluída quando contrária a um critério moral, desde que dito critério integre a regra de reconhecimento.[77]

Joseph Raz opina que diferenciação entre inclusivistas e exclusivistas se daria pela força que cada qual atribui à tese das fontes sociais. O exclusivista é adepto de uma versão forte da tese social, nos termos da qual a teoria do direito apenas é aceitável quando (i) os critérios utilizados para a determinação do conteúdo e existência do direito dependerem única e exclusivamente de ações humanas suscetíveis de

---

[73] WALUCHOW, Wilfrid J. *Positivismo incluyente*. Madrid/Barcelona: Marcial Pons, 2007, p. 17.

[74] MARMOR, Andrei. *Legal positivism: still descriptive and morally neutral*. In: *Oxford Journal of Legal Studies*, vol. 26, n. 4, 2006, p. 686.

[75] MARMOR, Andrei. *Legal positivism: still descriptive and morally neutral*. In: *Oxford Journal of Legal Studies*, vol. 26, n. 4, 2006, p. 686.

[76] BIX, Brian. *Patrolling the boundaries: Inclusive legal positivism and the nature of jurisprudencial debate*. In: *Canadian Journal of Law and Jurisprudence*, v. XII, n. 01, jan. 1999, p. 18.

[77] BIX, Brian. *Patrolling the boundaries: Inclusive legal positivism and the nature of jurisprudencial debate*. In: *Canadian Journal of Law and Jurisprudence*, v. XII, n. 01, jan. 1999, p. 21.

descrição em termos valorativamente neutros; e (ii) a sua aplicação não demandar recurso a argumentos morais.[78]

A versão fraca da tese social, sustentada pelos inclusivistas, consideraria que o caráter institucional e a eficácia do direito bastam para explicar os fundamentos sociais que lhe são subjacentes. Dessarte, atingido certo grau de eficácia e institucionalidade, é possível, inclusive, que critérios morais sejam destinados a determinar os direitos e deveres que compõem um dado ordenamento.

À semelhança de J. Raz, Brian Leiter igualmente considera que a oposição entre *hard* e *soft positivism* gravita em torno da tese social, com implicações importantes frente à tese da separação.

Conforme B. Leiter, a divergência interpretativa relativa à *social thesis* poderia ser anunciada da seguinte maneira: afinal, a tese social fixa somente as condições de existência da regra de reconhecimento ou lhe impõe limites de conteúdo?

Se a tese social apenas determinar os requisitos para a existência da regra de reconhecimento, significa que esta, desde que instituída por um fato social, poderia incorporal quaisquer critérios, inclusive os de ordem moral. Se, por outro lado, a tese social penetrar inclusive o conteúdo de uma regra de reconhecimento, a situação seria diversa, pois, então, apenas fatos sociais poderiam ser erigidos à condição de critério para a identificação do direito válido.[79]

Para B. Leiter, os positivistas brandos seriam aqueles que consideram *conceitualmente possível* a existência de ao menos uma regra de reconhecimento, e, por conseguinte, de um sistema legal, em que a moralidade *não seja um critério de validade*. Dito de outro modo, permitem que, na prática, todos os ordenamentos ao redor do mundo empreguem critérios morais quando da identificação do direito, o que, certamente, fere de morte a tese da separação, reduzindo-a a algo trivial.[80]

Os positivistas duros, de outra parte, argumentam que a tese social determinaria, inclusive, o conteúdo da regra de reconhecimento, im-

---

[78] RAZ, Joseph. *La autoridad del derecho: ensayos sobre derecho y moral*. 2ª ed. Cidade do México: Universidade nacional autónoma de México, 1985, p. 58.

[79] LEITER, Brian. *Positivism, formalism, realism*. In: *Columbia Law Review*, v. 99, n. 4, maio/1999, p. 1.142.

[80] LEITER, Brian. *Positivism, formalism, realism*. In: *Columbia Law Review*, v. 99, n. 4, maio/1999, p. 1.159.

pedindo-a de incorporar critérios morais. É nessa linha o ensinamento de Scott J. Shapiro, para quem um exclusivista pode assim se definir por considerar que o teste de validade deve sempre diferenciar o direito do não direito, pautando-se apenas em sua fonte social, sem jamais recorrer ao raciocínio moral (*moral reasoning*).[81] Disso resultaria uma *separation thesis* forte, a desenhar uma divisória menos fluida entre direito e moral.

Conforme se vê, dos que centram suas análises na *separability thesis* aos que organizam seus argumentos em torno da *social thesis*, o pano de fundo comum entre os autores que se propõem ao exame das diferenças entre positivismo exclusivista e inclusivista é o mesmo que reside no epicentro do embate entre *jusnaturalismo* e *juspositivismo*, a saber: a relação havida entre direito e moral.

1.1.3. POSITIVISMO EXEGÉTICO OU LEGALISTA: O DIREITO COMO LEI E A INTERPRETAÇÃO COMO ATO DE CONHECIMENTO

A Escola da Exegese nasceu na França, no século XIX, como fruto do processo de codificação que culminou na edição do Código Civil francês (Código Napoleônico). É conhecida pelo culto aos estatutos legais, que, à época, eram confundidos com o próprio direito.[82]

Os códigos, naquele tempo, eram vistos como textos sagrados, o que tornava mandatória a preservação das suas disposições. Por essa razão, acreditava-se na interpretação literal dos artigos de lei, os quais, segundo a crença dominante, continham em si significado pronto a ser declarado pelo intérprete.

Lenio Streck, com apoio em Rudolf Carnap, leciona que o problema de interpretação no positivismo exegético se limitava ao plano sintático: "Neste caso, a simples determinação rigorosa da conexão lógica dos signos que compõe a 'obra sagrada' (Código) seria o sufi-

---

81 SHAPIRO, Scott J. *The "Hart-Dworkin" debate: a short guide for the perplexed*, Public Law and Legal Theory Working Paper Series of University of Michigan Law School. In: Working paper n. 77, mar/2007, p. 19.

82 "Nesse contexto surgiu a 'École de l'éxégèse', que é o resultado do Código Napoleônico (1804), editado e promulgado para consolidar um novo regime que ali se iniciava e que enxergava o Direito como a mera reprodução, na prática, do que previam os dispositivos legais. 'Lei' e 'Direito' foram reduzidos a uma só coisa…". SCHMITZ, Leonard Ziesemer. *Fundamentação das decisões judiciais*. São Paulo: Revista dos Tribunais, 2015, p. 54.

ciente para resolver o problema da interpretação do direito"[83]. A mesma conclusão é apontada nos estudos de Georges Abboud, Henrique Garbellini Carnio e Rafael Tomaz de Oliveira:

> Nessa perspectiva, o positivismo legalista pode ser considerado uma teoria jurídica-sintática. Isso porque o direito aqui é conhecido e analisado apenas a partir dos conceitos que compõem a legislação. Não se problematiza, aqui, a relação deste conceito com a concretude fática. O conceito pode ser conhecido em si mesmo apenas a partir da utilização das fórmulas lógicas do entendimento.[84]

O modo de aplicação do direito, na escola exegética, era o silogismo: o texto codificado (direito) era a premissa maior, cabendo ao juiz subsumi-lo ao caso concreto (premissa menor), produzindo a decisão (conclusão), mero reflexo do sentido normativo já contido no enunciado. A interpretação levada a cabo pelo juiz era, portanto, apenas um processo declaratório, que não comportava quaisquer construções ou complementações por parte do aplicador. O julgador era a "boca fria da lei", limitando-se a dar vida ao que nela já se dispunha ao detectar, para o caso concreto, qual o preceito legal aplicável: "Todo esforço hermenêutico teria sido feito, acreditava-se, pelo Legislador, e o Código era um texto onipotente, basicamente livre de lacunas"[85].

O legislador era autoridade incontestável, monopolizador da produção do direito, e sua vontade deveria ser traduzida no ato interpretativo. Carlos Maximiliano, sobre o tema, esclareceu que "Preceituava a Escola da Exegese em Direito Positivo, a corrente tradicionalista por excelência, que o objetivo do intérprete seria descobrir, através da norma jurídica, e revelar a vontade, a intenção, o pensamento do legislador"[86].

É relevante anotar que essa postura era motivada pelo próprio contexto histórico da época. No período pós-revolução burguesa, a magistratura era alvo de profunda desconfiança, haja vista a relação entre os juízes – vulgarmente conhecidos como a "nobreza de toga" – e a

---

[83] *Hermenêutica jurídica e(em) crise: uma exploração hermenêutica da construção do Direito.* 11ª ed. rev., atual. e ampl. Porto Alegre: Livraria do Advogado, 2014, p. 124.

[84] *Introdução à teoria e à filosofia do direito.* 3ª ed. rev., atual. e ampl. São Paulo: Revista dos Tribunais, 2015, p. 254.

[85] SCHMITZ, Leonard Ziesemer. *Fundamentação das decisões judiciais.* São Paulo: Revista dos Tribunais, 2015, p. 54.

[86] MAXIMILIANO, Carlos. *Hermenêutica e Aplicação do Direito.* 20ª ed. Rio de Janeiro: Forense, 2011, p. 15.

realeza[87]. Não se concederia aos julgadores liberdade para que pudessem torcer o sentido da lei contra as conquistas adquiridas. Para os exegéticos, a proibição da interpretação era, portanto, um caminho necessário à preservação da lei e à garantia da segurança jurídica. A lei era o fato social posto pela razão humana e carente de proteção contra a classe que, no *ancién regime*, consorciou-se aos que foram depostos pela revolução (o rei e os nobres)[88].

Por outro lado, não se pode olvidar que o Código Civil francês, nada obstante sua inegável influência jusnaturalista, foi promulgado por força da vontade política de Napoleão Bonaparte, cuja ideologia – autoritária e imperialista – determinou o modo de interpretação do texto legal. O estatuto era autoritário perante o intérprete (fosse o juiz ou o erudito); não lhe permitia espaço criativo, prendendo-lhe à literalidade das suas disposições[89].

1.1.4. OUTRAS MANIFESTAÇÕES FILOSÓFICAS: A ESCOLA HISTÓRICA, A JURISPRUDÊNCIA DOS CONCEITOS, A JURISPRUDÊNCIA DOS INTERESSES, A ESCOLA DO DIREITO LIVRE E A JURISPRUDÊNCIA DOS VALORES

Alguns países ofereceram forte resistência ao movimento codecista. Na Alemanha, por exemplo, emergiu movimento encabeçado pelos homens Doutos da época, que não eram receptivos às ideias da modernidade (os códigos), e que constituíram uma corrente filosófica híbrida (nem jusnaturalista, nem positivista), denominada Escola Histórica.[90]

A Escola Histórica, capitaneada por Friedrich Carl von Savigny, partia do princípio de que o direito é produto histórico, condicionado pelo tempo e espaço, e emanado de um determinado povo. Conclui-se, portanto, que o historicismo rechaçou a universalidade e a atempora-

---

[87] SCHMITZ, Leonard Ziesemer. *Fundamentação das decisões judiciais*. São Paulo: Revista dos Tribunais, 2015, p. 54.

[88] STRECK, Lenio. *Dicionário de hermenêutica: quarenta temas fundamentais da Teoria do Direito à luz da Crítica Hermenêutica do Direito*. Belo Horizonte: Casa do Direito, 2017, p. 160.

[89] ABBOUD, Georges; CARNIO, Henrique Garbellini; OLIVEIRA, Rafael Tomaz de. *Introdução à teoria e à filosofia do direito*. 3ª ed. rev., atual. e ampl. São Paulo: Revista dos Tribunais, 2015, p. 388.

[90] RÜTHERS, Bernd. *Teoría del derecho: concepto, validez y aplicación del derecho*. Bogotá: Themis, 2018, p. 230.

lidade inerentes ao jusnaturalismo[91], assemelhando-se ao positivismo jurídico no que se refere à teoria das fontes sociais.

Contudo, diferentemente do positivismo exegético, a Escola não erigiu o legislador à posição de produtor do direito posto; para os historicistas, o povo era o verdadeiro portador das normas que regiam o convívio em sociedade. O direito positivo, então, não consubstanciava um estatuto produzido arbitrariamente por um Parlamento soberano; tratava-se de um corpo normativo engendrado no espírito do povo ("Volksgeist")[92], forjado a partir da moral, das crenças populares e dos costumes, isto é, a partir de um conjunto de forças invisíveis e não apenas pelo arbítrio do Legislador.[93]

Consoante o magistério de Georges Abboud, Henrique Garbellini e Rafael Tomaz de Oliveira, pode-se dizer que

> Em resumo: direito (Lei) é algo "vivo" emanado da experiência vivencial de um povo que o legislador exprime e, em algumas circunstâncias, até integra, mas não pode, arbitrariamente, criar (algo muito diferente do que acontece na França em que o legislador é Soberano para criar as disposições normativas o que o faz *ex nihilo*, ou seja, de forma arbitrária).[94]

A partir da análise dos costumes populares, tornava-se possível extrair institutos jurídicos dos quais emanam as regras.

O direito era a "ciência que se opera segundo um método histórico"[95] dotado de um elemento filosófico – a sistematicidade. Acerca do tema, Norberto Bobbio explica que o historicismo, "embora se opondo à codificação, compartilhava das mesmas exigências que estavam na base do movimento pela legislação, a exigência, a saber, de dar a uma determinada sociedade um direito unitário e sistemático"[96].

---

91 ABBOUD, Georges; CARNIO, Henrique Garbellini; OLIVEIRA, Rafael Tomaz de. *Introdução à teoria e à filosofia do direito*. 3ª ed. rev., atual. e ampl. São Paulo: Revista dos Tribunais, 2015, p. 391.

92 *Idem*, p. 392.

93 RÜTHERS, Bernd. *Teoría del derecho: concepto, validez y aplicación del derecho*. Bogotá: Themis, 2018, p. 230.

94 ABBOUD, Georges; CARNIO, Henrique Garbellini; OLIVEIRA, Rafael Tomaz de. *Introdução à teoria e à filosofia do direito*. 3ª ed. rev., atual. e ampl. São Paulo: Revista dos Tribunais, 2015, p. 392.

95 *Idem*, p. 392.

96 BOBBIO, Norberto. *O positivismo jurídico: lições de filosofia do direito*. São Paulo: Ícone, 1995, p. 121.

Historicidade e sistematicidade são as pedras de toque para a compreensão do direito conforme a proposição da Escola Histórica. A interpretação não mais deveria operar-se para honrar a vontade do legislador, mas, sim, para refletir a consciência jurídica nacional do povo, circunscrito no tempo e no espaço, donde o direito é verdadeiramente extraído.

Opõe-se à Escola Histórica o movimento intitulado Jurisprudência dos Conceitos (ou pandectismo). A Jurisprudência dos Conceitos, no que se refere ao aspecto formal, é equivalente à Escola Exegética, dada a equiparação entre o direito e o texto legal e a redução da atividade judicante à mera revelação (jamais produção) do conteúdo pronto e acabado contido nos enunciados jurídicos.[97] A Jurisprudência dos Conceitos constituiu a experiência legalista na tradição jurídica alemã[98] e é conhecida pela formação de uma "pirâmide de conceitos": do mais geral, extraia-se o mais específico, ou o inverso (do mais específico induzia-se o mais geral).

A respeito do tema, vale a menção das observações de Tércio Sampaio Ferraz Júnior. Conforme o autor, à época, as divergências doutrinárias sobre a interpretação gravitavam em torno do escopo do processo exegético: deveria o jurista orientar a declaração do direito a partir da vontade do legislador ou do povo? A Jurisprudência dos Conceitos, próxima à Escola da Exegese francesa, optava pela primeira solução. Desse modo, o direito era declarado a partir dos textos, que exprimiam a *voluntas legislatoris*:

> Essa oscilação entre um fator subjetivo – o pensamento do legislador – e outro objetivo – o "espírito do povo" – torna-se assim um ponto nuclear para entender o desenvolvimento da ciência jurídica como teoria da inter-

---

97 ABBOUD, Georges; CARNIO, Henrique Garbellini; OLIVEIRA, Rafael Tomaz de. *Introdução à teoria e à filosofia do Direito*. São Paulo: Revista dos Tribunais, 2013, p.333-334.

98 "É preciso destacar que esse legalismo apresenta notas distintas na medida em que se olha esse fenômeno numa determina tradição jurídica (como exemplo, podemos nos referir ao positivismo francês, – perspectiva analítica, de cunho utilitarista; ao positivismo francês, no qual predominava o exegetismo da legislação; e ao alemão, no interior do qual é possível perceber o florescimento do chamado formalismo conceitual que se encontra na raiz da chamada jurisprudência dos conceitos – pandectismo)." STRECK, Lenio. *Hermenêutica jurídica e(em) crise: uma exploração hermenêutica da construção do Direito*. 11ª ed. rev., atual. e ampl. Porto Alegre: Livraria do Advogado, 2014, p.123.

pretação. *Em meados do século XIX, ocorre, assim, na França e na Alemanha, uma polêmica. De um lado, aqueles que defendiam uma doutrina restritiva da interpretação, cuja base seria a vontade do legislador, a partir da qual, com o auxílio de análises linguísticas e de métodos lógicos de inferência, seria possível construir o sentido da lei ("Jurisprudência dos Conceitos", na Alemanha, e "Escola da Exegese", na França). De outro lado, foram aparecendo aqueles que sustentavam que o sentido da lei repousava em fatores objetivos, como os interesses em jogo na sociedade ("Jurisprudência dos Interesses", na Alemanha)*[99].

A Jurisprudência dos Conceitos se afasta da Escola da Exegese pelo fato de o erudito – não o legislador – ser sua figura central. Ao fim, também se produziria um código civil – o "Bürgerliches Gesetzbuch" (BGB) –, que, à diferença do exemplo francês, era produto de um processo acadêmico de apuração conceitual capitaneado pelos doutrinadores da época. Teve-se como influência, de um lado, o direito parlamentar, e, do outro, o direito produzido nas universidades.[100]

Os pandectismo pregava a necessidade e formulação de uma pirâmide de conceitos, a partir da qual do mais geral deduzia-se o mais específico e assim por diante. A aplicação do direito obedecia a um método lógico dedutivo ou indutivo, posto que poderia partir tanto do conceito mais geral para chegar ao mais específico, como do mais específico para o mais geral a ser aplicado ao caso.

É traço distintivo, tanto da Jurisprudência dos Conceitos, como também da Escola da Exegese, a ideia de que os códigos produzidos, seja pelo erudito, seja pelo legislador, conformavam um sistema jurídico completo. Ao juiz, cabia apenas conhecer as suas disposições e aplicá-las ao caso concreto, num processo interpretativo que revelava o significado em lugar de produzi-lo. Ou seja, não havia espaço para a criação judicial, seja porque a interpretação era um ato de conhecimento, seja porque não se reconhecia a existência de lacunas a integrar.

A ideia do direito como um sistema completo, aplicável mediante uma operação lógica que visava passar da "norma" geral à sentença, era tipicamente racionalista. Acreditava-se que a razão humana acessa-

---

[99] FERRAZ JR., Tércio. *Introdução ao Estudo do Direito*. 7ª ed. rev., atual. São Paulo: Atlas. 2013, p. 232. Grifo nosso.

[100] ABBOUD, Georges; CARNIO, Henrique Garbellini; OLIVEIRA, Rafael Tomaz de. *Introdução à teoria e à filosofia do Direito*. 3ª ed. rev., atual., ampl. São Paulo: Revista dos Tribunais, 2015, p. 390.

va as leis da lógica, que guiavam todo tipo de interpretação dos textos jurídicos no processo de aplicação da norma geral ao caso concreto.[101]

Contudo, conforme bem observa Mario Losano

> Quando a razão é substituída pela vontade, a relação entre norma e sentença assume um aspecto completamente diverso. A decisão do caso concreto já não depende das racionais leis da lógica, mas da vontade do juiz, a qual segue vias não necessariamente racionais. Passava-se, assim, do formalismo ao antiformalismo, e as normas que estabeleciam que o juiz restasse vinculado à lei eram consideradas um resíduo do racionalismo iluminista. Na realidade, afirmava-se, o juiz decidia em última análise segundo o seu convencimento, que podia também não coincidir com a *ratio* do legislador. A relação entre legislador e o juiz resultava não apenas alterada, mas invertida: o juiz podia comportar-se como se fosse o legislador.[102]

Ou seja, o modo de aplicação racional do direito, defendido pelos exegetas e pandecistas, sucumbiria ante a um voluntarismo, representado, na Alemanha, pelo Movimento do Direito Livre (Escola do Direito Livre, Jusliberalismo) e pela sua "ala mais moderada"[103], a Jurisprudência dos Interesses.

O Movimento do Direito Livre surgiu no século XIX e terminou ante a ascensão do nacional-socialismo ao governo alemão em 1933. Cuida-se de escola que assumia a possibilidade de o juiz exercer atividade produtiva ao aplicar o direito, e não meramente declaratória, como queriam as correntes legalistas anteriormente mencionadas: o preenchimento das lacunas existentes no sistema jurídico, as quais o magistrado colmatava livremente, conduzia à construção, ao lado do direito formal estatizado, de um segundo direito denominado "direito livre".[104]

---

101 LOSANO, Mario G. *Sistema e estrutura no direito: vol 2: o século XX*. São Paulo: Martins Fontes, 2010, p. 142.

102 LOSANO, Mario G. *Sistema e estrutura no direito: vol 2: o século XX*. São Paulo: Martins Fontes, 2010, p. 143.

103 Conforme Mario G. Losano, "Nem sempre é fácil distinguir as duas correntes: seus pensamentos fundamentais são os mesmos, suas diferenças são muitas vezes de natureza mais polêmica que conceitual e, enfim, seus autores se movem ao mesmo tempo e no mesmo espaço. A jurisprudência dos interesses pode ser considerada a ala mais moderada do Movimento do Direito Livre" *Idem*, p. 149.

104 "A princípio, o 'direito livre' que se menciona na nomenclatura dessa escola metodológica quer apontar para um tipo específico de libertação. Trata-se de uma libertação científica do direito do método predominante no interior do formalismo conceitual dos pandectistas e dos exegetas franceses". ABBOUD, Georges; CARNIO,

O Movimento do Direito Livre centrava esforços na descoberta de um modo de aplicação do código civil que acompanhasse as mudanças de uma nova época. Para essa escola, a estrutura sistemática (o código) vinculava o juiz a uma série de disposições ultrapassadas. Nota-se, portanto, que os pensadores do movimento examinado tinham objetivos diversos e até mesmo antagônicos aos da escola antecessora: "Enquanto a atividade da ciência jurídica do século XIX consistira na construção do sistema, apertando os nós de uma rede que recolhesse todo o direito, o objetivo do movimento crítico do século XX era afrouxar tais nós"[105]. Para tanto, trabalhavam um fenômeno insistentemente ignorado pela Jurisprudência dos Conceitos: a atividade criativa desenvolvida pelo juiz quando da integração de uma lacuna do direito.

O Movimento do Direito Livre admitia, inclusive, a possibilidade de, em casos específicos, o juiz proceder ao arrepio da legislação. Essa postura radical, professada por Hermann Kantorowicz ao início de sua carreira, foi, posteriormente, mitigada paulatinamente pelo próprio autor, haja vista o impacto que causou na comunidade jurídica e os ataques que o nacional-socialismo fazia ao Estado de Direito.[106] Kantorowicz percebia a possibilidade de o regime nazista instrumentalizar o direito livre para os seus próprios interesses e, por isso, restringiu cada vez mais sua proposição original. Muitos partidários do Movimento do Direito Livre eram, inclusive, judeus e/ou esquerdistas que, ao fim, foram exilados, ao tempo que a doutrina que defendiam era utilizada para legitimar decisões que se afastavam da lei positivada para prestar serviço do nacional-socialismo.[107]

A Jurisprudência dos interesses, a seu turno, é derivada do Movimento do Direito Livre. A divisão do movimento se deu por força da divergência havida entre alguns autores frente a tese da possibilidade de decisão *contra legem*. Ou seja, ambos partem das mesmas premissas e críticas lançadas à Jurisprudência dos Conceitos, porém, a Jurisprudência dos Interesses não admite que a magistratura proceda *contra legem*.

Henrique Garbellini; OLIVEIRA, Rafael Tomaz de. *Introdução à teoria e à filosofia do Direito*. 3ª ed. rev.,atual., ampl. São Paulo: Revista dos Tribunais, 2015, p. 398.

[105] LOSANO, Mario G. *Sistema e estrutura no direito: vol 2: o século XX*. São Paulo: Martins Fontes, 2010, p. 158.

[106] Ver. *Idem*, p. 160-162.

[107] *Idem*, p. 163.

Philipp Heck, expoente da Jurisprudência dos Interesses, tecia fortes críticas à Jurisprudência dos Conceitos, pois considerava uma falácia a possibilidade de dedução de normas a partir de outras normas. Conforme Mario Losano, o autor esclarecia que "esta dedução opera a partir de conceitos gerais preexistentes na mente de quem aplica o direito"[108]. Para Heck, a norma jurídica serve para a resolução de conflitos de interesse, materiais ou espirituais. Nem todos os conflitos podem ser previstos pelo legislador, e, por isso, surgem as lacunas, que devem ser colmatadas pelo juiz por meio da aplicação da solução de que se valeu o legislador para terminar conflitos análogos.

Philipp Heck enfatiza, portanto, a atividade legislativa, pois é no seu desempenhar que o legislador sofre as pressões dos grupos interessados. Cumpre-lhe, diante dessas pressões, chegar a uma solução de consenso, cristalizada no texto jurídico. Para tanto, escora-se no intitulado "princípio do equilíbrio".[109]

Ao processo de criação da lei, deve se atentar o seu aplicador. Toda lei deve ser interpretada à luz do conflito ao qual visa solucionar: "Do equilíbrio ('Abwägung') dos interesses em conflito, o juiz extrai a norma a ser aplicada. Ele deve, portanto, saber reconhecer os princípios adotados pelo legislador e aplicá-los ao caso concreto, sem sentir-se vinculado pela letra da norma ou pela lógica da subsunção".[110]

O que se observa é que a Jurisprudência dos Interesses e o Movimento do Direito Livre que lhe serve de base deslocam para a jurisprudência o problema jurídico. A ela, não cabe mais conhecer o direito, mas aplicá-lo. "E, se o instrumento para o conhecimento é a razão, o instrumento para a aplicação do direito é a vontade. Retorna-se, assim, à mudança de paradigma que caracteriza o advento do século XX: a passagem da razão à vontade".[111]

A Jurisprudência dos Valores, a seu turno, é postura filosófica que sucede a Jurisprudência dos Interesses e lhe dá continuidade após a Segunda Guerra Mundial[112]. Porém, em lugar de buscar interesses con-

---

[108] *Idem*, p. 164.

[109] *Idem*, p. 166.

[110] *Idem*, p. 167.

[111] *Idem*, p. 168.

[112] "A chamada jurisprudência dos valores (*Wertungsjurisprudenz*) representa mais uma continuidade do que uma verdadeira ruptura como método da jurisprudência

trapostos na origem da lei, prega o encontro dos valores arraigados no contexto da lide levada à apreciação, os quais devem ser o norte para a decisão judicial. Em caso de colisão entre valores, socorre-se essa corrente no método de ponderação, com fins de determinar qual terá aplicabilidade no caso concreto.

Se para a Jurisprudência dos Interesses o enfoque eram os conflitos subjacentes à atividade legiferante; para a Jurisprudência dos Valores, o cerne das preocupações é a atividade judicante, que deve se orientar segundo os valores que fundamentam o convício social.

1.2. PREMISSAS FUNDAMENTAIS DO POSITIVISMO NORMATIVISTA DE KELSEN

Hans Kelsen foi o jurista mais influente do século XX. Não obstante o surgimento de diversos outros movimentos, os escritos do conhecido mestre de Viena, expoente da vertente positivista responsável por suplantar o exegetismo, continuam a inspirar a práxis jurídica.

Várias das premissas nas quais o direito se funda têm matriz kelseniana e precisam, *em parte*, ser superadas para dar lugar a teses que assegurem maior ganho democrático quando do momento decisório. Com efeito, sob a perspectiva de uma teoria da decisão, Kelsen nos oferece muito pouco, especialmente quando se tem em vista a segurança jurídica e a oposição de limites efetivos ao poder jurisdicional.

Hans Kelsen pertence à vertente do positivismo jurídico que reduz o fenômeno jurídico à norma (daí a intitularmos "normativismo"). "Em sua forma de teorizar o direito, tudo aquilo que é jurídico, necessariamente, é norma (normativo)"[113]. A norma é o direito positivo, o único objeto a ser examinado pela ciência jurídica. O estudo do comportamento humano apenas interessaria à ciência do direito na medida em que constituísse objeto de uma norma jurídica.[114]

---

dos interesses." ABBOUD, Georges; CARNIO, Henrique Garbellini; OLIVEIRA, Rafael Tomaz de. *Introdução à teoria e à filosofia do Direito*. 3ª ed. rev.,atual., ampl. São Paulo: Revista dos Tribunais, 2015, p. 400.

[113] ABBOUD, Georges; CARNIO, Henrique Garbellini ; OLIVEIRA, Rafael Tomaz de. *Introdução à teoria e à filosofia do Direito*. 3ª ed. rev.,atual., ampl. São Paulo: Revista dos Tribunais, 2015, p. 342.

[114] DIAS, Gabriel Nogueira. *Positivismo jurídico e a teoria geral do direito: na obra de Hans Kelsen*. São Paulo: Revista dos Tribunais, 2010, p. 143.

Normas, segundo Kelsen, *são disposições* (gerais ou individuais) *que determinam como o homem deve se comportar* por intermédio do estabelecimento de uma consequência para quando houver a prática de uma certa conduta ("Se A, então deve ser B"; "Para a conduta A, imputa-se a consequência B"). Normas consubstanciam mandamentos de conteúdo variado (ora comandam, ora permitem, ora atribuem poder). São prescrições (dever-ser) instituídas pela autoridade competente, a qual é indicada por outra norma hierarquicamente superior, que, por sua vez, fixa as condições de validade daquela que a sucede no escalão normativo.

Acerca do tema, o autor esclarece que:

> Na verdade, o Direito, que constitui o objeto deste conhecimento, é uma ordem normativa da conduta humana, ou seja, um sistema de normas que regulam o comportamento humano. Com o termo "norma" se quer significar que algo *deve* ser ou acontecer, especialmente que um homem se *deve* conduzir de determinada maneira.[115]

Kelsen, ao referir-se às fontes do direito, relembra que usualmente classificamos enquanto tal apenas a legislação e o costume, mas que, na verdade, "as normas jurídicas individuais pertencem tanto ao Direito, são tão parte integrante da ordem jurídica, como as normas jurídicas gerais com base nas quais são produzidas"[116]. Explica o autor:

> No entanto, efetivamente, só costuma designar-se como "fonte" o fundamento de validade jurídico-positivo de uma norma jurídica, quer dizer, a norma jurídica positiva do escalão superior que regula a sua produção. Neste sentido, a Constituição é a fonte das normas gerais produzidas por via legislativa ou consuetudinária; e uma norma geral é a fonte da decisão judicial que a aplica e que é representada por uma norma individual. Mas a decisão judicial também pode ser considerada como fonte dos deveres ou direitos das partes litigantes por ela estatuídos, ou da atribuição de competência ao órgão que tem de executar esta decisão. Num sentido jurídico-positivo, fonte do direito só pode ser o Direito.[117]

Daí a diferença inicial entre o positivismo legalista e o pensamento kelseniano. Enquanto, para o primeiro, direito é *lei*; para o segundo, esta é apenas uma dentre tantas outras *espécies normativas*, nascidas da dinâmica de aplicação e produção do próprio direito.

---

[115] KELSEN, Hans. *Teoria pura do direito*. 8ª ed. São Paulo: Martins Fontes, 2009, p. 5.
[116] *Idem*, p. 258-259
[117] *Idem*, p. 259.

Conforme Kelsen, toda norma emana de um ato decisório humano. O direito, reduzido ao que é normativo, é, portanto, produto da vontade humana.[118]

O estudo das fontes jurídicas em Kelsen integra aquilo que o autor denomina normodinâmica. Trata-se da análise de como se dá a produção e aplicação do direito, isto é, de como o direito se põe em movimento. O distinto jurista explica que, ao criar uma norma, derivada de outra superior e cuja feitura deve observar às prescrições dessa última, ocorre não apenas a produção do direito, como também a sua aplicação: produz-se norma inferior, aplica-se norma superior. Daí se dizer que "Uma norma que regula a produção de outra norma é aplicada na produção, que ela regula, dessa outra norma. A aplicação do Direito é simultaneamente produção do Direito".[119]

A decisão judicial, nesse sentido, é o último ato de produção jurídica[120]. Na teoria kelseniana, a decisão jurídica não ostenta caráter unicamente declaratório, sendo, também, um ato constitutivo, quando realizado pelo intérprete autêntico. O problema reside no *modus operandi* dessa criação, o que será objeto de análise no item 1.2.1.

Para bem compreender Kelsen, é preciso ter em vista que, ao elaborar a *Reinerechtslehre* (Doutrina Pura do Direito), o autor centrou seus esforços no desenvolvimento de uma ciência do direito que fosse autêntica e autônoma frente à sociologia, à psicologia ou à filosofia. O que se pretendia era formular uma teoria livre dos elementos metafí-

---

118 DIAS, Gabriel Nogueira. *Positivismo jurídico e a teoria geral do direito: na obra de Hans Kelsen*. São Paulo: Revista dos Tribunais, 2010, p.143.

119 KELSEN, Hans. *Teoria pura do direito*. 8ª ed. São Paulo: Martins Fontes, 2009, p. 260.

120 Importa deixar consignada a advertência de Kelsen de que, embora quase sempre a produção e aplicação jurídica caminhem juntas, por vezes isso não ocorre. Existem atos que espelham apenas criação do direito, outros que apenas espelham sua aplicação. A sentença, como dito, é o último ato criativo: a execução, ação que é posterior à sua formulação, é apenas aplicação. Por outro lado, a instituição da Constituição, é ato de mera produção jurídica e não de aplicação de outra norma positivada, visto que anterior e superior à carta constitucional não há norma posta, apenas pressuposta: a norma hipotética fundamental. *Idem*, p. 262.

sicos (*e.g.* política e religião) que antes a contaminavam[121-122]; os valores, muito embora importantes para a criação do direito, não deveriam macular a ciência que o erigiu ao posto de objeto de estudo. O preço a pagar para que a ciência do direito reivindicasse autonomia era este: a abstração de quaisquer tendências políticas ou valorativas.[123]

Nesse contexto, caberia à ciência apenas descrever o direito, sem, contudo, tecer qualquer juízo de valor a seu respeito.[124]

A de Kelsen era marcada por aquilo que se intitula relativismo moral. Ante a impossibilidade de uma moral universal, não se admitia, no pensamento kelseniano, que a validade do direito se respaldasse nos valores, quaisquer que fossem[125]. Noutras palavras, a existência de uma moral universal e absoluta não pode ser reconhecida cientificamente, por isso é inseguro erigir qualquer valor à categoria de pressuposto de validade do direito, a exemplo do que faziam as correntes jusnaturalistas. No sentido ora exposto:

> Com as duas premissas de que os valores absolutos não podem ser reconhecidos cientificamente e de que os sistemas morais só podem ser concebidos como sistemas de valores relativos, Kelsen preparou o terreno teórico para poder rejeitar eficazmente o postulado jusnaturalista da unidade entre direito e moral. O direito é apenas direito objetivo, ou, dito de modo mais preciso, direito positivo. Ele tem que ser considerado válido independentemente de todo recurso a outro sistema de valores normativo, o que por seu turno significa que não existe *mala in se*, apenas *mala prohibita;* i.e., mesmo que o legislador tenha posto uma determina lei por convicção moral (por exemplo, por convicções cristãs ou islâmicas o legislador vota uma lei que proíbe ou permite a prática da poligamia), essa norma vale dentro do orde-

---

[121] RÜTHERS, Bernd. *Teoría del derecho: concepto, validez y aplicación del derecho.* Bogotá-Colombia: Temis, 2018, p. 241-242.

[122] HENKEL, Henrich. *Introducción a la Filosofía del Derecho*: Fundamentos del Derecho. Montevideo-Buenos Aires: Editorial B de F, p. 494.

[123] "A teoria pura do direito teve a virtude de, num período de intenso debate político-ideológico (os anos 30 a 50 do século XX), ter sublinhado a autonomia do saber jurídico, a sua natureza formal e a sua indisponibilidade em relação a pontos de vista de natureza filosófica ou ideológica". HESPANHA, António Manuel. *Cultura jurídica europeia: síntese de um milênio.* Coimbra: Almedina, 2017, p. 425.

[124] RÜTHERS, Bernd. *Teoría del derecho: concepto, validez y aplicación del derecho.* Bogotá-Colombia: Temis, 2018, p. 242.

[125] SCHMITZ, Leonard Ziesemer. *Fundamentação das decisões judiciais.* São Paulo: Revista dos Tribunais, 2015, p, 62.

namento jurídico, mas não por causa dos valores morais que a motivaram. Eles são irrelevantes para a constatação da validade pelo jurista.[126]

Por essa razão, o conteúdo da norma não importa: o que importa é a sua obediência formal às regras de produção legislativa ditadas pela norma que lhe é superior. Trocando em miúdos, o fundamento da validade do direito não é a justiça, o bom, ou o adequado, mas o próprio direito.

Nada obstante soubesse da impossibilidade de construção de um direito puro, Kelsen pretendia a formulação de uma Ciência dotada de pureza[127]. Noutras palavras: muito embora compreendesse que, nas bases do processo legislativo, influíam valores sociais, o que o autor desejava era que, ao olhar para o texto jurídico posto, a moral que o inspirou fosse ignorada. O texto que passou de projeto à lei é válido e deveria ser obedecido, mesmo que, sob um determinado ponto de vista, fosse considerado injusto. O exame que o cientista do direito deveria realizar sobre a norma (fatalmente impura) deveria ser avalorativo (puro). Cuida-se, inclusive, de exigência de um método científico legítimo: o isolamento do objeto e o olhar "neutro" do sujeito que o conhece.

A Teoria Pura do Direito é uma teoria estrutural do direito, ou seja, não se ocupa da origem ou da evolução histórica do direito: pretende, apenas, descrever o objeto de estudo tal como é. Mais especificamente, debruça-se sobre a estrutura desse objeto, passando ao largo do seu conteúdo, e, por isso, é essencialmente formalista.[128] A função da Teoria Pura seria meramente descritiva, e não *prescritiva*, isto é, estava compromissada com o estudo daquilo que o direito *é*, e não do que *deveria ser*.[129]

A construção da ciência kelseniana é inspirada no pensamento de Immanuel Kant, do qual importa os conceitos de ser (*Sein*) e dever ser (*Sollen*). O dever-ser é confundido com a própria validade em Kelsen. Sobre o tema, vale a colação de uma passagem da obra de Mario Losano:

---

126 DIAS, Gabriel Nogueira. *Positivismo jurídico e a teoria geral do direito: na obra de Hans Kelsen*. São Paulo: Revista dos Tribunais, 2010, p.147.

127 *Idem,* p.156.

128 LOSANO, Mario G. *Sistema e estrutura no direito: vol 2: o século XX*. São Paulo: Martins Fontes, 2010, p. 121.

129 HENKEL, Heinrich. *Introducción a la Filosofía del Derecho*: Fundamentos del Derecho. Montevideo-Buenos Aires: Editorial B de F, p. 494.

A visão do sistema jurídico proposta por toda a teoria pura do direito é concebida em função do dever ser: pode-se e deve-se manter distinto o direito da realidade porque esta é ser, ao passo que aquele é dever ser; a estrutura hierárquica do ordenamento jurídico é concebida como uma rede capilar para a distribuição do dever ser das normas de grau superior às de grau inferior; a norma suprema, vale dizer, a norma fundamental, é a origem desse dever ser que permeia todo o ordenamento jurídico; a validade do ordenamento jurídica é feita coincidir com o dever ser; por fim, a validade coincide com a existência seja de cada uma das normas, seja de todo o ordenamento.[130]

Para Kelsen, portanto, ser e dever-ser são articulados para separar radicalmente a realidade e o direito[131], e apenas se tocam quando do nascimento da decisão jurídica. Posta a bruta separação entre ser/fato e dever-ser/valor, o direito, pertencente à segunda instância, não poderia extrair sua validade de um elemento fatual. A norma jurídica é válida enquanto prestar obediência aos pressupostos previstos na norma de hierarquia imediatamente superior, e assim sucessivamente, até que alcancemos a Constituição.[132] Trocando em miúdos, o direito extrai seu fundamento de validade do próprio direito, a partir de um processo de *autopoiese* contínuo; é essa a fórmula que lhe garantia autonomia.

Para impedir a regressão *ad aeternum* e, ao mesmo tempo, evitar o recurso ao mundo fático, Kelsen lança mão de um recurso ficcional intitulado norma hipotética fundamental (*Grundnorm*). Ao contrário das demais normas, a *Grundnorm* não está posta: é, a princípio, vista como um pressuposto lógico-transcendental e, *a posteriori*, como uma ficção necessariamente útil.[133] A *Grundnorm* é o artifício teórico que

---

130 LOSANO, Mario G. *Sistema e estrutura no direito: vol 2: o século XX*. São Paulo: Martins Fontes, 2010, p., p. 110.

131 Kant, por outro lado, direciona esses conceitos para promover a separação da razão prática e da razão teórica. É necessária a advertência de que Kelsen não colhe as categorias *Sein* e *Sollen* da obra kantiana. Sua fonte mais próxima, na realidade, é o neokantismo da Escola de Baden. Acerca do tema, *Cf.* LOSANO, Mario G. *Sistema e estrutura no direito: vol 2: o século XX*. São Paulo: Martins Fontes, 2010, p. 112.

132 AMADO, Juan Antonio García. *Hans Kelsen y lar norma fundamental*. Madrid: Marcial Pons, 1996, p. 128.

133 STRECK, Lenio. *Dicionário de hermenêutica: quarenta temas fundamentais da Teoria do Direito à luz da Crítica Hermenêutica do Direito*. Belo Horizonte: Casa do Direito, 2017, p. 162.

empresta à Constituição Federal a validade necessária para estabelecer as regras formais e materiais que organizarão a sociedade.[134]

1.2.1. A INTERPRETAÇÃO SOB O VIÉS KELSENIANO

No capítulo final da "Teoria Pura do Direito", designado "A interpretação", Kelsen finalmente resvala no tema que é fulcral à presente pesquisa, qual seja, o *modus operandi* da intepretação do direito que conduz à formação da decisão judicial.

Conforme Kelsen, a interpretação é "uma operação mental que acompanha o processo da aplicação do Direito no seu progredir de um escalão superior para um escalão inferior".[135]

Diferentemente do positivismo exegético, o normativismo de Kelsen reconhecia que toda lei contém uma pluralidade de significados, que coexistem dentro de uma moldura. Disso decorre a afirmação de que positivismo normativista é uma teoria que analisa o direito a partir de uma perspectiva sintática do ponto de vista da validade, mas semântica do ponto de vista da interpretação.[136] Nos dizeres do próprio Kelsen:

> A norma do escalão superior não pode vincular em todas as direções (sob todos os aspectos) o ato através do qual é aplicada. Tem sempre de ficar uma margem, ora maior ora menor, de livre apreciação, de tal forma que a norma do escalão superior tem sempre, em relação ao ato de produção normativa ou de execução que a aplica, o caráter de um quadro ou moldura a preencher por este ato. Mesmo uma ordem o mais pormenorizada possível tem de deixar àquele que a cumpre ou executa uma pluralidade de determinações a fazer.[137]

A norma projeta um espectro de significados que conformam um quadro, tramado a partir das variantes interpretativas que o texto oferece. *A priori*, qualquer possibilidade interpretativa contida na moldu-

---

134 Cf. HESPANHA, António Manuel. *Cultura jurídica europeia: síntese de um milênio.* Coimbra: Almedina, 2017, p. 424.

135 KELSEN, Hans. *Teoria pura do direito.* 8ª ed. São Paulo: Martins Fontes, 2009, p. 387.

136 ABBOUD, Georges; CARNIO, Henrique Garbellini ; OLIVEIRA, Rafael Tomaz de. *Introdução à teoria e à filosofia do Direito.* 3ª ed. rev.,atual., ampl. São Paulo: Revista dos Tribunais, 2015, p. 254.

137 KELSEN, Hans. *Teoria pura do direito.* 8ª ed. São Paulo: Martins Fontes, 2009, p. 388.

ra era igualmente válida.¹³⁸ O modo como o intérprete deverá se portar diante da existência da plurissignificação dependerá da função que desempenha. Com efeito, para Kelsen, a intepretação pode ser partida em dois tipos: aquela realizada pelo órgão oficialmente encarregado da aplicação do direito (o Legislativo, ao criar lei nova, e o Judiciário, ao resolver as lides); e aquela obrada pela ciência jurídica.

A interpretação, levada a cabo pela ciência jurídica, é um ato de conhecimento e, como tal, está limitada à descrição dos significados possíveis contidos dentro da moldura.¹³⁹ Se a ciência pretendia ser neutra, o jurista não poderia optar por qualquer das possibilidades interpretativas, sob pena de permitir que juízos valorativos contaminassem a atividade científica; ou seja, afirmar que este significado é melhor que aquele é proferir um juízo de valor, que, segundo Kelsen, careceria de rigor científico.¹⁴⁰ Por isso, para o acadêmico, todas as soluções decorrentes da interpretação literal do texto são equivalentes.

Por outro lado, incumbido do dever de decidir, o magistrado poderia escolher. A interpretação orquestrada pelo órgão encarregado de aplicar a lei é um ato político-jurídico de vontade, construído conforme suas opiniões, crenças, valores, etc.¹⁴¹ Kelsen compreendia a impossibilidade de se afastar o subjetivismo no momento da decisão, em vista da ambiguidade que é inerente à linguagem e as influências externas que o juiz tende a sofrer. Assim,

> (...) na aplicação do Direito por um órgão jurídico, a intepretação cognoscitiva (obtida por uma operação de conhecimento) do Direito a aplicar combina-se com um ato de vontade em que o órgão aplicador do Direito

---

138 RÜTHERS, Bernd. *Teoría del derecho: concepto, validez y aplicación del derecho.* Bogotá-Colombia: Temis, 2018, p. 242.

139 "A interpretação científica é pua determinação cognoscitiva do sentido das normas jurídicas". KELSEN, Hans. *Teoria pura do direito.* 8ª ed. São Paulo: Martins Fontes, 2009. p. 395. Ver, ainda: STRECK, Lenio. *Dicionário de hermenêutica: quarenta temas fundamentais da Teoria do Direito à luz da Crítica Hermenêutica do Direito.* Belo Horizonte: Casa do Direito, 2017, p. 177.

140 STRECK, Lenio. *Dicionário de hermenêutica: quarenta temas fundamentais da Teoria do Direito à luz da Crítica Hermenêutica do Direito.* Belo Horizonte: Casa do Direito, 2017, p. 162.

141 *Idem*, p. 162. Ver também: TASSINARI, Clarissa. *Jurisdição e ativismo judicial: limites da atuação do Judiciário.* Porto Alegre: Livraria do Advogado, 2013, p. 58-59; SERRANO, Pedro Estevam Alves Pinto. *Autoritarismo e golpes na América Latina: breve ensaio sobre jurisdição e exceção.* São Paulo: Alameda, 2016, p. 124.

efetua uma escolha entre as possibilidades reveladas através daquela mesma interpretação cognoscitiva. Com este ato, ou é produzida uma norma de escalão inferior, ou é executado um ato de coerção estatuído na norma jurídica aplicada.[142]

É designada autêntica a interpretação do aplicador porque cria direito novo e vinculante, ao tempo que não está sujeita a qualquer juízo de veracidade ou falsidade. O resultado dessa interpretação faz surgir uma norma, que, como qualquer outra, não se submete a quaisquer juízos de valor. Conforme Kelsen:

> A questão de saber qual é, de entre as possibilidades que se apresentam nos quadros do Direito a aplicar, a "correta", não é sequer – segundo o próprio pressuposto de que se parte – uma questão de conhecimento dirigido ao Direito positivo, não é um problema de teoria do Direito, mas um problema de política do Direito.[143]

Posteriormente, o autor conclui acerca da opção feita pelo aplicador: "Do ponto de vista do Direito positivo, nada se pode dizer sobre sua validade e verificabilidade"[144]. A aplicação do direito é para Kelsen, um ato de política jurídica, tanto quanto a criação de uma lei e, por isso, não se submete à crítica por parte da ciência jurídica.[145] "*Los actos generadores de normas que provengan del juez están, para la Teoría Pura, fuera del alcance de la ciencia jurídica. Ellos son política-jurídica*".[146]

Se, no positivismo exegético, a interpretação revelava o sentido unívoco contido no texto; na teoria kelseniana, a interpretação conduz ao conhecimento de uma pluralidade de significados possíveis. Prevalece,

---

[142] KELSEN, Hans. *Teoria pura do direito*. 8ª ed. São Paulo: Martins Fontes, 2009, p. 394.

[143] *Idem,* p.393.

[144] *Idem,* p.393.

[145] "O juiz, ao fazer política jurídica, não descreveria, não reproduziria acriticamente as normas, ao revés, criaria Direito que, somente *a posteriori*, seria sistematizado cientificamente. Portanto, o juiz não faria um simples exercício analítico de subsunções e silogismos. Ao contrário, sua escolha seria influenciada por fatores externos ao Direito e outros de caráter subjetivo". STRECK, Lenio. *Dicionário de hermenêutica: quarenta temas fundamentais da Teoria do Direito à luz da Crítica Hermenêutica do Direito*. Belo Horizonte: Casa do Direito, 2017, p. 177.

[146] Tradução livre: "Os atos geradores de normas que provenham do juiz estão, para a teoria Pura, fora do alcance da ciência jurídica. Eles são política-jurídica". RÜTHERS, Bernd. *Teoría del derecho: concepto, validez y aplicación del derecho*. Bogotá-Colombia: Temis, 2018, p. 242.

portanto, o caráter descritivo do processo interpretativo, que é sempre um ato de conhecimento e, por vezes, também um ato de vontade.

A vontade do intérprete apenas entra em jogo na interpretação autêntica, levada a cabo pelo aplicador oficial do direito, o qual, guiado por seu arbítrio, elegerá uma dentre as diversas significações contidas na moldura. A interpretação autêntica possui um caráter produtivo, de modo que quem a desenvolve cria, à luz da teoria de Kelsen, norma jurídica nova.

1.3. DA FILOSOFIA CLÁSSICA À FILOSOFIA DA CONSCIÊNCIA. A DISCRICIONARIEDADE PRESENTE NA DECISÃO KELSENIANA

O presente capítulo se iniciou com a explicitação de um problema: a comunidade jurídica, num geral, não se preocupa com os paradigmas que estruturam o pensamento, essenciais para bem conhecer e bem aplicar o direito. A prática irreflexiva do direito precisa ser evitada, sob pena de repetição cíclica de inconsistências historicamente identificadas e superadas pelos esforços científicos/filosóficos ao longo do tempo. Não é possível, por exemplo, que se continue a repetir que interpretação é a operação mental que conduz à revelação do sentido unívoco de um enunciado jurídico. Ou que, ante a clareza do texto, a interpretação poderá ser dispensada.

Na busca pela clareza desses paradigmas, este item se ocupará do exame dos dois modelos filosóficos que estruturam o positivismo legalista e o positivismo normativista: a filosofia clássica, também intitulada realismo filosófico, e a filosofia da consciência. Ambos, da perspectiva desta obra, foram superados pela hermenêutica. Entretanto, estudá-los é uma contingência, seja porque continuam, insistentemente, a permear a dogmática e a prática jurídica, seja porque é necessário conhecê-los para saber por que e como foram suplantados.

Um paradigma filosófico é um "fator ordenador, que condiciona o enquadramento do conhecimento em uma determinada época"[147], ou um princípio organizador que "pode ser considerado como um vetor da racionalidade científica, isto é, como um princípio com o

---

[147] STRECK, Lenio. *Dicionário de hermenêutica: quarenta temas fundamentais da Teoria do Direito à luz da Crítica Hermenêutica do Direito*. Belo Horizonte: Casa do Direito, 2017, p. 143.

qual se pode examinar aquilo que é implicitamente carregado pelo discurso científico".[148]

Os paradigmas filosóficos contaminam as teorias jurídicas de uma determinada época e se cristalizam nos vários postulados e institutos aplicados cotidianamente.[149] Quando um jurista professa determinada corrente científica/interpretativa, implicitamente finca os pés num paradigma filosófico específico. Todo posicionamento teórico é, enfim, uma postura filosófica.

O paradigma da filosofia clássica organiza toda a racionalidade em torno do objeto do conhecimento.[150] Sob esse prisma, as coisas têm o sentido determinado pela sua essência. O objeto cognoscível é que impõe o seu significado àquele que o conhece. A atividade interpretativa, à luz da filosofia clássica, é, portanto, objetivista, posto que o sujeito está inevitavelmente limitado pelo objeto conhecido.

Na filosofia da consciência, por outro lado, o protagonista é o sujeito. Quem organiza o processo de conhecimento é o sujeito cognoscente.[151] É esse o responsável pela determinação do significado do ob-

---

148 STEIN, Ernildo. *Exercícios de fenomenologia: limites de um paradigma.* Ijuí: Unijuí, 2004. p. 127; STRECK, Lenio. *Hermenêutica jurídica e(em) crise: uma exploração hermenêutica da construção do Direito.* 11ª ed. rev., atual. e ampl. Porto Alegre: Livraria do Advogado, 2014, p. 143.

149 Acerca do tema, é válida a colação do seguinte trecho da obra de Lenio Streck: "As posições teóricas que assumimos refletem, muitas vezes, apenas a superfície de um processo compreensivo muito mais complexo. Na verdade, em inúmeros casos, elas acabam por espelhar um conjunto de elementos que conformam o *modo* de se organizar o pensamento e de determinação do processo de conhecimento que rege uma determinada época. Esse (sic) dimensão profunda, organizadora de nossa racionalidade, não pode ser acessada através dos instrumentos teóricos desenvolvidos por uma ciência qualquer. Essa dimensão é filosófica. Para termos acesso a ela, necessitamos nos envolver em um processo catártico, de *des-construção* da história da filosofia. Um processo no qual, desde Heidegger, nós mesmos estamos envolvidos em face de nossa facticidade. Assim, no caso do direito, por exemplo, é muito comum encontrarmos teorias que apresentam determinados postulados epistemológicos que, se olhados mais de perto, representam apenas a consequência da projeção desse modo de organização – filosófica – do pensamento predominante no interior daquele tempo histórico". STRECK, Lenio. *Hermenêutica jurídica e(em) crise: uma exploração hermenêutica da construção do Direito.* 11ª ed. rev., atual. e ampl. Porto Alegre: Livraria do Advogado, 2014, p. 142-143.

150 *Idem,* p.142.

151 *Idem,* p.142-143.

jeto cognoscível. Grosso modo, o sentido da coisa é construído pelo sujeito, que não está limitado pela essência do seu objeto de estudo. A interpretação, via de consequência, possui caráter notadamente subjetivista na filosofia da consciência, haja vista que o sujeito é o senhor dos sentidos e os atribui livre de qualquer "prestação" de contas ao próprio objeto conhecido.

A interpretação e, consequentemente, o modo de decidir no Positivismo Exegético, está fundada na filosofia clássica, posto que, ali, o objeto (a lei) possui um sentido em si, o qual o intérprete é capaz de revelar, mas do qual o intérprete não pode dispor. A lei tem um sentido essencial, que o sujeito não constrói, apenas conhece e descreve. Da mesma forma, a atividade interpretativa da Jurisprudência dos Conceitos é objetivista, porque não deixa nada à disposição do intérprete: o sentido está dado na lei, que estabelece a cadeia de conceitos, a ser revelada – jamais construída – pelo intérprete, via dedução/indução.

É verdade que, no momento da formação da lei (plano político), tanto a Escola da Exegese como a Jurisprudência do Conceitos partem da filosofia da consciência, haja vista que o texto jurídico, num caso e noutro, contém a *vontade* do legislador ou dos eruditos. O que fundamenta o direito não é a natureza ou Deus, mas a razão humana – manifestada na vontade do legislador ou do doutrinador–, o que é premissa fundante da filosofia da consciência, conforme se verá a seguir. Ou seja, no plano político, as escolas retro expressam o subjetivismo próprio da filosofia da consciência, ao tempo que, no plano judicial, preservam o objetivismo típico da filosofia clássica: no momento da aplicação, tanto o exegeta como o pandectista são objetivistas, pois ao intérprete não resta outra coisa senão revelar – jamais criar ou livremente atribuir – os sentidos postos na lei pelos legisladores e pelos doutrinadores.[152]

Quando prevalece a interpretação objetivista, a lei é aplicada pelo método subsuntivo. Ao aplicador, cabe apenas revelar o sentido unívoco da lei (premissa maior) e subsumi-lo ao caso (premissa menor). Naturalmente, as correntes que partiam do subjetivismo no momento decisório pro-

---

[152] *Idem*, p.142-145.

punham um modo diverso de decisão. É o caso da Jurisprudência dos Interesses ou a dos Valores, cada qual com sua ponderação.[153]

É justamente na modernidade, com o advento do antropocentrismo, que se inaugura o reinado do sujeito, o qual passa a dispor livremente das coisas, de cujo sentido o próprio sujeito é o fundamento.

Cuida-se de um subjetivismo que permeia o processo de conhecimento desde que René Descartes colocou sob dúvida todas as coisas, exceção feita ao sujeito que duvida (o "eu cogito").[154] Se a existência das coisas é duvidosa, não é seguro apoiar nessas o processo de conhecimento. Melhor é fundá-lo no sujeito cognoscente, porque da sua existência não se pode duvidar. Mais que isso: se todas as coisas podem ser fruto apenas da imaginação do sujeito, é o sujeito quem pode construí-las e reconstruí-las, atribuindo-lhes o significado que bem entenda. No sentido ora expresso é a colocação de Rafael Tomaz de Oliveira: "Desse modo, antes da teoria acerca do mundo (esse sim, objeto da dúvida), deve colocar-se a teoria acerca do sujeito".[155]

O fundamento do conhecimento fora, na antiguidade grega, a natureza; no medievo, Deus. Ambos (natureza e Deus) constituem elementos exteriores ao homem, cuja existência independe do sujeito. Esses elementos externos se opõem ao indivíduo como um limite. É possível, inclusive, o estabelecimento de um paralelo com o próprio jusnaturalismo: seja na Grécia antiga, seja na idade medieval, o homem, na criação de seu direito (o direito positivo), estava amarrado a um outro direito, fundado na natureza (jusnaturalismo cosmológico) ou na divindade (jusnaturalismo teológico).[156] O direito dado pela natureza ou por Deus limitava a produção jurídica do sujeito.

---

153 "Os movimentos críticos, que instalaram os primeiros passos do subjetivismo hermenêutico – objetivismo, se quisermos olhar pela lente da predominância do fato social no momento da determinação normativa – começam a apontar para uma necessária ultrapassagem do dogma da subsunção a partir da criação de outras formas de aplicação do direito". *Idem,* p.146.

154 *Cf.* SCHMITZ, Leonard Ziesemer. *Fundamentação das decisões judiciais.* São Paulo: Revista dos Tribunais, 2015, p. 38.

155 OLIVEIRA, Rafael Tomaz de. *Decisão judicial e o conceito de princípio: a hermenêutica e a (in)determinação do Direito.* Porto Alegre: Livraria do Advogado, 2008, p. 98.

156 Nesse sentido: "Aqui entra o argumento decisivo para a compreensão de todas as teorias do direito natural: conforme variar o conceito filosófico que responde pela condição suprema ou indepassável de 'natureza', será alterado o princípio justificador, que serve como totalidade fundadora de todo o direito. Em Platão, a Idéia, e

O pensamento cartesiano inaugura a fase em que o sujeito passa à categoria de fundamento de todas as coisas, premissa da filosofia da consciência. O elemento fundamentador, então, não é mais externo ao sujeito, mas a esse imanente. Passa-se a falar de um jusnaturalismo cujo direito natural não se funda na natureza ou em Deus, mas na racionalidade humana: "Ou seja, é natural o direito capaz de ser entendido e estabelecido de modo sistemático pela razão".[157]

Também em Kant se vê a morte da essência das coisas. A coisa em si, no pensamento kantiano, não existe. O que o homem conhece do objeto é a representação produzida pela mente.[158] Conforme Lenio Streck:

> Não existe o universal nas coisas. Portanto, não existem essências. É o que se denomina nominalismo, uma vez que, ao trabalhar com nomes, palavras, o faz sem que elas se refiram ou tenham relação com objetos.
> Na verdade – e isso é extremamente relevante –, era impossível de se dizer isso antes de Kant e, de certo modo, da 'invenção' do *cogito* de Descartes. De fato, até Kant, o ser era um predicado real. Pensava-se que havia uma relação real entre ser e essência. Portanto, o sentido era dependente dos objetos, que tinham uma essência e, por isso, era possível revelá-lo.[159]

Ao seu tempo, Kant presenciou um duro embate atinente à teoria do conhecimento, travado entre os racionalistas e os empiristas. Os primeiros acreditavam que o conhecimento era imanente ao sujeito, nele fundamentado, ao passo que os segundos criam que a experiência fundamentava e fornecia o conhecimento ao homem:

> O racionalismo dogmático respondia, em continuação à tradição iniciada por Descartes, em favor da imanência do conhecimento e da subjetividade

---

em Aristóteles, a Substância, são as formas eternas da natureza que irão justificar, em última análise, a essência do direito; em toda a Idade Média é Deus, enquanto contém em si a essência de todas as coisas. Nesse sentido, é comum se falar em direito natural com fundamento cosmológico e em direito natural com fundamento teológico todavia, ambos os casos estão unidos por uma ontologia objetivista a partir da qual as categorias estavam no ser e cabia ao conhecimento correto a elas se adequar." *Idem*, p. 95.

[157] *Idem*, p. 96 e 99.

[158] "(..) das coisas conhecemos a priori só o que nós mesmos colocamos nelas". KANT, Immanuel. *Crítica da razão pura*. São Paulo: Abril, 1980. p.13. "Em Kant, ao contrário do que se pensava na tradição aristotélico-tomista, as categorias estão na mente e são as coisas que se conformam com essas categorias". *Idem*, p. 100.

[159] *O que é isto – decido conforme minha consciência?* 4ª ed. rev. Porto Alegre: Livraria do Advogado, 2013, p. 13.

como fundamento, enquanto o empirismo humeniano, em continuação a Locke, levava às últimas conseqüências a idéia da mente como "folha de papel em branco" da qual a experiência imprime o conhecimento.[160]

Em lugar de se imiscuir no conflito, Kant altera a pergunta utilizada como ponto de partida: ao invés de perquirir pela origem do conhecimento (se a razão humana ou a experiência), ocupa-se das condições de possibilidade para a obtenção do conhecimento, seja ele racional ou empírico. Não cabe mais questionar se o indivíduo adquire o conhecimento a partir da razão ou da experiência, se o conhecimento é interior ou exterior o indivíduo, mas saber quais os limites da obtenção do conhecimento através da razão e através da experiência; como é possível que a razão interior ao sujeito negue aquilo que lhe é exterior?; ao fim e ao cabo: qual é a relação entre a consciência do sujeito cognoscente e o mundo cognoscível?[161]

Desde Descartes até Kant, constrói-se um paradigma filosófico subjetivista (a filosofia da consciência), que pautará o exegetismo no plano político e o normativismo no plano judicial, conforme anteriormente explanado.

A interpretação kelseniana como ato de conhecimento está, por sua vez, associada à filosofia clássica. A ideia de descrição que acompanha a ciência em Kelsen é tipicamente adequacionista.[162] Por outro lado,

---

[160] OLIVEIRA, Rafael Tomaz de. *Decisão judicial e o conceito de princípio: a hermenêutica e a (in)determinação do Direito*. Porto Alegre: Livraria do Advogado, 2008, p. 101.

[161] *Idem*, p. 102.

[162] "Em síntese: um olhar externo (descritivismo) implica filiação ao adequacionismo. Há variações nas teorias adequacionistas, mas o ponto que as liga é sua filiação por vezes semântica, por vezes metafísica (no sentido ontoteológico da palavra) e, em outras, epistemológicas. A linguagem assume o papel de descrição ou fotografia da realidade. No caso das teorias positivistas que pretendem descrever o Direito, a verdade funciona ainda como adequação. A linguagem é como um mapa que pretende mostrar o mundo. Não há como fugir disso, se se pretende apostar em descrições, como um olhar externo. Nesse sentido, há sempre algo que permanece da noção tradicional de verdade correspondencial. O que altera, no plano do Direito e do positivismo que pretende descrevê-lo é a natureza do objeto 'Direito'. Na pré-modernidade, uma essência, algo que independe do homem; na modernidade em diante, o objeto continua 'objeto', só que, agora, é produzido pelo homem, como um fato social. Aliás, é nesse exato sentido que emerge a ligação do positivismo científico com o positivismo jurídico, nas suas mais variadas formas". STRECK, Lenio. *Dicionário de hermenêutica: quarenta temas fundamentais da Teoria*

a interpretação kelseniana intitulada autêntica (aquela operada pelo juiz) é subjetivista, posto que o aplicador escolhe o sentido do texto que valerá no caso concreto[163]. O ato interpretativo é notadamente voluntarista, a decisão largamente discricionária: o juiz, numa manifestação assumidamente política, escolhe arbitrariamente, dentre os diversos sentidos possíveis, qual será aplicado ao caso concreto.

Kelsen foi importantíssimo porque superou as formas primitivas de positivismo ao soterrar o mito da univocidade dos textos jurídicos. Entretanto, muito pouco contribuiu em termos de teoria da decisão. Do ponto de vista da segurança jurídica e do controle do exercício das funções do Poder, fortes críticas podem ser tecidas à teoria kelseniana. Ao afirmar que o direito é aquilo que o juiz deseja, nega-se a função primeira do direito num Estado Democrático, manifestada principalmente por meio da Constituição: restringir o poder para evitar que os responsáveis pelo seu exercício o utilizem contra o povo, seu verdadeiro detentor.

---

do Direito à luz da Crítica Hermenêutica do Direito. Belo Horizonte: Casa do Direito, 2017, p. 166.

163 Nesse sentido: SERRANO, Pedro Estevam Alves Pinto. *Autoritarismo e golpes na América Latina: breve ensaio sobre jurisdição e exceção*. São Paulo: Alameda, 2016, p. 124.

2. A VIRADA PARADIGMÁTICA: DO POSITIVISMO AO PÓS-POSITIVISMO

> *"As fronteiras da minha linguagem são as fronteiras do meu universo".*
> **WITTGENSTEIN**

> *"Ao considerar-se a questão-de-fato está implicitamente presente e relevante a questão-de-direito; ao considerar-se a questão-de-direito não pode prescindir-se da solidária influência da questão-de-fato".*
> **CASTANHEIRA NEVES**

É inegável a importância do positivismo para o direito. Graças ao positivismo, é possível falar em uma sistematização consistente do direito e da criação de uma ciência jurídica autônoma.

O projeto de ciência jurídica efetivado pelo positivismo exigia um isolamento radical do objeto de estudo frente a quaisquer valores. Conforme expusemos no capítulo antecedente, à norma não se opunham questionamentos morais. Para que determinada norma integrasse o ordenamento jurídico, bastava que, quando de sua edição, prestasse obediência às regras formais de produção previstas na norma superior. É por isso que se acusa um descontrole de conteúdo: tudo poderia ser direito, desde que respeitasse os procedimentos formais de produção legislativa.

O direito era capaz de agasalhar e legitimar qualquer comportamento. Por isso, muito embora o positivismo não seja a doutrina que legitimou o nazismo, dadas as suas premissas, é difícil, a partir da teoria positivista, construir uma crítica teórica contundente a regimes ditatoriais. Com efeito, os regimes nazifascistas perpetrados em meados do século XX, cujos horrores incitaram profundas reflexões, eram moralmente contestáveis, contudo, não se pode dizer que, sob a ótica positivista, não poderiam ser revestidos de legitimidade jurídica, caso operacionalizados por meio de leis formalmente válidas.

Não apenas a Segunda Grande Guerra fez parte do cenário que impulsionou a ruptura com o positivismo. De rigor mencionar um fenômeno que teve lugar no âmbito da filosofia e provocou mudanças radicais no pensamento jurídico por meio da invasão do direito pela linguagem: o giro linguístico (virada linguística ou *linguistic turn*).

O giro linguístico promoveu a consciência do papel construtivista da linguagem frente aos fenômenos que constituem objeto de estudo de qualquer ciência. A partir da virada linguística, compreende-se, finalmente, que a linguagem constitui o saber jurídico e o próprio direito.

Para bem compreender o pós-positivismo, é necessário o estudo dos acontecimentos que, no campo filosófico e no campo político, conduziram à revisão da doutrina positivista, que, até então, era incontestada. Com isso em vista, o presente capítulo se dedicará ao exame do novo papel da linguagem no direito e da crise de paradigmas instaurada no pós Segunda Guerra Mundial.

2.1. MARCOS FILOSÓFICOS

2.1.1. GIRO LINGUÍSTICO

Conhecer o paradigma de que partimos (o pós-positivismo) exige o estudo de um fenômeno iniciado na filosofia: o giro linguístico. É o giro linguístico que inaugura o processo de superação do esquema sujeito-objeto sobre o qual se assenta o positivismo jurídico. Conforme se verá, abandonar o esquema sujeito-objeto é essencial para evitar interpretações arbitrárias e opor ao poder de quem julga limites efetivos.[164]

---

164 A exigência de superação do esquema sujeito-objeto está diretamente relacionada à necessidade de combate à discricionariedade, que será defendida no capítulo 5 desta obra. Toda doutrina positivista credita ao juiz poder discricionário, isto é,

Ao final do primeiro capítulo desta obra, foram expostos dois paradigmas que conduziram as discussões filosóficas ao longo dos séculos. O embate entre ambos pode ser expressado por meio do seguinte questionamento: *o sentido das coisas é dado pela sua essência ou pelo sujeito que as conhece?*

A filosofia clássica aposta na primeira alternativa, ao passo que a filosofia da consciência se socorre da segunda, razão pela qual podemos dizer que o caráter daquela é objetivista, e o desta é subjetivista. Naturalmente, a cada paradigma se relaciona um conceito diverso de verdade. A filosofia clássica é responsável pelo conceito correspondencial de verdade, segundo o qual a proposição será verdadeira conforme seus conceitos sejam adequados (correspondam) aos objetos.[165] A verdade, então, à luz da filosofia clássica, assume um caráter objetivista.

A seu turno, a filosofia da consciência resulta numa verdade subjetivista: a verdade das coisas se funda na consciência do sujeito, constitui aquilo que o sujeito está seguro de que sabe ou é.

Sobre o tema, vale a colação dos ensinamentos de Georges Abboud:

> O problema do fundamento e do conceito de verdade estão implicados, ou seja, de acordo com o conceito de verdade que se professa, há uma posição acerca do fundamento. A tradição filosófica cunhou dois tipos de conceito de verdade. O primeiro, chamado *correspondencial*, é aquele que acredita ser a verdade o produto da correspondência da coisa ao intelecto. Esse é o paradigma predominante na antiguidade clássica e na filosofia medieval (também chamado paradigma da adequação objetivista); na modernidade, com a revolução copernicana operada por Kant, há a consagração de um novo conceito de verdade.

---

o poder de livre escolha em determinadas situações. Discricionariedade e vontade são facetas da mesma moeda. As doutrinas do período pós Segunda Guerra apenas superam o positivismo exegético e seu método silogístico. Não escapam da discricionariedade encampada pelo positivismo normativista. Matam o método silogístico mecânico e o juiz boca-fria da lei, mas o substituem pela arbitrariedade. Não trazem, portanto, efetivo ganho democrático. É necessário superar o esquema sujeito-objeto e tal superação se inicia pela revisão do papel da linguagem, o que ocorre no giro linguístico ora estudado. *Cf.* STRECK, Lenio Luiz. *Verdade e consenso: constituição, hermenêutica e teorias discursivas*. 5ª ed. rev., mod. e ampl. São Paulo: Saraiva, 2014, p. 48-49.

165 STRECK, Lenio Luiz. *Dicionário de hermenêutica: quarenta temas fundamentais da Teoria do Direito à luz da Crítica Hermenêutica do Direito*. Belo Horizonte: Casa do Direito, 2017, p. 288.

Nesse novo conceito, a verdade passa a ser uma construção subjetiva do sujeito cognoscente, possibilitando-se falar em um conceito subjetivista de verdade. Dito de outro modo, a questão do fundamento repousa numa dimensão objetivista, *a priori*, e subjetivista, *a posteriori*.[166]

Na primeira metade do século XX, o modo de ver a questão será alterado. Ao invés de centrar esforços no questionamento sobre um fundamento absoluto[167] – estava na essência dos objetos ou na mente do sujeito? –, passou-se ao exame das condições de acesso ao universo da linguagem.[168]

O giro linguístico desloca a linguagem para o centro dos debates filosóficos e traz a compreensão de que a linguagem é inevitavelmente mediadora do conhecimento humano. O homem apenas acessa os objetos do conhecimento por meio da linguagem, que funciona como *medium* de mundo.[169]

Nada chega ao sujeito antes de passar pelo filtro da linguagem. Nesse passo, a realidade só existe para o homem linguisticamente.

> Em todo conhecimento de nós mesmos e do mundo, sempre já fomos tomados pela nossa própria linguagem, logo, em todo conhecimento jurí-

---

[166] ABBOUD, Georges. *Discricionariedade administrativa e judicial: o ato administrativo e a decisão judicial*. São Paulo: Revista dos Tribunais, 2014, p. 57; ABBOUD, Georges. *Processo constitucional brasileiro*. São Paulo: Revista dos Tribunais, 2016, p. 67; STRECK, Lenio Luiz. *Dicionário de hermenêutica: quarenta temas fundamentais da teoria do direito à luz da crítica hermenêutica do Direito*. Belo Horizonte: Letramento; Casa do Direito, 2017, p. 86 e ss.; 287 e ss.

[167] Ao longo dos séculos, cada época possui seu fundamento, ora objetivista, ora subjetivista. A metafísica clássica acreditava que o sentido estava nas coisas (objetivismo) ao tempo que a metafísica moderna (ou filosofia da consciência) acreditava que o sentido estava no sujeito (subjetivismo). O sujeito, antes aprisionado pela coisa, passa a "assujeitá-la". A filosofia da consciência é superada pelo giro ontológico-linguístico, que será explanado ao longo do capítulo. Cuida-se de um acontecimento que liberta a filosofia da questão sobre o fundamento. O processo de libertação se dá com o giro linguístico e a invasão da filosofia pelo mundo prático. STRECK, Lenio Luiz. *Dicionário de hermenêutica: quarenta temas fundamentais da teoria do direito à luz da crítica hermenêutica do Direito*. Belo Horizonte: Letramento; Casa do Direito, 2017, p. 86

[168] ABBOUD, Georges. *Discricionariedade administrativa e judicial: o ato administrativo e a decisão judicial*. São Paulo: Revista dos Tribunais, 2014, p. 68.

[169] ABBOUD, Georges; Carnio, Henrique Garbellini; OLIVEIRA, Rafael Tomaz de. *Introdução à teoria e à filosofia do direito*. 3ª ed. rev., atual. e ampl. – São Paulo: Revista dos Tribunais, 2015, p. 430.

dico e toda criação de decisão jurídica, já somos tomados pela dimensão linguística do direito.[170]

A virada linguística trouxe à lume a dialeticidade existente entre a linguagem e a realidade: o mundo só é se intermediado pela linguagem e a linguagem só existe enquanto *medium* do mundo.[171]

Ao homem, ela é inerente. Por isso a assertiva de Martin Heidegger no sentido de que "A linguagem pertence, em todo caso, à vizinhança mais próxima do humano".[172] "Somos, antes de tudo, na linguagem e pela linguagem".[173] Não podemos nos despir da linguagem, deixá-la de lado, como se fosse um instrumento que ora utilizamos, ora recusamos. O mundo, apenas o acessamos por força da linguagem. É isso, inclusive, o que nos distingue dos demais seres que nos circundam.[174]

> A linguagem encontra-se por toda parte. Não é, portanto, de admirar que, tão logo o homem faça uma ideia do que se acha ao seu redor, ele encontre imediatamente também a linguagem, de maneira a determiná-la numa perspectiva condizente com o que a partir dela se mostra.[175]

A linguagem é o que nos permite acessar o mundo. Por isso, é bem verdade a assertiva de Ludwig Wittgenstein no sentido de que, à me-

---

[170] ABBOUD, Georges. *Discricionariedade administrativa e judicial: o ato administrativo e a decisão judicial.* São Paulo: Revista dos Tribunais, 2014, p.59.

[171] "Em verdade, o que existe é uma relação dialética entre linguagem e realidade: o mundo é mundo apenas quando vêm à linguagem, e a linguagem só tem sua verdadeira existência no fato de que nela se representa o mundo. Esta dimensão representativa da chamada virada (viragem) linguística foi que possibilitou um pensar além da dicotomia sujeito-objeto". KIRCHNER, Felipe. *A utopia da verdade real: compreensão e realidade no horizonte da hermenêutica filosófica.* In: Revista Brasileira de Ciências Criminais. Vol. 80/2009. Páginas 119-149. Publicado em Setembro-Outubro de 2009, p.5.

[172] HEIDEGGER, Martin. *A caminho da linguagem.* Petrópolis/Bragança Paulista: Vozes/Editora Universitária São Francisco, 2003, p. 7.

[173] HEIDEGGER, Martin. *A caminho da linguagem.* Petrópolis/Bragança Paulista: Vozes/Editora Universitária São Francisco, 2003, p. 191.

[174] "A capacidade de falar, ademais, não é apenas *uma* faculdade humana, dentre muitas outras. A capacidade de falar distingue e marca o homem como homem (...) À medida que a linguagem concede esse sustente, a essência do homem repousa na linguagem". HEIDEGGER, Martin. *A caminho da linguagem.* Petrópolis/Bragança Paulista: Vozes/Editora Universitária São Francisco, 2003, p. 191.

[175] HEIDEGGER, Martin. *A caminho da linguagem.* Petrópolis/Bragança Paulista: Vozes/Editora Universitária São Francisco, 2003, p. 7.

dida em que a "minha" linguagem é limitada, "meu" mundo também o é.[176-177] Por "minha linguagem" e "meu mundo" não nos referimos a uma linguagem e mundo particulares, que pertencem a um único indivíduo; referimo-nos à linguagem de nossa comunidade e ao mundo que não é apenas de um indivíduo, mas de tantos outros. Não existe linguagem privada; a língua é sempre construída e empregada intersubjetivamente, a partir de regras/critérios públicos.[178]

Todos possuímos uma linguagem e um mundo relativamente compartilhados. Dessarte, cada um de nós, sem exceção, está fadado às restrições da linguagem e a um mundo igualmente limitado.

Conforme Lenio Streck, a filosofia foi invadida pela linguagem em três frentes.[179] A primeira é o neopositivismo lógico, cujo escopo foi a construção de linguagens ideais que traduzissem, rigorosamente, os dados colhidos do mundo:

> O rigor discursivo passa a ser o paradigma da ciência; sem rigor linguístico não há ciência; fazer ciência é traduzir numa linguagem rigorosa os dados do mundo, isto é, elaborar uma linguagem mais rigorosa que a linguagem natural.[180]

O grande problema do neopositivismo era pensar a linguagem como um elemento autossuficiente. Os sentidos nasciam, portanto, no próprio texto. Para chegar ao sentido, bastava trabalhar a linguagem. Conforme se verá, o texto só tem seu sentido completo a partir de um confronto com a realidade.

---

176 "Os limites de minha linguagem denotam os limites do meu mundo". WITTGENSTEIN, Ludwig. *Tractatus Logico-Philosophicus*. São Paulo: Companhia Editora Nacional/Editora da Universidade de São Paulo, 1968, p. 11.

177 *Cf.* PENHA, João da. *Como ler Wittgenstein*. Editor Paulus, 2014, p. 45.

178 Sobre o tema, ver: "Los contenidos de un lenguaje son practicados colectivamente, aprendidos y transmitidos mediante el contacto social y la asociación. Dichos contenidos, con sus múltiples significados, sus relaciones de sentido, sus reglas de aplicación, están almacenados en la 'conciencia colectiva' de ciertos círculos lingüísticos. En tal sentido, podemos hablar de comunidades lingüísticas". RÜTHERS, Bernd. *Teoría general del derecho: concepto, validez y aplicación del derecho*. Bogotá: Themis, 2018, p. 77-78.

179 STRECK, Lenio Luiz. *Hermenêutica jurídica e(m) crise: uma exploração hermenêutica da construção do Direito*. 11ª ed. rev., atual. e ampl. Porto Alegre: Livraria do advogado, 2014, p. 240-249.

180 *Idem*, p.241.

A segunda frente da qual fala Lenio Streck diz respeito à segunda fase da filosofia de Wittgenstein. Na primeira, o filosofo pensava que o mundo tinha existência autônoma à linguagem, a qual servia apenas para exprimi-lo; na segunda, Wittgenstein entende que o mundo só o é na linguagem. A linguagem, de mero instrumento para expressar o conhecimento, é erigida à condição de possibilidade para a construção do conhecimento em si:

> Parte da ideia de que não existe um mundo em si, que independe da linguagem: *somente temos o mundo na linguagem*. As coisas e as entidades se manifestam em seu ser precisamente na linguagem, posição que também o *aproxima* muito de Heidegger. A linguagem deixa de ser um instrumento de comunicação do conhecimento e passa a ser *condição de possibilidade* para a própria constituição do conhecimento. Cai por terra, assim, a teoria objetivista (instrumentalista, designativa). Não há essências. Não há relação entre os nomes e as coisas. Não há qualquer essência comum entre as coisas no mundo. Abandona-se o ideal da exatidão da linguagem, porque a linguagem é indeterminada. O ideal da exatidão é um mito filosófico. Esse ideal de exatidão completamente desligado das situações concretas de uso carece de qualquer sentido, como se pode perceber no parágrafo 88 das IF, o que significa dizer que é impossível determinar a significação das palavras em uma consideração do contexto socioprático em que são usadas. A linguagem é sempre ambígua, pela razão de que suas expressões não possuem uma significação definitiva. Pretender uma exatidão linguística é cair numa ilusão metafísica.[181]

Por fim, a terceira frente decorreu da eclosão da filosofia da linguagem ordinária, que trabalha a linguagem na sua dimensão pragmática (o neopositivismo, vale a menção, teve como enfoque uma análise semântica[182])[183].

É essencial rememorar que também a doutrina de Kelsen, desenvolvida na primeira metade do século XX, sofreu influência do giro linguístico[184]. A doutrina kelseniana reconhece a importância da lin-

---

181 *Idem*, p. 244-245.

182 Conforme se sabe, a semiótica se subdivide entre sintaxe, semântica e pragmática. De maneira simplificada, a sintaxe estuda a relação que existe entre os signos/palavra; a semântica cuida da correspondência entre a palavra e o objeto por ele designado; e a pragmática se volta para a relação entre o signo e o usuário que dele se utiliza na prática.

183 *Idem*, p. 249.

184 Acerca do tema: "Diante disso, as teorias do direito (de Kelsen a Hart) entraram nos trilhos desse giro linguístico operado pela filosofia. De alguma forma, toda

guagem e é, inegavelmente, influenciada pelo neopositivismo lógico (primeira frente em que se opera o giro), que se refletiu na Teoria Pura do Direito. A análise de Kelsen sobre o direito é, ao fim e ao cabo, semântica.

O neopositivismo também influenciará diretamente aquilo que se conhece como filosofia analítica. A filosofia analítica e a filosofia continental constituirão os dois grandes grupos formados após o giro linguístico, os quais, no capítulo 4, analisamos de maneira mais detida.[185]

---

teoria do direito produzida no século XX parte do pressuposto inexorável de que a análise da linguagem – entendida como instância na qual se produzem os significados e o sentido – é o ponto decisivo para a compreensão do fenômeno jurídico". ABBOUD, Georges. *Discricionariedade administrativa e judicial: o ato administrativo e a decisão judicial*. São Paulo: Revista dos Tribunais, 2014, p. 60.

[185] "O grupo analítico mais próximo à tradição filosófica anglo-saxã (Estados Unidos e Inglaterra), pode também ser mencionado como *semântico*, tendo em vista a estrutura da reflexão por eles desenvolvida. Superada a ideia da pura *sintática* – no interior da qual acreditava-se que os signos linguísticos e as palavras produziam um sentido unívoco, independente do contexto em que era utilizada – a analítica ou semântica, reconhece a polissemia dos significados produzidos pela linguagem, mas acredita que essa polissemia pode ser reduzida por uma espécie de terapia conceitual, que tem lugar na própria estrutura lógica do enunciado linguístico (sujeito + predicado). Ou seja, é possível determinar a 'pureza' linguística dos enunciados a partir de sua análise lógica, mas tendo em conta seu uso denotativo.

Já o grupo continental, que recebe esse nome porque as posições filosóficas desenvolvidas no seu bojo são provenientes – em grande maioria – da Europa *continental*, possui um modo de pensar a linguagem bem diferente. É no interior da chamada *filosofia continental* que está situada a *hermenêutica*. Podemos dizer que ela é corrente filosófica de maior privilégio neste contexto. Para a hermenêutica, o papel e a tarefa da filosofia vai muito além da mera análise lógica dos enunciados linguísticos. Embora não se desconsidere a importância da enunciação lógica, a hermenêutica procura apontar para uma dimensão mais profunda que a linguagem humana comporta. Ou seja, 'a hermenêutica toma por fundamento o fato de que a linguagem nos remete tanto para além dela mesma como para além da expressividade que ela apresenta. Não se esgota no que diz, ou seja, no que nela vem à fala'. Isto significa que para a hermenêutica a linguagem não está em jogo apenas em seu aspecto *teórico*, mas também no seu sentido *prático*: o que é significado pela linguagem aparece a partir dos contextos históricos-concretos a partir do qual estão envolvidos o sujeito que conhece e o objeto que é conhecido". ABBOUD, Georges; Carnio, Henrique Garbellini; OLIVEIRA, Rafael Tomaz de. *Introdução à teoria e à filosofia do direito*. 3ª ed. rev., atual. e ampl. São Paulo: Revista dos Tribunais, 2015. p. 432-433.

2.1.1.1. A VERDADE DIVIDIDA (OU POR QUE ISTO NÃO É UM CACHIMBO)

Quando se compreende a virada da linguagem, a noção de uma verdade absoluta, fundada na essência das coisas, rapidamente se fragiliza.

Não existe a possibilidade de o sujeito acessar diretamente a essência de um ente – a linguagem sempre se colocará entre o sujeito e objeto. À linguagem, é inerente esta ambiguidade: de um lado, é condição de possibilidade para que acessemos um dado ente e, de outro, é o mesmíssimo elemento que nos mantêm afastados da essência do ente em questão.

Para acessar um ente, antes o submetemos ao filtro da linguagem. Todos temos um código linguístico, que aprendemos desde a infância, a partir dos indivíduos que nos circundam. Dito de outro modo, o código linguístico é herdado, transferido da comunidade à qual pertencemos. É a partir desse código que nos relacionamos uns com os outros e que organizamos nosso mundo. A linguagem é parte inerente ao que somos.

Depois que um ente passa pelo filtro da linguagem, isto é, depois que o processamos linguisticamente, o resultado não será um retrato fiel da coisa em si. O que teremos é uma "versão linguística" da coisa em questão.

É como se fôssemos terrivelmente míopes: a linguagem são os óculos que permitem que enxerguemos o mundo; contudo, as lentes acabam por deformar ligeiramente os objetos, alterando sua cor e o tamanho. Ao mesmo tempo que as lentes possibilitam que vejamos a realidade, nunca conseguimos uma imagem perfeita, idêntica à coisa em si. Por outro lado, quando retiramos os óculos, muito embora não existam mais obstáculos entre os olhos e os entes, não conseguimos apreendê-los, enxergá-los, acessá-los. O mesmo se dá com a linguagem: quanto mais dominamos algo linguisticamente, menos próximos à coisa em si estamos. O contrário também é verdadeiro: quanto mais próximos da coisa em si, mais dificuldade temos de dominá-la linguisticamente. É por isso que não conseguimos explicar ou lidar com os sentimentos mais puros que experimentamos. É esse o bônus e o ônus de sermos seres linguísticos.

A arte ilustra quando a explicação parece insuficiente. Quando René Magritte produziu o quadro "A traição das Imagens", ocasionou um verdadeiro furor. A pintura, aparentemente simples, ilustra um cachimbo regular, bastante ordinário. Entretanto, logo abaixo da figura, consta a seguinte legenda: "Isto não é um cachimbo" (*Ceci n'est pa une pipe*). A assertiva causa estranheza, afinal, quem olha para o quadro observa que o que ali consta *não é outra coisa senão um cachimbo*.

Contudo, uma reflexão ulterior possibilita perceber que a assertiva não é, em absoluto, equivocada. A pintura é um *retrato*, uma *representação* do cachimbo *conforme visto pelo pintor*, e não o cachimbo em si. É uma *interpretação* do cachimbo. A arte, por mais realista que se pretenda, nunca será cópia fidedigna da realidade. Está condenada a ser sempre uma interpretação da coisa em si, cuja construção é irremediavelmente influenciada pelas condições históricas que circundam o intérprete. A realidade nunca equivale àquilo que, linguisticamente (e a pintura também é uma linguagem), dizemos a seu respeito.

À diferença do que fazemos com óculos (ou com o quadro e o pincel), não podemos nos despir da linguagem. A linguagem não é um instrumento, que ora utilizamos, ora descartamos. A linguagem é inerente ao humano.

Se o homem é um ser histórico, situado espacial e temporalmente, o mesmo se aplica às "versões linguísticas", às interpretações que temos sobre os objetos. Verdades universais, absolutas, atemporais, adequadas à essência dos entes, não são possíveis. O que existem são versões linguísticas, parciais, construídas a partir de um indivíduo finito, contextualmente situado.

Acerca do tema, Carlos Drummond de Andrade escreveu poema que é bastante ilustrativo. Chama-se "A verdade dividida":

> A porta da verdade estava aberta
> mas só deixava passar
> meia pessoa de cada vez.
>
> Assim não era possível atingir toda a verdade,
> porque a meia pessoa que entrava
> só conseguia o perfil de meia verdade.
>
> E sua segunda metade
> Voltava igualmente com meio perfil.
> E os meios perfis não coincidiam.
>
> Arrebentaram a porta. Derrubaram a porta.
> Chegaram ao lugar luminoso
> onde a verdade esplendia os seus fogos.

Era dividida em duas metades
diferentes uma da outra.

Chegou-se a discutir qual a metade mais bela.
Nenhuma das duas era perfeitamente bela.
E era preciso optar. Cada um optou
conforme seu capricho, sua ilusão, sua miopia.[186]

As três primeiras estrofes acusam justamente o que referenciamos nos parágrafos anteriores: o homem nunca possui uma visão da verdade absoluta, universal, tal como é; o indivíduo é incapaz de acessar a coisa em si. No poema, as limitações do homem – que indicamos como decorrentes da condição de sermos seres históricos, linguísticos, finitos – estão representadas literalmente por uma restrição física (a porta estreita). Apenas meio homem consegue acessar o lugar privilegiado da verdade, e, por isso, não pode obter uma visão universal (para um meio homem, há uma meia verdade). O indivíduo é, antes, parcial, é finito, e, via de consequência, obtém uma verdade de iguais características. Mais que isso: as meias verdades para indivíduos cindidos não coincidem com as meias verdades de outros acessos linguísticos que são possíveis para também outras pessoas pela metade.

As estrofes finais, nada obstante proponham a eliminação das restrições físicas, confirmam a premissa inicial: se a verdade perfeita e universal existe, para nós não está disponível. Não podemos conhecer a coisa em si, na sua inteireza, universalidade e perfeição. Na realidade, a porta estreita é inevitável; cuida-se de limitação que nos é inerente enquanto seres humanos.

Apesar disso, o modo de lidar com essa limitação não é sucumbir à armadilha das escolhas arbitrárias; tampouco é optar pelo capricho que melhor nos agrada. Afinal, admitir que não existe verdade universal não nos conduz, automaticamente, ao caminho dos subjetivismos arbitrários. É possível (e necessário) pensar em critérios de racionalização. Dito de outro modo, podemos e devemos acreditar na existência de uma resposta correta para as questões, numa versão melhor que as demais, à luz de uma criteriologia a ser eleita.

---

186 Publicado em "*Contos Plausíveis*", de 1985. Disponível em: http://www.algumapoesia.com.br/drummond/drummond02.htm. Acesso em: 19/03/2021.

2.1.2. A FILOSOFIA HERMENÊUTICA DE MARTIN HEIDEGGER

Martin Heidegger é, seguramente, um dos filósofos mais complexos da contemporaneidade. Compreender a filosofia *heideggeriana* não é missão simples. Parte dessa dificuldade se deve ao fato de que, em seus escritos, Heidegger emprega termos com significados totalmente diferentes daqueles que costumamos conhecer. Por isso, estudar a filosofia *heideggeriana* exige um intenso exercício de abstração.

Para o estudante de direito, acostumado a textos técnico-dogmáticos, os escritos filosóficos de Heidegger serão ainda mais desafiadores. O presente item não intenciona explorar profundamente cada aspecto do pensamento do autor, mesmo porque realizá-lo exigiria uma pesquisa extensa, voltada exclusivamente ao exame da vasta obra *heideggeriana*. O que pretendemos é apresentar uma visão horizontal da filosofia presente em "Ser e Tempo", que seja útil enquanto porta de acesso a esse universo, tão distante dos bancos das faculdades de direito, a despeito de sua importância incontestável para a compreensão do fenômeno jurídico.

Decerto, apesar das dificuldades que se apresentam, é preciso falar sobre Heiddeger, porque sua filosofia fez parte da virada que deu azo ao pós-positivismo, paradigma de que parte este livro e que permeia a teoria de tantos autores relevantes para o direito.[187] Quem deseja edificar uma visão completa sobre o paradigma pós-positivista, terá, cedo ou tarde, que enfrentar a filosofia de Martin Heidegger.

Desde logo, é preciso advertir que alguns termos da filosofia de Heidegger, escrita originalmente em alemão, não possuem tradução exata. Por isso, será frequente a utilização da palavra não traduzida, acompanhada de sua tradução entre parênteses e vice-versa.

Antes de adentramos a análise da filosofia presente em "Ser e Tempo" devemos realizar uma importante contextualização, referente ao movimento ao qual Heidegger pertenceu: a *fenomenologia*. A fenomenologia é, grosso modo, uma teoria dirigida ao estudo dos *fenômenos*.[188] Fenômeno é aquilo que se apresenta, isto é, que se deixa ver,

---

187 A esse respeito, Friedrich Müller e Ronald Dworkin, célebres exemplos daquilo que consideramos o pós-positivismo, foram influenciados pela hermenêutica filosófica gadameriana, que foi sensivelmente influenciado pela teoria *heideggeriana*.

188 Nas palavras do próprio Heidegger, "O termo 'fenomenologia' exprime uma máxima que pode ser assim formulada: 'às coisas elas mesmas!', em oposição a

que se pode observar.[189] Quando, por exemplo, assistimos à chuva, estamos diante de um fenômeno natural, de um evento natural que se apresenta.

A fenomenologia de Heidegger, evidentemente, não se centra na observação de fenômenos meteorológicos. O filósofo considerará fenômeno *tudo aquilo que se mostra tal como é*:

> Por "fenômeno" Heidegger compreende aquilo que mostra a si mesmo tal como ele é em si mesmo. Fenômeno tem de ser, então, distinto de aparência e dos diversos sentidos de aparição – em particular aquele sentido de acordo com o qual o que aparece não mostra a si mesmo (p. *ex.*, sintomas de doenças). Fenomenologia naquilo que Heidegger chama de seu sentido *formal* é o "deixar ser visto" (*Sehenlassen*) de algo que mostra a si mesmo. No sentido *filosófico*, porém, fenomenologia não é deixar que os *entes* sejam vistos tal como eles mostram a si mesmo. Ao contrário, ela é o deixar ser visto daquilo que na maior parte das vezes *não* mostra a si mesmo, mas é o fundamento e o sentido daquilo que mostra a si mesmo. Isso não é um ente, mas o *ser* dos entes, aquilo que determina os entes enquanto entes, aquilo com base em que (*woraufhin*) os entes já são sempre compreendidos.[190]

Aquilo que se mostra tal como é, que se põe na luz, distingue-se daquilo que apenas *parece*.[191-192] A intenção de Heidegger é, a partir da

---

todas as construções que flutuam no ar, aos achados fortuitos, à assunção de conceitos só em aparência demonstrados, às perguntas só aparentemente feitas e que são transmitidas com frequência ao longo das gerações como 'problemas' (...) A expressão se compõe de duas partes, fenômeno e logos; ambas remetem a termos gregos (...) Tomado no que tem de exterior, o nome 'fenomenologia' está formado da mesma maneira que teologia, biologia, sociologia, nomes traduzidos como ciência de Deus, da vida, da sociedade. Por conseguinte, a fenomenologia seria a *ciência dos fenômenos*". HEIDEGGER, Martin. *Ser e Tempo*. Campinas/Rio de Janeiro: Unicamp/Vozes, 2012, p. 101-103.

189 "Como significação da expressão 'fenômeno' deve-se portanto *reter firmemente: o-que-se-mostra-em-si-mesmo,* o manifesto". HEIDEGGER, Martin. *Ser e Tempo*. Campinas/Rio de Janeiro: Unicamp/Vozes, 2012, p. 103.

190 GORNER, Paulo. *Ser e tempo: uma chave de leitura*. Petrópolis: Vozes, 2018, p. 41-42.

191 HEIDEGGER, Martin. *Ser e Tempo*. Campinas/Rio de Janeiro: Unicamp/Vozes, 2012, p. 105.

192 MARIAS, Julían. *História da Filosofia*. 2ª ed. São Paulo: Martins Fontes, 2015, p. 477.

fenomenologia, examinar o ser e as estruturas do ser. A esse respeito, Paulo Gorner leciona que:

> Trata-se aqui de uma avaliação fenomenológica no sentido de que o que está em questão não é algo assim como uma inferência ou argumentos, mas o "ver". Em essência, a noção heideggeriana de fenomenologia nos fala sobre a possibilidade de um ver; não simplesmente um ver voltado para entes e suas propriedades, mas um ver ligado ao ser e às estruturas do ser. Enquanto para Husserl a questão central da fenomenologia é a consciência, para Heidegger a questão central da fenomenologia é o ser.[193]

Nessa senda, Martin Heidegger, no início de "Ser e Tempo", propõe-se a investigar aquilo que a filosofia, de há muito, esqueceu: o ser. Mas não o sentido do ser deste ou daquele ente, não a investigação da essência de um objeto ou outro; o que se pretende é perguntar pelo sentido do ser enquanto tal: afinal, que é o "ser"?[194-195] Cuida-se de questão fundamental, que precisamos resgatar, pois nós, reiteradamente, empregamos o conceito de "ser" sem compreender o seu significado. Com efeito, "'ser' é o conceito mais universal e o mais vazio e, como tal, resiste a toda tentativa de definição".[196] Acerca do tema, Oswaldo Giacoia Jr. reporta que:

> Esses conceitos são mobilizados com o intuito de resgatar do esquecimento a pergunta pela verdade e pelo sentido do Ser, relegada na história da metafísica em prol de uma reflexão que concerne apenas ao ser do ente em sua totalidade – ou seja, da filosofia metafísica interpretada por Heidegger como *onto-teo-logia*, característica do pensamento ocidental desde Platão e Aristóteles, que atravessa a Idade Média e mantém sua vigência, quanto ao essencial, ainda no mundo moderno e contemporâneo.[197]

---

193 GORNER, Paulo. *Ser e tempo: uma chave de leitura*. Petrópolis: Vozes, 2018, p.13.

194 GORNER, Paulo. *Ser e tempo: uma chave de leitura*. Petrópolis: Vozes, 2018, p.13.

195 "A raiz dessa pergunta está plantada no solo do pensamento grego. Heidegger recorre a uma citação de *O sofista*, de Platão, para enunciá-la de modo paradigmático: 'Uma vez, pois, que nos encontramos em dificuldade, caberá a vós explicar-nos o que entendeis por este vocábulo 'se'. Evidentemente essas coisas vos são, de há muito, familiares. Nós mesmos, até aqui, acreditamos compreendê-las, e agora nos sentimos perplexos'". GIACOIA JR. Oswaldo. *Heidegger Urgente: Introdução a um novo pensar*. São Paulo: Três Estrelas, 2013, p. 51-52.

196 HEIDEGGER, Martin. *Ser e Tempo*. Campinas/Rio de Janeiro: Unicamp/Vozes, 2012, p. 33.

197 GIACOIA JR. Oswaldo. *Heidegger Urgente: Introdução a um novo pensar*. São Paulo: Três Estrelas, 2013, p. 44.

É espantoso observar que Heidegger estava absolutamente certo. A própria filosofia, que se encarrega de investigar os temas mais fundamentais da humanidade, nunca se ocupou de maneira apropriada do vocábulo "ser". Parece que sempre tomamos o "ser" como algo dado, que todos conhecemos, porque desde sempre o empregamos na prática. Contudo, não existe um conhecimento sólido sobre o significado desse termo e do que ele está estruturado. É o que Giacoia, mais uma vez, acusa ao afirmar que "embaraçoso é constatar que até agora acreditávamos sabê-lo [o significado do conceito "ser"], mas, em verdade, carecemos de uma explicação que nos livre da dificuldade de não compreender o que *propriamente* pensamos quando dizemos 'ser'".[198]

A bem da verdade, sequer formulamos adequadamente a pergunta sobre o ser. E isso é importante, pois "qualquer resposta pertinente só pode ser dada e, sobretudo, compreendida quando a pergunta a que ela responde é adequadamente formulada".[199]

Para abordar a questão do "ser enquanto tal", é imprescindível entender um ente em específico: o homem.

Na teoria de Heidegger, tanto os homens como os objetos são entes. O termo "ente" advém da palavra grega "onta". A seu turno, "onta" designa entidades, aquilo que é ou que existe.[200] O homem é um tipo especial de ente, intitulado *Dasein*, termo cuja tradução aproximada é "Ser-aí".

O homem ou Ser-aí (*Dasein*) é o ente que todos nós somos. Por isso, estamos tão próximos a ele.[201] "O Dasein não poderia estar mais próximo de nós, pois, depois de tudo, cada um de nós é Dasein. Nós

---

198 GIACOIA JR. Oswaldo. *Heidegger Urgente: Introdução a um novo pensar*. São Paulo: Três Estrelas, 2013, p. 52; MARIAS, Julían. *História da Filosofia*. 2ª ed. São Paulo: Martins Fontes, 2015, p. 475.

199 GIACOIA JR. Oswaldo. *Heidegger Urgente: Introdução a um novo pensar*. São Paulo: Três Estrelas, 2013, p. 52-53.

200 GIACOIA JR. Oswaldo. *Heidegger Urgente: Introdução a um novo pensar*. São Paulo: Três Estrelas, 2013, p. 53.

201 "Esse ente que somos cada vez nós mesmos e que tem, entre outras possibilidades-de-ser, a possibilidade-de-ser do perguntar, nós o apreendemos terminologicamente como *Dasein*". HEIDEGGER, Martin. *Ser e Tempo*. Campinas/Rio de Janeiro: Unicamp/Vozes, 2012, p. 47.

estamos maximamente próximos desse ente em virtude de *sermos* tal ente".[202-203]

Ao fim, a despeito de suas pretensões iniciais, em "Ser e Tempo" o autor termina por tratar muito pouco do ser, centrando seus esforços neste ente de suma relevância: o *Dasein*.

A análise do *Dasein* é intitulada *ontologia fundamental*.[204] Ontologia é o estudo metódico do ser dos entes.[205] A ontologia fundamental estuda este ente, que é o homem, dada a sua importância para a investigação do ser; apenas a partir de então todas as demais ontologias podem surgir.[206] Com efeito, o *Dasein* é a peça-chave para o tratamento da questão do ser. É por essa razão que o estudo do *Dasein* (a ontologia fundamental) é a condição de possibilidade, o requisito inarredável para tratar da questão do ser. A principal característica de "Ser e tempo" é a ontologia fundamental, isto é, o estudo do *Dasein* e de suas estruturas.[207]

Dentre todos os entes que estão no mundo, o *Dasein* é marcado por uma característica singular: a possibilidade de compreender o seu ser e também o ser dos outros entes com os quais se relaciona. Com efeito, o homem é o único ente "para o qual a compreensão de ser é originária e faz sentido. É também o único que tem interesse pela pergunta pelo Ser (e primeiramente pelo sentido de seu próprio ser)".[208]

O fato de o *Dasein* ser o único ente que compreende o seu ser é denominado de "privilégio ontológico". Por outro lado, o homem é também o único que possui memória do ser (privilégio ôntico).

---

202 GORNER, Paulo. *Ser e tempo: uma chave de leitura*. Petrópolis: Vozes, 2018, p. 43.

203 No mesmo sentido: GIACOIA JR. Oswaldo. *Heidegger Urgente: Introdução a um novo pensar*. São Paulo: Três Estrelas, 2013, p. 67.

204 GORNER, Paulo. *Ser e tempo: uma chave de leitura*. Petrópolis: Vozes, 2018, p. 13.

205 *Cf.* HEIDEGGER, Martin. *Ser e Tempo*. Campinas/Rio de Janeiro: Unicamp/Vozes, 2012, p. 99.

206 HEIDEGGER, Martin. *Ser e Tempo*. Campinas/Rio de Janeiro: Unicamp/Vozes, 2012, p. 63.

207 GIACOIA JR. Oswaldo. *Heidegger Urgente: Introdução a um novo pensar*. São Paulo: Três Estrelas, 2013, p. 51.

208 GIACOIA JR. Oswaldo. *Heidegger Urgente: Introdução a um novo pensar*. São Paulo: Três Estrelas, 2013, p. 60-61.

O que constitui o ser do *Dasein* é justamente essa marca registrada, isto é, sua potencialidade de compreender seu ser e o ser dos demais entes. O "aí" que compõe o termo "Ser-aí" não indica o fato de o *Dasein* se constituir num ente situado num dado espaço – nada obstante ele, de fato, seja situacional, mas, sim, o fato de ser o homem o próprio "aí", isto é, *o lugar de abertura para o ser*. Não por acaso, alguns tradutores preferem o termo "Ser-o-aí" para exprimir a noção que Heidegger pretendeu quando empregou o conceito de "*Dasein*".[209]

A denominação que Heidegger outorga ao ser do Dasein é existência. Conforme o autor, "O ser ele mesmo, em relação ao qual o *Dasein* pode comportar-se e sempre se comporta desta ou daquela maneira, é por nós denominado *existência*".[210] Sobre o tema, Paulo Gorner destaca que:

> O termo que ele [Heidegger] usará para designar o ser do ente que ele chama de Dasein é existência. Dizer que o Dasein existe é dizer que o Dasein é de tal modo que ele compreende o ser – seu próprio ser, mas também o ser das coisas diferentes dele mesmo, das coisas em relação às quais, como Heidegger o formulará, ele se comporta.[211]

No mesmo sentido, Giacoia Jr. reporta que o atributo essencial do *Dasein* é "ex-sistir", isto é, existir, subsistir, suster-se, colocar-se na exterioridade, *na abertura*.[212]

Quando Heidegger elegeu estudar o *Dasein* e suas estruturas básicas, nomeou-as *existenciais*, em oposição às categorias, estruturas básicas

---

209 *Cf.* GIACOIA JR. Oswaldo. *Heidegger Urgente: Introdução a um novo pensar*. São Paulo: Três Estrelas, 2013, p. 6

210 HEIDEGGER, Martin. *Ser e Tempo*. Campinas/Rio de Janeiro: Unicamp/Vozes, 2012, p. 59. Ver também: HEIDEGGER, Martin. *Ser e Tempo*. Campinas/Rio de Janeiro: Unicamp/Vozes, 2012, p. 139.

211 GORNER, Paulo. *Ser e tempo: uma chave de leitura*. Petrópolis: Vozes, 2018, p. 13-14.

212 GIACOIA JR. Oswaldo. *Heidegger Urgente: Introdução a um novo pensar*. São Paulo: Três Estrelas, 2013, p. 62.

dos demais entes. Os existenciais e as categorias são, respectivamente, as estruturas básicas do *Dasein* e dos demais entes.[213-214]

Dentre as estruturas básicas (existenciais) do *Dasein*, uma das mais relevantes é aquela a qual Heidegger intitulará "ser-no-mundo". O *Dasein* é ser-no-mundo porque está engajado com coisas, com os entes que o circundam. "Dasein é 'no mundo', no sentido de estar engajado com ou de ter de lidar com utensílios ou entes à-mão".[215]

A palavra mundo – e isso é de suma importância que se entenda – não significa "planeta terra" ou "conjunto de todos os entes que existem". Por mundo, Heidegger quer indicar a "rede de significados que torna possível para os entes se mostrarem ou serem encontrados".[216]

O mundo é, pois, o elemento que possibilita que os entes se apresentem ao *Dasein*, que então poderá proceder ao engajamento: "A compreensão de mundo não é ela mesma um modo de comportamento em relação aos entes, mas antes o que torna possível tal comportamento".[217] É dizer, trata-se da "estrutura de significância que torna possível todo e qualquer tipo de comportamento em relação aos entes".[218-219]

O mundo é linguagem e, enquanto tal, não é nem sujeito, nem objeto, "mas condição de possibilidade para que o sujeito possa acessar o objeto".[220] Ou seja, a linguagem é condição de possibilidade para que

---

213 "Esse ente, Dasein, é de tal modo que seu ser, existência, exibe um complexo de estruturas existenciais chamado por Heidegger de 'existencialidade'. Uma estrutura do ser do Dasein é denominada por ele de um 'existencial'". GORNER, Paulo. *Ser e tempo: uma chave de leitura*. Petrópolis: Vozes, 2018, p. 39.

214 Ver também: MARIAS, Julián. *História da Filosofia*. 2ª ed. São Paulo: Martins Fontes, 2015, p. 475.

215 GORNER, Paulo. *Ser e tempo: uma chave de leitura*. Petrópolis: Vozes, 2018, p. 62.

216 GORNER, Paulo. *Ser e tempo: uma chave de leitura*. Petrópolis: Vozes, 2018, p. 14.

217 GORNER, Paulo. *Ser e tempo: uma chave de leitura*. Petrópolis: Vozes, 2018, p. 14.

218 GORNER, Paulo. *Ser e tempo: uma chave de leitura*. Petrópolis: Vozes, 2018, p. 44.

219 "O que Heidegger tem em vista por 'mundo' e em que sentido o Dasein é 'no' mundo? Talvez seja mais fácil dizer o que ele não tem em vista. Mundo não é uma enorme entidade. Ele não é a soma total do que existe (no sentido ordinário de 'existe'). GORNER, Paulo. *Ser e tempo: uma chave de leitura*. Petrópolis: Vozes, 2018, p. 52.

220 GORNER, Paulo. *Ser e tempo: uma chave de leitura*. Petrópolis: Vozes, 2018, p. 63.

o *Dasein* se comporte em relação aos entes. Sem a linguagem, isto é, sem mundo, seria impossível acessar os entes; é o mundo que torna possível que os entes venham a nosso encontro.

Cada um possui uma rede de significados e significantes linguísticos distintos e, por conseguinte, um sistema de referências distintos, é dizer, *um mundo distinto*. Quanto maior a rede de significados, maior é o mundo.[221]

Quando dizemos que cada um tem um mundo distinto, não queremos afirmar que o mundo seja uma posse privada do *Dasein*. Muito pelo contrário: o mundo é um algo sempre compartilhado, até porque "Ser-no-mundo é ser-com-outros-no-mundo".[222] De outra parte, "Ser-com é um modo de ser em relação a ou em direção a entes que vêm ao encontro no interior-do-mundo (entes intramundanos)".[223] O *Dasein* é intramundano, está no mundo, onde, desde sempre, relaciona-se *com* outros entes.

As coisas com as quais o *Dasein* se engaja são, *lato sensu*, por ele utilizadas ou empregues. Por isso, esses entes, com os quais o *Dasein* está engajado, chamam-se utensílios (*Zeug*).[224] Os utensílios estão "à mão", é dizer, "disponíveis" (*zuhanden*) ao *Dasein* e o seu modo de ser é a manualidade ou disponibilidade (*Zuhandenhei* ou *Zuhandensein*).[225–226]

A existência, isto é, o ser do *Dasein*, possui três características: o caráter de jogado, projeção e engajamento (ou ocupação, no original, *Besorgen*).

---

[221] GORNER, Paulo. *Ser e tempo: uma chave de leitura*. Petrópolis: Vozes, 2018, p. 63.

[222] GORNER, Paulo. *Ser e tempo: uma chave de leitura*. Petrópolis: Vozes, 2018, p. 14.

[223] GORNER, Paulo. *Ser e tempo: uma chave de leitura*. Petrópolis: Vozes, 2018, p. 85.

[224] "Como algo usado ou empregue, um ente é aquilo que Heidegger chama de 'utensílio' (Zeug). Assim como a ocupação não se acha confinada ao campo da manipulação física, os utensílios também não se referem apenas a tais como martelos, chaves de fenda (...)" GORNER, Paulo. *Ser e tempo: uma chave de leitura*. Petrópolis: Vozes, 2018, p. 55.

[225] GORNER, Paulo. *Ser e tempo: uma chave de leitura*. Petrópolis: Vozes, 2018, p. 14. Ver também: GIACOIA JR. Oswaldo. *Heidegger Urgente: Introdução a um novo pensar*. São Paulo: Três Estrelas, 2013, p. 72.

[226] GORNER, Paulo. *Ser e tempo: uma chave de leitura*. Petrópolis: Vozes, 2018, p. 60.

Quanto à primeira (caráter de jogado), cumpre dizer que o *Dasein* é jogado no mundo, já *é* desde sempre no mundo.[227] *É isso que se chama facticidade.* O Dasein é situacional, isto é, pertence a um contexto, a um espaço e a um tempo demarcados. É importante dizer que a facticidade também inclui o passado do Dasein. O que o *Dasein* foi é parte do que ele hoje é.[228]

Quanto à segunda (a projeção), significa que o *Dasein* projeta a si mesmo em direção às possibilidades. Ou seja, o *Dasein* reflete sobre o futuro, sobre o que poderá ocorrer, projetando-se para o amanhã.[229]

De certa forma, o caráter de jogado condiciona a projeção. Muito embora o *Dasein* possa se lançar às possibilidades e/ou escolher as possibilidades existenciais que realizará, não pode determinar quais as possibilidades que estão disponíveis. Dito de outro modo, é o contexto no qual o *Dasein* se encontra que determina as possibilidades que a ele estão disponíveis. Quando nós projetamos, projetamos desde algum lugar, que limita o alcance da nossa projeção. Daí os dizeres de Paulo Gorner, no sentido de que "Apesar de eu poder escolher que vias existenciais eu realizarei, eu não escolho que possibilidades se acham disponíveis. Isso é determinado pelo mundo 'em' que eu me encontro".[230]

Com efeito, o Ser-aí advém de uma linha ancestral, é membro de uma dada família, de uma sociedade específica, de um tempo e de um espaço que não pôde escolher e que condicionam seu presente, a partir do qual as possibilidades futuras se abrem.[231]

---

[227] Veja-se que não dizemos que o homem "está" no mundo, porque a ideia que pretendemos passar é mais profunda. O verbo "estar", conforme usualmente o empregamos na língua portuguesa, costuma passar a noção de transitoriedade: algo que, hoje, está em um dado lugar, pode, amanhã, estar em outro, e assim por diante. O verbo "ser", por outro lado, passa a ideia de permanência. O homem não "está" jogado no mundo, ele "é" jogado no mundo. O caráter de jogado não é transitório, mas permanente e inerente ao humano.

[228] GORNER, Paulo. *Ser e tempo: uma chave de leitura.* Petrópolis: Vozes, 2018, p. 99.

[229] Acerca do tema, ver OLIVEIRA, Rafael Tomaz de. *Decisão judicial e o conceito de princípio: a hermenêutica e a (in) determinação do Direito.* Porto Alegre: Livraria do Advogado, 2008.p.158.

[230] GORNER, Paulo. *Ser e tempo: uma chave de leitura.* Petrópolis: Vozes, 2018, p. 99.

[231] GIACOIA JR. Oswaldo. *Heidegger Urgente: Introdução a um novo pensar.* São Paulo: Três Estrelas, 2013, p. 79.

Não temos, então, poder de escolha absoluta sobre o que queremos ser. Decerto, o nosso "campo de jogo" das possibilidades, que é algo que está além do nosso poder de eleição, é um limitador inafastável.[232]

A seu turno, a terceira característica de existência (engajamento), se refere à relação do *Dasein* frente aos demais entes que estão no interior no mundo. As três características da existência, quando em interconexão, são intituladas de *Sorge* (cuidado). O ser do *Dasein* é *Sorge* (cuidado)[233], isto é, as três características da existência interconectadas.[234]

No engajamento, os entes se *descerram* ao *Dasein*. Descerrar significa "desfechar", "abrir", ou "desvelar", isto é, desencobrir, desvendar, etc. Os entes se *apresentam ao* ou *vem à mão do Dasein* no mundo. É aí que se dá a relação de engajamento, quando, então, um ente se (des)vela ao *Dasein* como aquilo que ele é. Desse modo é que os entes são des-cobertos (*ent-deckt*).[235]

O ser do *Dasein* também pode ser descerrado. *A priori,* é possível acusar dois modos fundamentais de descerramento do ser do *Dasein*, a saber, a "disposição"[236] (*Befindlichkeit*) e a "compreensão" (*Verstehen*). Ambos são igualmente básicos, isto é, um não depende e nem deriva do outro. Heidegger também apontará um terceiro modo de descerramento: a essência da linguagem, aquilo que torna a linguagem possível, à qual chamará *Rede* (discurso, fala). A Rede é a articulação da compreensibilidade, isto é, a sua estruturação. A Rede determina a disposição e a compreensão, sem, contudo, estar fundada numa ou na outra.[237]

---

232 GORNER, Paulo. *Ser e tempo: uma chave de leitura.* Petrópolis: Vozes, 2018, p. 108.

233 HEIDEGGER, Martin. *Ser e Tempo.* Campinas/Rio de Janeiro: Unicamp/Vozes, 2012, p. 511-513. Ver também pp 535-549.

234 GORNER, Paulo. *Ser e tempo: uma chave de leitura.* Petrópolis: Vozes, 2018, p. 15.

235 GORNER, Paulo. *Ser e tempo: uma chave de leitura.* Petrópolis: Vozes, 2018, p. 15.

236 A disposição, modo de descerramento do ser do Dasein, é *ser em uma disposição afetiva* ou *tonalidade afetiva (Stimmung).* Ver: GIACOIA JR. Oswaldo. *Heidegger Urgente: Introdução a um novo pensar.* São Paulo: Três Estrelas, 2013, p. 75.

237 HEIDEGGER, Martin. *Ser e Tempo.* Campinas/Rio de Janeiro: Unicamp/Vozes, 2012, p. 453-455; GORNER, Paulo. *Ser e tempo: uma chave de leitura.* Petrópolis: Vozes, 2018, p. 97 e 117.

Sobre a disposição, Giacoia Jr. tece explicação digna de nota:

> O ser-o-aí se encontra no mundo em determinadas disposições e estados: instalado em um lugar (em São Paulo, por exemplo); afinado nessa ou naquela modulação do afeto (alegre ou triste, por exemplo). A abertura para o mundo implica sempre um estado de ânimo, não um tipo particular de sentimento, como estado psicológico determinado, mas um *tônus* afetivo geral, um modo de viver o relacionamento com o mundo em suas diferentes modalidades.[238]

No que se refere especificamente à compreensão, importa tecer alguns comentários. Tradicionalmente, o termo *verstehen* (entender ou compreender) é utilizado para designar um modo específico de conhecimento, que se contrasta àquilo que se intitula "explicação" (*Erklären*). No sentido ontológico, porém, compreender é "saber como", mais especificamente, "saber como ser". Se *Dasein* compreende ser, significa que *sabe como ser*. Saber como implica ter uma habilidade, o que não quer dizer possuir aptidão para proferir proposições verdadeiras a seu respeito. Por exemplo, não é porque alguém sabe como advogar que estará apto a lecionar sobre e vice-versa:

> Uma habilidade pode ser expressa em proposições, mas não precisa ser. E saber as proposições não garante a possessão da habilidade. Alguém pode conhecer o conteúdo dos melhores manuais médicos e ainda assim ser conspicuamente desprovido das habilidades que fazem um bom médico.[239-240]

Por meio da compreensão, isto é, por meio de saber como ser, o *Dasein* "conhece" suas possibilidades, isto é, aquilo de que é capaz de ser.[241] Essas possibilidades, conforme já dissemos acima, estão limitadas pelo contexto em que o *Dasein* está inserido.

Compreender possibilita que nos apropriemos do que é compreendido. Com isso, quer-se dizer tornar explícito o que foi compreendido. Essa explicitação é chamada por Heidegger de "interpretação"

---

238 GIACOIA JR. Oswaldo. *Heidegger Urgente: Introdução a um novo pensar*. São Paulo: Três Estrelas, 2013, p. 75.

239 GORNER, Paulo. *Ser e tempo: uma chave de leitura*. Petrópolis: Vozes, 2018, p. 105-106.

240 *Cf.* GIACOIA JR. Oswaldo. *Heidegger Urgente: Introdução a um novo pensar*. São Paulo: Três Estrelas, 2013, p. 75.

241 GORNER, Paulo. *Ser e tempo: uma chave de leitura*. Petrópolis: Vozes, 2018, p. 107.

(*Auslegung*). Se compreender é algo inerente ao *Dasein*, interpretar também o é. Interpretar é um existencial derivado de outro existencial, a compreensão.[242] *Interpretar é compreender explicitamente*. Isso possibilita que algo seja visto como algo (*Etwas als Etwas*). É em virtude da interpretação que eu vejo algo como uma mesa, ou como uma cadeira, etc.

Para chegar ao sentido de um ente (o ser de um ente), o Ser-aí primeiramente compreende a si. Compreendendo a si, compreende o ser do ente e, por fim, explicita o que foi compreendido por meio da interpretação. Noutras palavras, *a interpretação não precede a compreensão*. Conforme exposto pelo próprio Martin Heidegger:

> Chamamos *interpretação* o desenvolvimento do entender. Na interpretação, o entender, entendendo, apropria-se do seu entendido. Na interpretação, o entender não se torna algo diverso, mas torna-se ele mesmo. A interpretação se funda existenciariamente no entender e este não surge dela. A interpretação não consiste em tomar conhecimento do entendido, mas em elaborar possibilidades projetadas no entender.[243]

No ponto, vale trazer à colação o posicionamento de Lenio Streck a respeito:

> Se nos paradigmas anteriores vigia a crença de que primeiro interpretamos – através de um método – para depois compreender, Heidegger nos mostra a partir da descrição fenomenológica realizada pela analítica existencial em Ser e Tempo que *compreendemos para interpretar*. A interpretação é sempre derivada da compreensão que temos do *ser-dos-entes*. Ou seja, originariamente o *Ser-aí* compreende o ente em seu ser e, de uma forma derivada, torna explícita essa compreensão através da interpretação. Na interpretação, procuramos manifestar onticamente aquilo que foi resultado de uma compreensão ontológica. A interpretação é o momento discursivo-argumentativo em que falamos dos entes (processo, Direito etc.) pela compreensão que temos do seu *ser*.[244]

---

[242] GORNER, Paulo. *Ser e tempo: uma chave de leitura*. Petrópolis: Vozes, 2018, p. 110.

[243] HEIDEGGER, Martin. *Ser e Tempo*. Campinas/Rio de Janeiro: Unicamp/Vozes, 2012, p. 421.

[244] STRECK, Lenio Luiz. *Hermenêutica jurídica e(m) crise: uma exploração hermenêutica da construção do Direito*. 11ª ed. rev., atual. e ampl. Porto Alegre: Livraria do advogado, 2014, p. 273. No mesmo sentido: OLIVEIRA, Rafael Tomaz de. *Decisão judicial e o conceito de princípio: a hermenêutica e a (in) determinação do Direito*. Porto Alegre: Livraria do Advogado, 2008, p. 150. ABBOUD, Georges; Carnio, Henrique Garbellini; OLIVEIRA, Rafael Tomaz de. *Introdução à teoria e à filosofia do direito*. 3ª ed. rev., atual. e ampl. – São Paulo: Revista dos Tribunais, 2015, p. 441-442.

É importante frisar que, em Heidegger, a interpretação não é um processo arbitrário, embebido em subjetivismos aleatórios:

> O ver-como da interpretação não deve ser pensado como algo subjetivo. As coisas não se mostram como se nós experimentássemos primeiro algo puramente presente-à-mão, uma mera coisa, que, em seguida, nós construímos como uma porta, como uma casa. Interpretação, tal como Heidegger a compreende, não é uma questão de jogar um "significado" (Bedeutung) sobre uma coisa nua e crua ou de anexar um 'valor' a ela. A interpretação é o tornar explícito daquilo que já está aí no ente como algo no-interior-do-mundo.[245]

O ato de interpretar não necessariamente implica elaborar o significado de algo. Quando interpretamos, trabalhamos com pressuposições. A interpretação de "algo" como "algo" (*Etwas als Etwas*) envolve sempre aquilo que Heidegger intitulou "ter-prévio" (*Vorhabe*), "visão-prévia" (*Vorsicht*) e "concepção-prévia" (*Vorgriff*).[246–247]

Quando olhamos para um ente e concluímos que se trata, efetivamente, de uma cadeira, é porque, desde antes, já temos uma pré-concepção do que uma cadeira é. Possuímos uma série de concepções prévias, uma espécie de código pré-programado, por meio do qual filtramos e organizamos os entes que estão aí, expostos ao nosso conhecimento. Quando dizemos que um certo ente é algo (*e.g.*, uma cadeira), é porque temos, em nós, um código linguístico que nos diz o que é esse algo, que características possui, a funcionalidade a que serve, etc. O código linguístico, formado pelas concepções prévias, é, inclusive, o que nos possibilita acessar aos entes.

---

245 GORNER, Paulo. *Ser e tempo: uma chave de leitura*. Petrópolis: Vozes, 2018, p. 111.

246 "A interpretação de algo como algo funda-se essencialmente por ter-prévio, ver-prévio e conceito-prévio. A interpretação nunca é uma apreensão sem-pressupostos de algo previamente dado [*eines Vorgegebenn*, de um já dado]. Quando a concretização particular da interpretação, no sentido da interpretação exata de texto, apela de bom grado para o que de imediato 'está aí', o que está aí de imediato nada mais é do que a indiscutida, e que-se-entende-por-si-mesma, opinião-prévia do intérprete, que ocorre necessariamente em todo princípio-de-interpretação como aquilo que já é 'posto' com a interpretação em geral, isto é, já é previamente dado no ter-prévio, no ver-prévio e no conceito-prévio". HEIDEGGER, Martin. *Ser e Tempo*. Campinas/Rio de Janeiro: Unicamp/Vozes, 2012, p. 427.

247 GORNER, Paulo. *Ser e tempo: uma chave de leitura*. Petrópolis: Vozes, 2018, p. 111.

Ao se relacionar com quaisquer outros entes, o homem antes compreendeu o seu ser, de modo que a compreensão de seu ser é condição de possibilidade para que o indivíduo se relacione com os demais entes. Ao se imbricar nessas relações, o homem tem, desde logo, uma compreensão antecipada, mesmo que incompleta, daquilo que os entes são. Conforme Rafael Tomaz de Oliveira, "o fato de podermos dizer que algo é, já pressupõe que tenhamos dele uma compreensão, ainda que incerta e mediana"[248]. A essa estrutura circular de pensamento, no qual o homem compreende a si e compreende o ser, denomina-se "Círculo Hermenêutico".

Compreensão e interpretação são inerentes a todo homem. A interpretação não é uma técnica ou instrumento, dominada por alguns doutos, que foram escolados num dado saber científico. Muito pelo contrário: qualquer e cada um de nós tem a habilidade de compreender e interpretar.[249]

Da interpretação, derivam as asserções ou os enunciados (*Aussagen*). Para Heidegger, não são os enunciados o lugar primário da verdade. Se, na teoria tradicional, verdade é uma relação de correspondência entre um enunciado e um dado estado de coisas, na filosofia *heideggeriana* verdade é desvelamento (*Unverborgenheit*).[250-251] A verdade é o processo de descobrimento de algo. "Enunciados não são verdadeiros em virtude da concordância com algo ou da correspondência em relação a algo, mas em virtude do desencobrimento de algo".[252] Dito de outro modo, "verdadeiro é o discurso que manifesta, desvela aquilo de

---

[248] OLIVEIRA, Rafael Tomaz de. *Decisão judicial e o conceito de princípio: a hermenêutica e a (in) determinação do Direito*. Porto Alegre: Livraria do Advogado, 2008, p. 149. No mesmo sentido, ver: STRECK, Lenio Luiz. *Hermenêutica jurídica e(m) crise: uma exploração hermenêutica da construção do Direito*. 11ª ed. rev., atual. e ampl. Porto Alegre: Livraria do advogado, 2014. p. 272. Carnio, Henrique Garbellini; OLIVEIRA, Rafael Tomaz de. *Introdução à teoria e à filosofia do direito*. 3ª ed. rev., atual. e ampl. – São Paulo: Revista dos Tribunais, 2015, p. 441.

[249] GORNER, Paulo. *Ser e tempo: uma chave de leitura*. Petrópolis: Vozes, 2018, p. 111.

[250] HEIDEGGER, Martin. *Ser e Tempo*. Campinas/Rio de Janeiro: Unicamp/Vozes, 2012, p. 605.

[251] GORNER, Paulo. *Ser e tempo: uma chave de leitura*. Petrópolis: Vozes, 2018, p. 112.

[252] GORNER, Paulo. *Ser e tempo: uma chave de leitura*. Petrópolis: Vozes, 2018, p. 15.

que fala, ou seja, traz à luz, retira de seu ocultamento aquilo de que se fala".[253-254]

O descerramento de algo, isto é, a verdade de algo, só vem à tona em sua completa potencialidade no processo de engajamento, no processo de ter-de-lidar-com-coisas engajado, o que, a seu turno, depende do descerramento do ser. O desvelamento dos entes só é possível em razão da compreensão que se tem do ser. Por isso "A verdade mais primordial não é a descoberta dos entes, mas o descerramento do ser".[255]

O ser do *Dasein* é, ao mesmo tempo, um fenômeno unitário e múltiplo. Conforme dissemos, diversas são as categorias fundamentais (ou existenciais) que o compõem: ocupação, ser-com, compreensão (e interpretação), discurso, são todos existenciais na medida em que são estruturas do ser do *Dasein*. Em algum sentido, porém, essas estruturas se consorciam para constituir uma unidade do ser do *Dasein*. É nesse sentido unitário que o ser do *Dasein*, conforme dissemos alhures, é "cuidado", é "preocupação" (*Sorge*).

Heidegger nos dirá que o significado de cuidado é tempo. Porém, não tempo no sentido vulgar da palavra que se refere a uma sequência uniforme de "agoras"[256-257]. Isto é, o ser do *Dasein* é tempo, não porque esse ente é temporal. A temporalidade do *Dasein* não é aquilo que Heidegger chama de "ser-no-interior-da-temporalidade", isto é,

---

253 GIACOIA JR. Oswaldo. *Heidegger Urgente: Introdução a um novo pensar*. São Paulo: Três Estrelas, 2013, p. 69.

254 Ver também: MARIAS, Julían. *História da Filosofia*. 2ª ed. São Paulo: Martins Fontes, 2015, p. 482.

255 GORNER, Paulo. *Ser e tempo: uma chave de leitura*. Petrópolis: Vozes, 2018, p. 14.

256 "Se a temporalidade constitui o originário sentido-do-ser do Dasein, ente para o qual no seu ser está em jogo esse ser *ele* mesmo, então a preocupação deve empregar 'tempo' e, por conseguinte, contar com 'o tempo'. O 'tempo' nela experimentado é o aspecto fenomênico imediato da temporalidade. Dele nasce o entendimento-do-tempo cotidiano-vulgar. E este se desdobra no conceito tradicional de tempo". HEIDEGGER, Martin. *Ser e Tempo*. Campinas/Rio de Janeiro: Unicamp/Vozes, 2012, p. 649.

257 "A concepção ordinária do tempo é derivada de algo que ele chamará de temporalidade ecstática. É tempo nesse sentido, não tempo como uma sequência de agoras, que se mostrará como a chave para o sentido de ser". GORNER, Paulo. *Ser e tempo: uma chave de leitura*. Petrópolis: Vozes, 2018, p. 26.

Innerzeitlichkeit, ou ser-no-interior-do-tempo combinado com o estar consciente acerca disso.[258]

Quando Heidegger se refere ao tempo como o sentido do ser do *Dasein* está se referindo àquilo que ele próprio designa de temporalidade ecstática (ou tempo originário). O tempo como uma sequência de agoras é uma abstração, apenas possível por força da dita temporalidade ecstática.[259-260]

Cuidado e temporalidade ecstática estão umbilicalmente associados. Para bem compreendê-la, é preciso resgatar as estruturas básicas do cuidado, quais sejam, *projeto*, caráter de *jogado* e *ocupação*.

A cada um desses três elementos estruturais do cuidado subjaz aquilo que se intitula "ecstasis temporal". Três são os ecstasis temporais que, na sua unidade essencial, constituem o tempo originário. O primeiro corresponde ao passado (o não-mais agora), o segundo, ao presente (o agora) e terceiro, ao futuro (ainda não-agora). Muito embora as ecstases temporais correspondam a essas categorias do tempo vul-

---

[258] GORNER, Paulo. *Ser e tempo: uma chave de leitura*. Petrópolis: Vozes, 2018, p. 19-20.

[259] "De modo indicativo foi mostrado que pertence ao *Dasein*, como constituição ôntica, um ser pré-ontológico. Sendo, o *Dasein* entende algo assim como ser. Mantendo-se essa conexão, é preciso mostrar que aquilo a partir de que o *Dasein* em geral entende e interpreta de modo inexpresso algo assim como ser é o *tempo*. Este deve ser posto em claro e deve ser genuinamente concebido como o horizonte de todo entendimento-do-ser e de toda interpretação-do-ser. Para entendê-lo faz-se necessária uma *explicitação originária do tempo como horizonte do entendimento-do-ser, a partir da temporalidade como ser do* Dasein *que-entende-ser*. Nessa tarefa considera em seu todo reside, ao mesmo tempo, a exigência de que o conceito de tempo assim obtido seja delimitado em relação ao entendimento vulgar do tempo, que foi explicitado numa interpretação-do-tempo e se depositou como tal no conceito tradicional do tempo, o qual se mantém de Aristóteles a Bergson e mesmo depois. É preciso, pois, tornar claro que e como esse conceito do tempo e o vulgar entendimento-do-tempo em geral surgem da temporalidade". HEIDEGGER, Martin. *Ser e Tempo*. Campinas/Rio de Janeiro: Unicamp/Vozes, 2012, p. 75.

[260] "Se o ser deve ser concebido a partir do tempo e se os diversos *modi* e derivados de ser devem ser entendidos de fato a partir da perspectiva do tempo, então, com isso, é o ser ele mesmo – e não somente algo como o ente que está 'dentro do tempo – que se faz visível em seu caráter 'temporal'. Mas *'temporal' já não pode então significar somente 'sendo dentro do tempo'. O 'intemporal' e o 'supratemporal' são também, quanto a seu ser, 'temporais'*". HEIDEGGER, Martin. *Ser e Tempo*. Campinas/Rio de Janeiro: Unicamp/Vozes, 2012, p. 77-79.

garmente considerado, não existe aí uma relação de identidade perfeita. Na realidade, a temporalidade ecstática é a unidade entre vir-a--si-mesmo (relacionado ao projeto), voltar-a-si-mesmo em seu ter-sido (caráter de jogado) e presentificação (quando se ocupa dos entes intramundanos, quando os encontra, o Dasein está se tornando presente, isto é, presentificando entes).[261]

Associada à temporalidade está a historicidade. A historicidade é a forma concreta que o passado existencial (caráter-de-ter-sido) apresenta quando combinado ao caráter de "ser-com". "A historicidade diz respeito ao passado do Dasein no sentido do que ele tinha sido. O Dasein é seu passado, seu ter-sido (Gewesen)".[262] Nas palavras do próprio *Heidegger*, ainda que não se dê conta, "O *Dasein*, em seu ser factual, é cada vez como já era e 'o que' já era. Expressamente ou não, ele *é* seu passado".[263]

O passado do *Dasein*, que não é um indivíduo isolado no mundo, é, igualmente, o passado de sua geração, de sua comunidade. Daí dizer-se que a historicidade é uma combinação entre passado existencial (caráter-de-ter-sido) e caráter de "ser-com".

A historicidade – e isso, a certa maneira, já dissemos logo acima – condiciona as possibilidades de existência. As possibilidades de existência são herdadas pelo *Dasein*, dependem da comunidade histórica à qual pertence. "Em outras palavras, as possibilidades de existência para as quais o Dasein projeta a si mesmo são possibilidades de existência herdadas".[264]

O ser do *Dasein* é tempo no sentido que esclarecemos: o sentido do ser do *Dasein* é temporalidade ecstática. Isso responde à questão do "ser" enquanto tal? Evidente que não. Apenas responde à questão do ser específico do *Dasein*.

---

[261] GORNER, Paulo. *Ser e tempo: uma chave de leitura.* Petrópolis: Vozes, 2018, p. 198-199.

[262] GORNER, Paulo. *Ser e tempo: uma chave de leitura.* Petrópolis: Vozes, 2018, p. 207.

[263] HEIDEGGER, Martin. *Ser e Tempo.* Campinas/Rio de Janeiro: Unicamp/Vozes, 2012, p. 81.

[264] GORNER, Paulo. *Ser e tempo: uma chave de leitura.* Petrópolis: Vozes, 2018, p. 208.

Heidegger investiu a grande parte de sua obra para analisar o ser do *Dasein*, porque acreditava que ele (o *Dasein*) era requisito fundamental para abordar a pergunta do ser enquanto tal.

Concluiu-se que o ser do *Dasein* é tempo. Então, em resumo, o tempo (que é o ser do *Dasein*) é a condição de possibilidade para a descoberta do ser enquanto tal:

> O ser do Dasein é cuidado, e o sentido ou significado de cuidado é a temporalidade ecstática Mas isso claramente não responde à questão sobre o sentido de ser enquanto tal. Apenas prepara o solo para tal resposta. Dasein é de tal modo que ele compreende ser. O que se precisa mostrar é aquilo com vistas ao que Dasein compreende e interpreta o ser como tempo. Tempo precisa ser trazido à luz como o horizonte para toda compreensão e interpretação de ser. Se ser tem de ser concebido em termos de tempo, então é preciso que se mostre que o ser ele mesmo tem um caráter essencialmente temporal. Essa teria sido a tarefa a ser realizada na Seção III ("Tempo e ser"). Apesar de Heidegger ter escrito essa seção, parece que ele a achou insatisfatória.[265]

Daí dizer-se que "A relação entre ser e tempo não é uma relação de oposição. Ao contrário, sua relação é tal, que o tempo se mostra como a chave para o sentido de ser".[266] O tempo é o horizonte a partir do qual é possível compreender o ser.[267]

2.1.3. HERMENÊUTICA FILOSÓFICA DE HANS-GEORG GADAMER.

Hans-Georg Gadamer colheu os ensinamentos de Martin Heidegger e os desenvolveu para a elaboração daquilo que se denomina Hermenêutica Filosófica. Na obra "Verdade e Método", Gadamer pretende descrever como ocorre o processo da compreensão. Nada obstante o que seu título possa dar a entender, "Verdade e Método" não se propõe à formulação de um método para guiar o compreender humano. A intenção gadameriana não é normatizar o processo compreensivo por meio de cânones, mas explicitar aquilo que, a despeito das regras que se queira estabelecer, ocorre durante o momento da

---

[265] GORNER, Paulo. *Ser e tempo: uma chave de leitura*. Petrópolis: Vozes, 2018, p. 22.

[266] GORNER, Paulo. *Ser e tempo: uma chave de leitura*. Petrópolis: Vozes, 2018, p. 25.

[267] MARIAS, Julían. *História da Filosofia*. 2ª ed. São Paulo: Martins Fontes, 2015, p. 477.

compreensão. É o que o próprio Gadamer esclarece ao prefaciar a 2ª edição de sua obra:

> O fato de eu ter-me servido da expressão "hermenêutica", que vem carregada de uma longa tradição, conduziu certamente a mal-entendidos. Não foi minha intenção desenvolver uma "doutrina da arte" do compreender, como pretendia ser a hermenêutica mais antiga. Não pretendia desenvolver um sistema de regras artificiais capaz de descrever o procedimento metodológico das ciências do espírito, ou que pudesse até guiá-lo. Minha intenção tampouco foi investigar as bases teóricas do trabalho das ciências do espírito, a fim de transformar em práticas os conhecimentos adquiridos. Se das investigações apresentadas aqui surgir alguma consequência prática, isso certamente não ocorre para um "engajamento" não científico mas em vista da probidade "científica" de reconhecer o engajamento que atua em todo compreender. Minha verdadeira intenção, porém, foi e continua sendo uma intenção filosófica: O que está em questão não é o que fazemos, o que deveríamos fazer, mas o que nos acontece além do nosso querer e fazer.[268]

A Hermenêutica proposta por Gadamer é universalista, pois rompe com a tradição das hermenêuticas especiais, aplicáveis cada qual a um ramo. Teleologia, filosofia e direito lidavam com teorias hermenêuticas próprias[269], ao passo que Gadamer sugere uma Hermenêutica capaz de descrever os passos da compreensão comuns às três áreas retro, ou seja, uma Hermenêutica geral.

Nos escritos do autor, destaca-se a ideia de *antecipação de sentido*. Ao se debruçar sobre determinado texto, o intérprete não é um receptáculo vazio: carrega consigo uma série de pré-juízos, possui uma pré-compreensão do sentido do texto.[270] É essa pré-compreensão que possibilita a relação entre o indivíduo e o texto. Nós só conseguimos acessar um ente à medida em que já temos uma noção antecipada do que essa coisa é. A pré-concepção sobre os entes, não só pode, como deve, ser revisitada, conforme não resista a um confronto com a coisa mesma.

---

268 GADAMER, Hans-Georg. *Verdade e método I: traços fundamentais de uma hermenêutica filosófica*. 15ª ed. Petrópolis: Vozes, 2015, p. 14.

269 Sobre o tema, ver: STRECK, Lenio Luiz. *Hermenêutica jurídica e(m) crise: uma exploração hermenêutica da construção do Direito*. 11ª ed. rev., atual. e ampl. Porto Alegre: Livraria do advogado, 2014, p. 265 e ss. ABBOUD, Georges; Carnio, Henrique Garbellini; OLIVEIRA, Rafael Tomaz de. *Introdução à teoria e à filosofia do direito*. 3ª ed. rev., atual. e ampl. – São Paulo: Revista dos Tribunais, 2015, p. 444.

270 ABBOUD, Georges; Carnio, Henrique Garbellini; OLIVEIRA, Rafael Tomaz de. *Introdução à teoria e à filosofia do direito*. 3ª ed. rev., atual. e ampl. – São Paulo: Revista dos Tribunais, 2015, p. 447.

Do quanto exposto, tem-se que o intérprete é inevitavelmente um "preconceituoso". Entretanto, o preconceito não é visto como algo necessariamente negativo. Conforme Gadamer, "se quisermos fazer justiça ao modo de ser finito e histórico do homem, é necessário levar a cabo uma reabilitação radical do conceito de preconceito e reconhecer que existem preconceitos legítimos".[271]

Os preconceitos são herdados da tradição, isto é, são transmitidos a partir da comunidade à qual pertencemos, de geração em geração. Não existe um conceito inaugural, criado pelo indivíduo a partir do nada, mas uma cadeia conceitual apreendida da tradição. O processo interpretativo está sempre ancorado em pré-compreensões comuns, colhidas do contexto em que o intérprete está inserido. É o que podemos extrair dos escritos de Thomas Vesting:

> O fato de essa interpretação estar ancorada em uma pré-compreensão comum significa, em outras palavras, que a arte da interpretação de textos está ligada a reservas de saber comuns, tais como elas se manifestam, segundo Gadamer, *e.g.*, em conceitos como formação, *sensus communis*, faculdade de julgamento e gosto.[272]

Os preconceitos podem ser legítimos ou ilegítimos. Para saber se um sentido antecipado sobre um dado objeto é legítimo ou não, é necessário confrontá-lo ao objeto em si. Por vezes, é possível que, após esse confronto, o intérprete perceba que o sentido antecipado que pré-concebeu sobre um objeto não corresponde às características que esse objeto apresenta. A pré-concepção, então, será ilegítima. Pré-conceitos ilegítimos produzem projetos de sentido ilegítimos[273], e só podem ser descobertos a partir de uma revisitação crítica.

O sentido prévio formulado pelo intérprete com fundamento nos seus pré-juízos é visitado e revisitado conforme se aprofunda no objeto de seu estudo. Ao fim, fatalmente, o intérprete formula um conceito prévio da coisa interpretada. Esse conceito é posto à prova face à

---

[271] GADAMER, Hans-Georg. *Verdade e método I: traços fundamentais de uma hermenêutica filosófica*. 15ª ed. Petrópolis: Vozes, 2015, p. 368.

[272] VESTING, Thomas. *Teoria do Direito*. São Paulo: Saraiva, 2015, p. 236.

[273] STRECK, Lenio Luiz. *Hermenêutica jurídica e(m) crise: uma exploração hermenêutica da construção do Direito*. 11ª ed. rev., atual. e ampl. Porto Alegre: Livraria do advogado, 2014, p. 330. STRECK, Lenio Luiz. *Dicionário de hermenêutica: quarenta temas fundamentais da Teoria do Direito à luz da Crítica Hermenêutica do Direito*. Belo Horizonte: Casa do Direito, 2017, p. 234.

coisa mesma, que pode confirmar ou infirmar o sentido previamente projetado:

> Quem quiser compreender um texto, realiza sempre um projetar. Tão logo apareça um primeiro sentido no texto, o intérprete prelineia um sentido do todo. Naturalmente que o sentido somente se manifesta porque quem lê o texto lê a partir de determinadas expectativas e na perspectiva de um sentido determinado. A compreensão do que está posto no texto consiste precisamente na elaboração desse projeto prévio, que, obviamente, tem que ir sendo constantemente revisado com base no que se dá conforme se avança na penetração do sentido.[274]

A compreensão é um processo circular, em que o intérprete, para compreender a parte, antecipa o sentido do todo. Gadamer nos elucida esse raciocínio, utilizando como exemplo o aprendizado de uma língua estrangeira. Antes de entender o significado das palavras (partes), é necessário formular uma frase (o todo).[275] Nas aulas introdutórias de

---

[274] GADAMER, Hans-Georg. *Verdade e método I: traços fundamentais de uma hermenêutica filosófica*. 15ª ed. Petrópolis: Vozes, 2015. p. 356. Sobre o tema: "Desde sempre, o sujeito da compreensão já está esgotado no mundo, dentro do qual as suas condições de possibilidade estão definidas (e se definem cotidianamente) na e pela linguagem. O sujeito da compreensão recebe o legado da tradição; esse legado é compulsório; não há possibilidade de a ele renunciar". STRECK, Lenio Luiz. *Hermenêutica jurídica e(m) crise: uma exploração hermenêutica da construção do Direito*. 11ª ed. rev., atual. e ampl. Porto Alegre: Livraria do advogado, 2014. p. 298.

[275] "A regra hermenêutica, segundo a qual devemos compreender o todo a partir do singular e o singular a partir do todo, provém da retórica antiga e foi transferido, pela hermenêutica moderna, da arte de falar para a arte de compreender. Em ambos os casos, estamos às voltas com uma relação circular prévia. A antecipação de sentido, que comporta o todo, ganha uma compreensão explícita através do fato de as partes, determinadas pelo todo, determinarem por deu lado esse mesmo todo. Conhecemos isso pelo aprendizado de línguas estrangeiras. Ali aprendemos que precisamos 'construir' uma frase, antes de procurar compreender suas partes singulares em sua significação dentro da linguagem. O próprio processo da construção, no entanto, já está dirigido por uma expectativa de sentido que provém do contexto anterior. É claro que essa expectativa sofre uma outra determinação e que o texto se conjuga na unidade de um pensamento, a partir de uma outras expectativa de sentido. Dessa forma, o movimento da compreensão transcorre sempre do todo para a parte e, desta, de volta ao todo. A tarefa é ampliar, em círculos concêntricos, a unidade do sentido compreendido. O critério que cada vez se há de empregar para constatar a justeza da compreensão é a concordância de todas as partes singulares com o todo. A falta dessa concordância significa o fracasso da compreensão". GADAMER, Hans-George. *Verdade e método II: complementos e índice*. Petrópolis: Vozes, 2002. p. 72.

um curso de inglês, por exemplo, de início, ninguém aprende o significado isolado dos vocábulos *"my"*, *"name"*, ou *"to be"*; num geral é, desde logo, ensinada a frase *"My name is..."* como forma de apresentação. A sua vez, a construção da frase (do todo) está, desde já, direcionada por uma expectativa de sentido que advém de um contexto anterior. A expectativa em questão poderá e deverá ser corrigida sempre o texto o exigir.[276]

Do *todo*, vamos para a *parte* e, então, retornamos ao *todo*, num movimento circular contínuo. O critério utilizado para aferir a justeza, o acerto do processo compreensivo circular é a concordância ou coerência das partes singulares com o todo.

Quando nos colocamos diante de um texto (coisa), temos, conforme acima exposto, um sentido antecipado a seu respeito, uma opinião prévia, que deveremos por à prova, confrontando-a à opinião que outros tenham e, sobretudo, ao que o texto, em si, tem a dizer. "Quem quiser compreender não pode de antemão abandonar-se cegamente à causalidade das próprias opiniões, para em consequência e de maneira cada vez mais obstinada não dar ouvidos à opinião do texto (...) Quem quiser compreender um texto está, ao contrário, disposto a deixar que ele diga alguma coisa".[277]

---

[276] "A regra hermenêutica, segundo a qual devemos compreender o todo a partir do singular e o singular a partir do todo, provém da retórica antiga e foi transferido, pela hermenêutica moderna, da arte de falar para a arte de compreender. Em ambos os casos, estamos às voltas com uma relação circular prévia. A antecipação de sentido, que comporta o todo, ganha uma compreensão explícita através do fato de as partes, determinadas pelo todo, determinarem por deu lado esse mesmo todo. Conhecemos isso pelo aprendizado de línguas estrangeiras. Ali aprendemos que precisamos 'construir' uma frase, antes de procurar compreender suas partes singulares em sua significação dentro da linguagem. O próprio processo da construção, no entanto, já está dirigido por uma expectativa de sentido que provém do contexto anterior. É claro que essa expectativa sofre uma outra determinação e que o texto se conjuga na unidade de um pensamento, a partir de uma outras expectativa de sentido. Dessa forma, o movimento da compreensão transcorre sempre do todo para a parte e, desta, de volta ao todo. A tarefa é ampliar, em círculos concêntricos, a unidade do sentido compreendido. O critério que cada vez se há de empregar para constatar a justeza da compreensão é a concordância de todas as partes singulares com o todo. A falta dessa concordância significa o fracasso da compreensão". GADAMER, Hans-George. *Verdade e método II: complementos e índice.* Petrópolis: Vozes, 2002, p. 72.

[277] GADAMER, Hans-George. *Verdade e método II: complementos e índice.* Petrópolis: Vozes, 2002, p. 76.

Portanto, existe um sentido do texto contido na mente do sujeito (um sentido antecipado), a ser confrontado com o texto em si. O intérprete não pode se agarrar ao sentido prenunciado no âmbito da sua pré-compreensão. Precisa colocá-lo à prova. É nesse sentido a passagem emblemática de "Verdade e Método":

> Em princípio, quem quer compreender um texto deve estar disposto a deixar que este lhe diga alguma coisa. Por isso, uma consciência formada hermeneuticamente deve, desde o princípio, mostrar-se receptiva à alteridade do texto. Mas essa receptividade não pressupõe uma "neutralidade" com relação à coisa nem tampouco um anulamento de si mesma; implica antes uma destacada apropriação das opiniões prévias e preconceitos pessoais. O que importa é dar-se conta dos próprios pressupostos, a fim de que o próprio texto possa apresentar-se em sua alteridade, podendo assim confrontar sua verdade com as opiniões prévias pessoais.[278]

O sentido *autêntico* das coisas não advém da mente do sujeito que interpreta, nem do texto em si (sempre inacabado), mas do diálogo entre um e outro. Quando o sentido projetado não encontra respaldo na coisa em si, constituirá um projeto de sentido inautêntico e deverá ser descartado em benefício de outro.[279]

Ao se debruçar sobre o tema, Lenio Streck anuncia que a compreensão possui a constante tarefa de elaborar projetos de sentido que se confirmem nas coisas. Para tanto, é imprescindível o exame crítico das opiniões prévias no que toca à sua origem e validade, isto é, à sua legitimação. *Só se leva a cabo esse exame crítico quando se dá ouvidos às opiniões alheias e ao que o próprio texto diz.*[280]

O intérprete não se guia por métodos ou cânones interpretativos, mas pelo sentido projetado com base nos pré-juízos retro. A herme-

---

[278] GADAMER, Hans-Georg. *Verdade e método I: traços fundamentais de uma hermenêutica filosófica.* 15ª ed. Petrópolis: Vozes, 2015, p. 358.

[279] Nesse sentido: "os sentidos produzidos pelo intérprete adquirem validade na medida em que são compatíveis com a 'coisa ela mesma' ou com a 'coisa em si' presente no texto. Se esta alteridade entre texto e intérprete se mostrar incompatível com a 'coisa em si', há a substituição dos sentidos atribuídos pelo intérprete por outros mais autênticos, e, assim, sucessivamente". ABBOUD, Georges; Carnio, Henrique Garbellini; OLIVEIRA, Rafael Tomaz de. *Introdução à teoria e à filosofia do direito.* 3ª ed. rev., atual. e ampl. – São Paulo: Revista dos Tribunais, 2015, p. 449.

[280] STRECK, Lenio Luiz. *Hermenêutica jurídica e(m) crise: uma exploração hermenêutica da construção do Direito.* 11ª ed. rev., atual. e ampl. Porto Alegre: Livraria do advogado, 2014, p. 296.

nêutica abandona seu caráter metodológico ou normativo para adquirir uma forte veia filosófica, escorada na antecipação de sentido que compõe o círculo hermenêutico.

É também legado de uma hermenêutica filosófica o abandono do fatiamento do processo hermenêutico nas fases de interpretação, compreensão e aplicação. "Não há uma *subtilitas intelligendi* que conhece; uma *subtilitas explicandi* que interpreta; e uma *subtilitas applicandi* que aplica o resultado da interpretação"[281].

Enquanto a hermenêutica clássica separava a intepretação da aplicação, Gadamer elucida que interpretação e aplicação são um processo uno (intitulado *applicatio*). Não é possível interpretar sem aplicar. Compreender um sentido, explicitá-lo via interpretação e aplicá-lo constituem ações indissociáveis, ocorridas simultaneamente. Quando compreendo, o faço à luz do contexto em que aplico; quando interpreto, explicito o sentido compreendido face àquele contexto. Compreender e interpretar pressupõem a aplicação. A esse respeito, Lenio Streck assim coloca:

> A hermenêutica jurídica praticada no plano da cotidianidade do direito deita raízes na discussão que levou Gadamer a fazer a crítica ao processo interpretativo clássico, que entendia a interpretação como sendo produto de uma operação realizada em partes (*subtilitas intelligendi, subtilitas explicandi, subtilitas applicandi,* isto é, primeiro compreendo, depois interpreto, para só então aplicar). A impossibilidade dessa cisão implica a impossibilidade de o intérprete "retirar" do texto "algo que texto possui-em-si-mesmo", numa espécie de *Auslegung*, como se fosse possível reproduzir sentidos; ao contrário, para Gadamer, fundado na hermenêutica filosófica, o intérprete sempre atribui sentido (*Sinngebung*).[282]

Em Heidegger e em Gadamer, a intepretação é sempre um ato produtivo. Cuida-se de uma atividade criativa, por meio da qual se atribui (não se reproduz) sentidos: "o sentido de um texto supera seu autor não ocasionalmente, mas sempre. Por isso, a compreensão nunca

---

[281] ABBOUD, Georges; Carnio, Henrique Garbellini; OLIVEIRA, Rafael Tomaz de. *Introdução à teoria e à filosofia do direito*. 3ª ed. rev., atual. e ampl. – São Paulo: Revista dos Tribunais, 2015, p.450.

[282] STRECK, Lenio Luiz. *Hermenêutica jurídica e(m) crise: uma exploração hermenêutica da construção do Direito*. 11ª ed. rev., atual. e ampl. Porto Alegre: Livraria do advogado, 2014, p. 276.

é um comportamento meramente reprodutivo, mas também sempre produtivo".[283]

Entretanto, essa atribuição de sentido jamais pode se dar de maneira arbitrária. Veja-se:

> Torna-se muito claro, portanto, que o grande problema da hermenêutica é dar conta da distância que existe entre o intérprete (sujeito) e o texto (objeto). A hermenêutica filosófica nos mostra que a tradição, e a consciência dos efeitos da história nos aproxima dos objetos – textos – de modo que não existe uma "consciência subjetiva" pura, despida de qualquer significação, a se aproximar de um texto para ser interpretado. Nesse ponto, aniquila-se o mito da objetividade na interpretação: a "consciência subjetiva" sempre carrega consigo seus pré-juízos e sua carga histórica quando se aproxima do texto e, é só por causa deles, que consegue atribuir sentido aos textos que interpreta.
> Todavia, essa atribuição não pode, em nenhuma hipótese, representar um ato pleno da vontade subjetiva do intérprete.
> Pelo contrário, Gadamer é enfático ao dizer que só interpreta corretamente um texto quem se abre para a 'alteridade hermenêutica': quem quiser compreender um texto deve deixar que o texto lhe diga algo.[284]

Com isso, fica claro que a Hermenêutica Filosófica gadameriana, que suporta a doutrina pós-positivista, paradigma do qual partem nossos estudos, não é decisionista, voluntarista ou arbitrária.

2.2. MARCO POLÍTICO-HISTÓRICO: A SEGUNDA GUERRA MUNDIAL

A Segunda Guerra Mundial foi o grande acontecimento político do século XX. Após o seu término, a humanidade se viu compelida a uma profunda revisão de paradigmas nas ciências naturais e culturais. O paradigma positivista, vigente no campo do direito, devia ao mundo uma resposta para a seguinte pergunta: como era possível que o direi-

---

283 GADAMER, Hans-Georg. *Verdade e método I: traços fundamentais de uma hermenêutica filosófica.* 15ª ed. Petrópolis: Vozes, 2015, p.392.

284 ABBOUD, Georges; Carnio, Henrique Garbellini; OLIVEIRA, Rafael Tomaz de. *Introdução à teoria e à filosofia do direito.* 3ª ed. rev., atual. e ampl. – São Paulo: Revista dos Tribunais, 2015, p. 451. Ver também: STRECK, Lenio Luiz. *Verdade e consenso: constituição, hermenêutica e teorias discursivas.* 5ª ed. rev., modificada e ampl. São Paulo: Saraiva, 2014, p. 116;

to não tivesse feito oposição eficiente às atrocidades cometidas pelo nazifascismo?[285]

Desde logo, é preciso afirmar que, ao contrário do que se difundiu no período imediatamente subsequente à guerra, não consideramos o positivismo o grande responsável pela ascensão e a manutenção do nazifascismo. A bem da verdade, essa sorte de pensamento se pulverizou por força da falsa ideia de que o regime nazista operou, desde a sua gênese até a sua derrocada, sob a legitimidade da lei.

No Brasil, Luis Roberto Barroso capitaneou discurso de que o positivismo foi o grande vilão daquele período histórico, acusando-o de, por meio do estrito legalismo e da subsunção, legitimar o nazismo e o fascismo. Conforme o constitucionalista, "Esses movimentos políticos e militares ascenderam ao poder dentro do quadro da legalidade vigente, e promoveram a barbárie em nome da lei".[286] Conforme veremos, a assertiva se funda em premissas falsas, que precisam ser revistas, se quisermos desperdiçar energia no combate a espantalhos.

A reflexão adequada acerca do tema exige o mínimo de conhecimento sobre como a lei fora manuseada pelo regime nazista para a consecução dos fins almejados pelo *Führer*. Para tanto, é imprescindível o estudo histórico realizado por Mario Losano. O autor, em passagem marcante, afirma que:

> Como todo movimento revolucionário, o movimento nacional-socialista encontrou no direito preexistente um obstáculo à tomada do poder. Procurou, portanto, esvaziá-lo dos conteúdos não desejados, à espera de poder substituí-los com normas fundamentadas em sua própria ideologia.[287]

Decerto, determinado ordenamento jurídico é sempre produto dos valores vigentes numa dada época. Na sua formação, o direito é po-

---

285 "*El colapso de las dictaduras y de los sistemas jurídicos injustos, produce en las elites del ordenamiento jurídico dominante que han sido afectadas, verdaderas crisis de identidad y gremiales*". RÜTHERS, Bernd. *Teoría general del derecho: concepto, validez y aplicación del derecho*. Bogotá: Themis, 2018, p. 16.

286 BARCELLOS, Ana Paula; BARROSO, Luís Roberto. *O começo da história: a nova interpretação constitucional e o papel dos princípios no direito brasileiro*. In: Virgílio Afonso da Silva [org]. *Interpretação constitucional*. São Paulo: Melhoramentos, 2007, p. 278.

287 *Sistema e estrutura no direito: vol 2: o século XX*. São Paulo: Martins Fontes, 2010, p.187.

lítico. A todo texto jurídico subjaz o valor que motivou sua edição. Quando se deseja implementar um novo regime, nada mais coerente que substituir o direito que espelha o espírito do regime antecedente e substituí-lo por um direito novo, conservador dos novos valores que inspiram a ordem que se deseja implementar.

Porém, para dar efetividade ao seu plano de governo, o nazismo não precisou destruir completamente a legislação então vigente. Mais eficiente era *desfigurá-la*. O momento dessa deformação era o da aplicação da lei: para que a elaboração de um novo ordenamento legislativo, quando era possível torcer a interpretação das leis vigentes para que se desvinculassem dos valores originários e atendessem aos anseios do *Führer*?[288]

Naturalmente, não se nega que o direito fosse um incômodo ao nacional-socialismo, porque impunha uma série de limitações à tomada e ao exercício do poder. Contudo, a solução não era abolir o direito ou a teoria jurídica, mas instrumentalizá-los para seus fins; não era necessária a revogação de toda a legislação pré-existente ao nazismo, mas o seu aparelhamento para a consecução dos ideais do novo regime.

Os dois grandes princípios que suportavam o nazismo eram o racismo e o autoritarismo. A partir da lei, o partido institucionalizou o tratamento discriminatório às raças consideradas inferiores. As teorias racistas disseminadas pelo partido e produzidas também no campo do direito guiaram a interpretação da lei existente – *inclusive contra aquilo que o texto expressamente dizia* – e orientaram a produção de leis de cunho racista, que chegaram à normatização do genocídio da população judaica:

> Inicialmente, essas discriminações foram reguladas por medidas jurídicas. Leis específicas vetavam os matrimônios mistos ou as relações sexuais entre alemães e judeus (*Blutschande*), proibiam os judeus de empregar pessoal de serviço não-judeu ou de usar os símbolos nacionais. Foi introduzida a obrigação de portar a estrela amarela e a imposição dos nomes de Israel ou Sara a todos os judeus; depois, veio a expropriação de seus bens e se prosseguiu com os *program* de 1938; enfim, tocou-se o fundo do poço com o Holocausto.[289]

---

[288] *Idem*, p. 188.

[289] LOSANO, Mario. *Sistema e estrutura no direito: vol 2: o século XX*. São Paulo: Martins Fontes, 2010, p. 199.

A própria capacidade jurídica foi negada àqueles que não eram considerados "compatriotas", a exemplo dos judeus.[290] A igualdade era um princípio liberal, próprio da democracia liberal, que o Estado nazista (um Estado autoritário) desejava suplantar.

O autoritarismo – segundo pilar do partido nazista –, conforme leciona Mario Losano, é um instrumental necessário ao conservadorismo. A doutrina conservadora parte da aceitação da desigualdade entre os homens e tende a limitar a participação no exercício do poder, preservando o modo de ser das instituições. A limitação da participação de veia conservadora exige um autoritarismo que lhe seja proporcional. Para garantir alguma estabilidade, é necessário que o Estado consiga um mínimo de aprovação popular, garantido por meio do controle dos meios de comunicação. Não se admite também qualquer intermediário entre o Estado e o súdito, razão pela qual o organismo estatal controla as instituições e a economia. O Estado, extremamente conservador, tende ao autoritarismo e, para se manter, impregna todos os setores: é, por excelência, totalitário.[291]

O regime nazista controlava, portanto, um Estado conservador, autoritário e totalitarista. Levou ao extremo a ideia de desigualdade entre os homens, instituindo uma estrutura cujo ápice era o *Führer*. *Não se obedecia ao direito, mas à vontade do* Führer. Ainda que, teoricamente, a comunidade popular fundamentasse o ordenamento nacional-socialista, a voz dessa comunidade era o *Führer*.[292]

---

290 KAUFMANN, Arthur. *A problemática da filosofia do direito ao longo da história*. In: KAUFMANN, Arthur; HASSEMER, Winfried (org.). *Introdução à filosofia do direito e à teoria do direito*. Lisboa: Fundação Calouste Gulbenkian, 2002, p. 124.

291 LOSANO, Mario. *Sistema e estrutura no direito: vol 2: o século XX*. São Paulo: Martins Fontes, 2010, p. 200. No mesmo sentido: "Queria-se construir e ajudou-se a construí o 'Estado autoritário', o 'Estado total', ou seja, o 'Führererstaat'. Neste Estado, não havia separação de poderes, a qual também era, evidentemente, denunciada como uma construção tipicamente liberal, aniquiladora de toda verdadeira *estrutura de chefia*. O 'Führer' não só detinha o poder governativo máximo, mas também era o legislador e o juiz supremo; a filosofia do direito nacional-socialista declarava-o até guardião da Constituição (*Hüter der Verfassung*)". KAUFMANN, Arthur. A problemática da filosofia do direito ao longo da história. In: KAUFMANN, Arthur; HASSEMER, Winfried (org.). *Introdução à filosofia do direito e à teoria do direito*. Lisboa: Fundação Calouste Gulbenkian, 2002, p. 124.

292 LOSANO, Mario. *Sistema e estrutura no direito: vol 2: o século XX*. São Paulo: Martins Fontes, 2010, p. 204.

O autoritarismo produziu uma legislação de exceção após a tomada do poder. Aos juízes cumpria operar as leis pré-existentes, adequando-as, ainda que contra o seu texto, para atender à vontade do *Führer*. A magistratura devia fiel obediência às leis editadas durante o governo nazista, a menos que por motivo político fosse necessário afastá-las. Não havia, portanto, qualquer certeza jurídica.[293] O direito estava completamente subordinado à política, aos valores do nazismo.

Os valores segundo os quais as leis deveriam ser interpretadas (a vontade do *Führer,* o são sentimento popular, etc.) eram incertos. A incerteza do direito estava a serviço do regime, porque permitia que a interpretação fosse torcida conforme as necessidades do poder:

> A menção a esses princípios propositalmente vagos permitia aos juízes transformar qualquer norma pela interpretação. Com razão, portanto, para seu livro sobre a transformação do direito privado durante o período do nacional-socialismo, Rüthers escolhera o título *A interpretação sem limites:* sem limites, desde que se caminhasse na direção prescrita pelo poder.[294]

Após a derrocada do regime nazista, nasceu a hipótese de que o positivismo jurídico condicionara a comunidade jurídica a praticar o direito posto de forma irreflexiva. A lei era a lei e deveria ser obedecida, ainda que ordenasse o extermínio de um povo. Não se questionava o conteúdo do direito.

A tese estaria correta, não fosse o fato de que *os juízes alemães nunca aderiram ao positivismo*.[295] A magistratura alemã jamais foi receptiva à república socialdemocrata weimariana (que precedeu o totalitarismo nazista), seu direito ou sua filosofia juspositivista.[296] Por outro lado, o

---

293 *Idem*, p. 205.

294 LOSANO, Mario. *Sistema e estrutura no direito: vol 2: o século XX*. São Paulo: Martins Fontes, 2010, p. 210.

295 Sobre o tema, *Cf.* STOLLEIS, Michael. *O direito público na Alemanha: Uma introdução a sua História do Século XVI ao XXI*. São Paulo: Saraiva, 2018, p. 141.

296 "Os juízes do Estado oitocentista eram recrutados com critérios homogêneos aos do Estado: eram pessoas autoritárias e conservadoras. Não lhes foi possível identificar-se com a frágil República de Weimar, abalada por uma violenta luta entre partidos à qual os juízes não estavam habituados e fundada em idéias socialistas que eles consideravam subversivas. O Estado nacional-socialista oferecia-lhes, ao contrário, a imagem de um Estado novamente compacto e acima das partes: não tiveram, portanto, dificuldades para identificar-se com ele. Em suma, quanto mais um Estado era autoritário, mais os juízes estavam dispostos a ater-se rigorosamente ao seu direito. Ao contrário, quanto mais um Estado se tornava democrático e pluralis-

que existiu durante o nazismo não era propriamente um positivismo. O regime nazista mais se assemelhava a uma forma velada de jusnaturalismo: o direito posto era condicionado e subordinado por uma ordem superior de valores, os princípios nazistas.

Ou seja, os juízes alemães não aderiram ao positivismo anterior ao regime nazista e nem praticaram positivismo quando vigente o nazismo. Com Arthur Kaufmann, é possível afirmar que o nacional-socialismo afetou sensivelmente a metodologia jurídica, porquanto conduzia a interpretação ao encontro dos anseios do partido e desobrigava o magistrado a obedecer ao direito pré-revolucionário.[297] "Portanto, o modo de pensar nem sequer era necessariamente positivista; a prossecução dos objectivos do nacional-socialismo justificava a transcendentalização da lei e até a decisão *contra legem*".[298] No mesmo sentido, posiciona-se Norberto Bobbio:

> A ideologia jurídica do nazismo era, por outro lado, nitidamente contrária ao princípio juspositivista, segundo o qual o juiz deve decidir exclusivamente com base na lei, sustentando, ao contrário, que o juiz devia decidir com base no interesse político do Estado (em particular, em oposição ao princípio *nullum crimen, nullum poena sine lege*, a ideologia nazista sustentava que deveriam ser considerados como delitos todos os atos contrários ao 'são sentimento popular' – *gesundes Volksempfinden* – mesmo se não previstos como crimes pela lei). Acrescente-se que, especialmente na Itália, o *princípio de legalidade* – segundo o qual o direito deve fundar-se na lei, isto é, em normas gerais abstratas e não em comandos individuais, princípio que já o pensamento grego considerava como próprio da democracia, definida exatamente como governo de leis em contraposição ao governo de homens – é reivindicado pelos juspositivistas (por exemplo, por Calamandrei) não para sustentar o fascismo, mas para opor um obstáculo às suas arbitrariedades.[299]

Ao fim e ao cabo, o nazismo se estruturou mediante *a corrosão do direito positivo vigente*, pelo que se torna bastante difícil sustentar a tese de que o positivismo jurídico suportou diretamente o regime da época.

---

ta, mais entrava em crise o positivismo jurídico dos juízes." LOSANO, Mario. *Sistema e estrutura no direito: vol 2: o século XX*. São Paulo: Martins Fontes, 2010, p. 238.

297 KAUFMANN, Arthur. *A problemática da filosofia do direito ao longo da história*. In: KAUFMANN, Arthur; HASSEMER, Winfried (org.). *Introdução à filosofia do direito e à teoria do direito*. Lisboa: Fundação Calouste Gulbenkian, 2002, p. 124.

298 *Idem*, p. 124.

299 *Positivismo Jurídico: Lições de filosofia do direito*. São Paulo: Ícone, 2006, p. 236.

Conforme reporta Ricardo Campos, "A barbárie não veio em nome da lei, pelo contrário, ela se estabilizou e se concretizou fora da lei".[300] Prova disso é o fato de que, entre janeiro e maio de 1933, os direitos fundamentais mais importantes perderam a validade e a estrutura partidária e sindical fora completamente obliterada:

> Segundo o historiador do direito [Stolleis], o que aconteceu de forma acelerada nessas poucas semanas foi a supressão do fundamento positivista ou positivo do direito estatal alemão pela segunda vez no século XX, e não o contrário, como diz a fórmula Barroso.[301]

A esse respeito, Michael Stolleis, ao se debruçar sobre o ocorrido durante o regime nazista, realizou o seguinte reporte histórico:

> A transferência de poder feita pelo presidente do *Reich*, Paul von Hindeburg, ao agitador radical Adolf Hitler foi realizada nas formas a que se estava habituado durante os mandatos dos chanceleres Heinrich Brüning, Franz von Papen e Kurtz von Schleicher. Mas o que ela pôs em marcha foi uma convulsão do Estado em uma atmosfera em que se misturavam júbilo e mutismo amedrontado. Ao desmantelamento dos partidos seguiram-se a abolição do parlamentarismo, do federalismo, do dualismo entre presidência e chancelaria, a dissolução de todas as associações sociais importantes em prol de organizações controladas por partidos, ou seja, de modo geral, a metamorfose da democracia parlamentar em um *Fürerstaat* [Estado do líder] destituído de constituição. Tudo isso aconteceu em aproximadamente 24 meses, sem que se tenha formado uma verdadeira resistência[302].

A Constituição de Weimar fora completamente esvaziada.[303] Para além de comprometer a legislação pretérita, o nacional-socialismo prejudicou a ciência[304], altamente contaminada pela política. A teoria

---

300 CAMPOS, Ricardo. *Prefácio à edição brasileira*. In: Michael Stolleis. *O direito público na Alemanha: Uma introdução a sua História do Século XVI ao XXI*. São Paulo: Saraiva, 2018, p. 17.

301 Ricardo Campos. *Prefácio à edição brasileira*. In: Michael Stolleis. *O direito público na Alemanha: Uma introdução a sua História do Século XVI ao XXI*. São Paulo: Saraiva, 2018, p. 18.

302 STOLLEIS, Michael. *O direito público na Alemanha: Uma introdução a sua História do Século XVI ao XXI*. São Paulo: Saraiva, 2018, p. 141.

303 STOLLEIS, Michael. *O direito público na Alemanha: Uma introdução a sua História do Século XVI ao XXI*. São Paulo: Saraiva, 2018, p. 146.

304 "Durante o regime nacional-socialista, o direito público não teve somente arruinado seu próprio objeto: um ordenamento constitucional confiável e cientificamente interpretável. Também a ciência foi gravemente afetada". STOLLEIS, Michael.

fora posta a serviço dos fins políticos do partido, a ponto de colocar em risco a ideia de Estado de Direito[305] Não foram poucos os juristas que, a exemplo de Carl Schmitt, envidaram esforços para a formulação de teorias que pudessem legitimar as arbitrariedades e violações perpetradas pelo *Führer*.[306-307] Acadêmicos e juristas judeus foram perseguidos – o próprio Hans Kelsen, bastião do positivismo normativista, teve que se exilar para escapar do regime.

De tudo o que dissemos, queda à toda evidência a fragilidade de se afirmar que o positivismo suportou o nazismo.[308] Contudo, nada obstante seja verdade que faticamente não se pode imputar ao positivismo a responsabilidade pela ascensão do nazismo na comunidade jurídica alemã, não é menos certo que, com base na doutrina positivista,

---

O direito público na Alemanha: Uma introdução a sua História do Século XVI ao XXI. São Paulo: Saraiva, 2018, p. 142.

305 "Caracterizado pela incerteza da situação, encontrava-se também o debate conduzido inicialmente sobre se o novo Estado ainda era um 'Estado de Direito' (nos moldes daquele do século XIX). Os ativistas do NSDAP [Nationalsozialistische Deutsche Arbeiterpartei – Partido Nacional-Socialista dos Trabalhadores Alemães] queriam ver-se livres do conceito, porque temiam seu potencial de gerar críticas diante do terror que se iniciava e dos primeiros campos de concentração. Carl Schmitt declarou que o 'Estado de Direito' significava a destruição da substância política e que, no século XIX, ele havia sido o precursor da democracia liberal, do judaísmo e do Marxismo. Segundo ele, as fórmulas 'Estado de Direito nacional' (*Koellreutter*) ou 'Estado de Direito nacional-socialista' tampouco eram a solução correta, razão pela qual ele sugeria 'O Estado de Direito alemão de Adolf Hitler'. Portanto, esse debate terminou em uma peça de teatro grotesco e logo foi abandonado". STOLLEIS, Michael. *O direito público na Alemanha: Uma introdução a sua História do Século XVI ao XXI*. São Paulo: Saraiva, 2018, p. 149.

306 RÜTHERS, Bernd. *Teoría general del derecho: concepto, validez y aplicación del derecho*. Bogotá: Themis, 2018, p. 16.

307 Depois da ascensão de Hitler, ocorreu um congresso intitulado "Acampamento dos jovens juristas de Kitzenberger", que tinha por objetivo criticar a teoria dos direitos subjetivos. O ataque aos direitos subjetivos é uma prática comum em regimes totalitários. Muitos jurídicos contribuíram para tanto: Würdinger, Siebert e Larenz se posicionaram a favor da limitação dos direitos subjetivos para o benefício do princípio da comunidade. O indivíduo acabava sufocado pela comunidade. RÜTHERS, Bernd. *Teoría general del derecho: concepto, validez y aplicación del derecho*. Bogotá: Themis, 2018, p. 39.

308 *Cf.* RÜTHERS, Bernd. *Teoría general del derecho: concepto, validez y aplicación del derecho*. Bogotá: Themis, 2018, p. 16.

marcada pelo formalismo, é sobremaneira difícil formular uma crítica contundente ao nazismo.

Com efeito, sob o viés positivista, qualquer regramento pode se incorporar validamente ao ordenamento; o conteúdo é desimportante. A Teoria Pura do Direito, fruto, consoante se viu, não do positivismo primitivo, mas do positivismo normativista, é por essência formalista.

Kelsen acreditava que o poder político que gera o direito numa determinada sociedade é inconteste. A Teoria Pura do Direito é notadamente conservadora, porque não se preocupa com a modificação dos valores do ordenamento em que é aplicada: preserva-o como é, bom ou mau. Daí se dizer que "o problema político da teoria pura do direito consiste exatamente nesse seu polivalente conservadorismo: ela termina por poder ser aplicada a qualquer ordenamento jurídico existente e, portanto, termina implicitamente por aceitá-lo e justificá-lo".[309] A Teoria Pura do Direito apenas constata o ordenamento como é, não o questiona.

Com tudo isso, o que se deseja dizer que é o positivismo jurídico não foi a doutrina aplicada pelo nazismo, mas facilmente poderia ter sido. O juspositivismo, na sua faceta exegética ou normativista, não estava apto a oferecer resistência ao regime nazista. Vão nesse sentido as colocações de Arthur Kaufmann, para quem "... o positivismo é impotente face a leis injustas ou imorais".[310]

Por isso a grande crise: a doutrina dominante na comunidade jurídica não se colocava como satisfatória para a revisitação daquela que foi uma das maiores atrocidades cometidas pela humanidade.

2.2.1. NEOCONSTITUCIONALISMO E PÓS-POSITIVISMO *NÃO SÃO* SINÔNIMOS

A doutrina emprega o termo neoconstitucionalismo para designar fenômenos das mais variadas naturezas. Não raro, costuma-se tomá-lo como sinônimo de pós-positivismo. O escopo deste item é, justamente, diferenciar neoconstitucionalismo e pós-positivismo, a fim de evitar sincretismos equivocados.

---

[309] LOSANO, Mario. *Sistema e estrutura no direito: vol 2: o século XX*. São Paulo: Martins Fontes, 2010, p. 123.

[310] *A problemática da filosofia do direito ao longo da história*. In: KAUFMANN, Arthur; HASSEMER, Winfried (org.). *Introdução à filosofia do direito e à teoria do direito*. Lisboa: Fundação Calouste Gulbenkian, 2002, p. 122.

Com o intuito de cumprir nosso objetivo, partiremos da abordagem de Miguel Carbonell, para quem neoconstitucionalismo é uma "(...) *explicación de conjunto que intenta dar cuenta de una serie compleja de fenómenos (...)*"[311] e que se desenvolve em três níveis de análise. A seguir, examinaremos, pormenorizadamente, cada um desses níveis.

2.2.1.1. O SURGIMENTO DAS NOVAS CONSTITUIÇÕES

O primeiro nível de análise diz respeito aos textos constitucionais pós-bélicos, os quais o neoconstitucionalismo pretende explicar.

Após a Segunda Guerra Mundial, surgiram novas Constituições, caracterizadas por comungar duas tradições diferentes. A primeira, de origem estadunidense, considera a Constituição como o documento que firma a regra do jogo social e político, como um "pacto de mínimos" que assegura a autonomia dos jurisdicionados, para que possam, num ambiente democrático e relativamente igualitário, escolher e desenvolver livremente seu plano de vida e adotar as decisões coletivas pertinentes conforme o período histórico.[312]

Pelo que se observa, na primeira tradição, à Carta Constitucional não cumpre estabelecer um regramento material sobre a vida dos sujeitos, mas estabelecer as regras básicas para que os indivíduos, por si, disciplinem livremente as próprias vidas. Na qualidade de regra basilar e fundamental do jogo, logicamente a Constituição ocupa a posição de norma de maior hierarquia no ordenamento, que deve ser garantia pelo Judiciário – o órgão mais "neutro", porquanto afastado do debate político.[313]

O poder constituinte, que deu origem ao documento conteúdo das regras estruturais do jogo, atua, então, na condição de limitador do poder político, principalmente daquele exercido pelo Parlamento, ao qual se impõem uma forma de proceder obrigatória e fronteiras intransponíveis. Se qualquer dos poderes desobedecer às regras de or-

---

311 *El neoconstitucionalismo: significado y niveles de análisis.* In: CARBONELL, Miguel; JARAMILLO, Leonardo García (orgs.). *El canon neoconstitucional.* Madrid: Trotta, 2010, p. 153.

312 SANCHÍS, Luis Pietro. *Neoconstitucionalismo y ponderación judicial*, p. 124-125.

313 SANCHÍS, Luis Pietro. *Neoconstitucionalismo y ponderación judicial*, p. 125.

ganização política contida na Constituição, o Judiciário será instado a nadificar o ato infrator, mediante o controle de constitucionalidade.[314]

A segunda tradição de que comungam as Constituições pós-bélicas nasceu na Revolução Francesa e considera que o texto constitucional deve ser um projeto político articulado, um programa diretivo para a transformação social e política. Dessarte, à Constituição cabe participar do jogo para o qual estabelece o regramento basilar. Dito de outro modo, não se limitará a Carta Constitucional a estabelecer as regras do jogo: também condicionará as decisões coletivas futuras, acerca do modelo econômico e social adotado.[315]

Aqui, porém, o poder constituinte não se esgota na elaboração da Carta Constitucional, manifestando-se *ad aeternum* por meio do povo, isto é, os legisladores. O Legislativo, então, na qualidade de poder que aglutina a vontade do povo (do qual emana o poder constituinte) terá possibilidades praticamente ilimitadas. Se, na tradição estadunidense, a Constituição limita a legislação, o mesmo não pode se dizer do paradigma que agora analisamos. A bem da verdade, dada a ausência de maiores restrições, o constitucionalismo cede espaço a um legítimo regime legalista, no qual vige menos a supremacia da Constituição, e mais a supremacia da lei.[316]

Como síntese das duas tradições retro expostas, as Constituições pós-bélicas assumem características mistas: são, a um só tempo, (i) textos que contêm um ambicioso programa normativo, de que se extraem, diretamente, direitos e obrigações imediatamente exigíveis e que não se limitam, em absoluto, a dispor as regras do jogo[317]; e (ii) normas dotadas de eficácia forte, garantidas pelo Poder Judiciário, inclusive contra o Legislativo, se o caso for. A esse respeito, vale trazer à colação o resumo elaborado por Luis Pietro Sanchís:

> En pocas palabras, el resultado puede resumirse así: una Constitución transformadora que pretende condicionar de modo importante las decisio-

---

314 SANCHÍS, Luis Pietro. *Neoconstitucionalismo y ponderación judicial*, p. 125.

315 SANCHÍS, Luis Pietro. *Neoconstitucionalismo y ponderación judicial*, p. 125.

316 SANCHÍS, Luis Pietro. *Neoconstitucionalismo y ponderación judicial*, p. 125.

317 Sobre o tema, *cf.* POZZOLO, Susanna. *Neoconstitucionalismo como último desafio ao positivismo jurídico*: A reconstrução neoconstitucionalista da teoria do direito: suas incompatibilidades com o positivismo jurídico e a descrição de um novo modelo, p. 79-80.

nes de la mayoría, pero cuyo protagonismo fundamental no corresponde al legislador, sino a los jueces.[318]

A mesma conclusão encontra escoro nos escritos de Miguel Carbonell, para quem as novas Constituições não se contentam com o estabelecimento de competências e com a separação dos poderes públicos (regras do jogo). Elas são dotadas de normas materiais ou substantivas que vinculam a atuação estatal a certos fins ou valores, ao tempo que preveem rol amplo de direitos fundamentais que reestruturam a relação entre o Estado e o indivíduo.[319]

2.2.1.2. AS ALTERAÇÕES OCASIONADAS NO AGIR DOS TRIBUNAIS

O segundo nível concerne às práticas jurisprudenciais. O advento dos novos textos constitucionais provocou significativas mudanças no modo de funcionamento dos tribunais e cortes constitucionais. Os juízes precisaram empregar parâmetros interpretativos novos, que incrementaram a complexidade da atividade jurisdicional, especialmente porque os novos textos deram ênfase aos princípios, cuja aplicação, conforme se pensava, exigia técnicas diferenciadas, a exemplo da proporcionalidade.[320] Os magistrados tiveram, inclusive, de lidar com a dificuldade de operacionalizar os "valores" constitucionalizados, os quais exigem uma tarefa hermenêutica apta a possibilitar a sua aplicação ao caso de forma justificada e razoável.[321]

Não bastasse isso, entram em foco, também, a maximização e a projeção horizontal dos efeitos normativos dos direitos fundamentais contemplados pelas novas constituições.[322]

A reconfiguração das Constituições exigiu que o Judiciário, igualmente, passasse por um processo de reinvenção, a fim de absorver a complexidade normativa trazida por esses novos textos.

---

318 SANCHÍS, Luis Pietro. *Neoconstitucionalismo y ponderación judicial*, p. 127.

319 CARBONELL, Miguel. *El neoconstitucionalismo: significado y niveles de análisis*. In: CARBONELL, Miguel; JARAMILLO, Leonardo García (orgs.). *El canon neoconstitucional*. Madrid: Trotta, 2010, p. 153.

320 *Idem*, p. 154-155.

321 *Idem*, p. 154-155.

322 *Idem*, p. 154-155.

2.2.1.3. AS NOVAS TEORIAS DOUTRINÁRIAS

Por fim, o terceiro nível diz respeito às novas teorias doutrinárias, também impulsionadas pelas novas Constituições e pela jurisprudência que se formou para aplicá-la.[323] A nível da ciência jurídica, teve de se criar um estofo teórico que estudasse o modo de interpretar (aplicar) as Constituições pós-bélicas.

É de se notar que, em certa medida, o segundo e o terceiro níveis possuem uma relação de interdependência cíclica, sempre presente entre doutrina e jurisprudência. A jurisprudência se vale (ou deveria se valer) dos estudos doutrinários para exercitar as suas funções; a doutrina também tem por objeto a análise da jurisprudência.

2.2.1.4. NEOCONSTITUCIONALISMO: UM MUSEU DE GRANDES NOVIDADES

Resumidamente, o neoconstitucionalismo é compreendido como um fenômeno que está relacionado aos novos textos constitucionais surgidos após a Segunda Guerra Mundial e às consequências jurisprudenciais e doutrinárias a que deram azo.

O que interessa para esta obra é ter em vista que aquilo que se encontra sob a rubrica neoconstitucionalismo não se confunde com o que designamos de pós-positivismo. O pós-positivismo a que nos referimos é um paradigma teórico revolucionário, que efetivamente rompe laços com o positivismo para, de um lado, explicitar a conexão indissociável entre o fenômeno jurídico (o mundo do dever-ser) e a realidade (o mundo do ser)[324-325], e, de outro, combater a discricionariedade,

---

323 *Idem*, p. 157.

324 "O pós-positivismo consiste em paradigma que analisa o fenômeno jurídico sem dissociá-lo da realidade. Desse modo, para uma teoria jurídica desenvolver-se sob as bases de um paradigma pós-positivista, faz-se necessário elaborar-se juntamente uma concepção pós-positivista de norma que a distinga de texto normativo, o que, por sua vez, implica a necessidade de uma estruturação pós-positivista de sentença, não mais vista como um processo de subsunção". ABBOUD, Georges. *Processo constitucional brasileiro*. São Paulo: Revista dos Tribunais, 2016, p. 57-59.

325 "Não obstante, dos diversos pontos destacados sobre o pós-positivismo, com a CHD subscrevo os seguintes, com algumas ressalvas: o reconhecimento do Direito enquanto uma prática; a ênfase no acontecer do Direito, por isso o destaque em sua indeterminação; uma reaproximação do Direito com o seu entorno, como a moral e a política, isto é, ainda que em níveis diferentes, o fenômeno jurídico deixa de ser entendido em sua autonomia absoluta; a tentativa de uma teoria para além das dico-

questões que não são, em absoluto, valores inerentes ao neoconstitucionalismo. Muito pelo contrário: existem célebres autores, pertencentes ao neoconstitucionalismo, cuja teoria está apoiada na separação radical entre realidade e direito e que apostam em instrumentais interpretativos (*e.g.* a ponderação) que dão ao juízo verdadeiro álibi para o agir discricionário.

A bem da verdade – e, nesse ponto, devemos concordar com a análise de Otavio Luiz Jr. – sob muitos aspectos, o neoconstitucionalismo não é outra coisa, senão um velho vinho servido em taça nova.

Otavio Luiz Jr. dedica parte de sua obra, "Direito Contemporâneo: estatuto epistemológico, constituição e direitos fundamentais", à análise do fenômeno neoconstitucionalista, com o escopo de desmistificar alguns enganos propagados por teorias que se colocam sob o espectro do neocontitucionalismo.

O autor explica que o neoconstitucionalismo é uma dentre as diversas teorias contemporâneas surgidas após a crise do formalismo que se deu no século XX, mormente quando do término da Segunda Guerra Mundial e da eclosão da Revolução da Contracultura em 1960.[326] Conforme o entendimento de Luiz Jr., não existe escola neoconstitucionalista propriamente dita, mas um grupo de autores que, apoiados em diferentes fundamentos, compartilham a noção de que, posteriormente à Segunda Guerra, exsurgiu um "novo constitucionalismo", marcado (i) pelo emprego de princípios – em especial, o da dignidade humana; (ii) pela força normativa da Constituição; (iii) pela eficácia dos direitos fundamentais; e (iv) pela criação de tribunais constitucionais fortificados, que reconfiguraram a dinâmica havida

---

tomias descrição/prescrição, fato/valor, ser/dever-se; uma busca por uma aplicação não discricionária que reforce o papel da fundamentação/justificação; maior fluidez na construção do Direito, isto é, o legislador não encerrar o Direito, tampouco o judiciário o criar *ex nihilo*; um reconhecimento da normatividade dos princípios jurídicos, entendidos com padrões vinculantes e substanciais que exigem do intérprete um exercício distinto na aplicação do Direito; uma igual ou maior consideração da legitimidade em relação a validade, ou seja, para além de critério neutros de validação, o Direito legislado ou aplicado deve manifestar-se democraticamente legítimo". STRECK, Lenio Luiz. *Hermenêutica jurídica e(m) crise: uma exploração hermenêutica da construção do Direito*. 11ª ed. rev., atual. e ampl. Porto Alegre: Livraria do advogado, 2014, p. 218.

326 LUIZ JR., Otavio. *Direito Civil Contemporâneo: estatuto epistemológico, constituição e direitos fundamentais*. Rio de Janeiro: Forense Universitária, 2019, p. 161.

entre Judiciário, Executivo e Legislativo, e, por conseguinte, provocaram uma transformação no modo de conceber o dogma da separação de poderes.[327]

Dentre os traços do neoconstitucionalismo, Luiz Jr. cita a "nova interpretação constitucional" e a "constitucionalização".

A primeira característica acusaria a existência de um novo paradigma da interpretação, que libertaria o juiz da escravidão a que a lei o submetia e o elevaria à condição de principal realizador do texto constitucional, responsável por concretizar os princípios, agora dotados de valor normativo.

A grande questão é que essa suposta "libertação do juiz" não representaria inovação alguma. Carlos Maximiliano, já em 1924, escrevera a respeito na inocuidade de intentar reduzir a jurisdição a uma função automática, ao arrepio da diversidade de casos submetidos ao exame do juiz.[328] O mesmo ocorre com o (supostamente) novel princípio da interpretação conforme à Constituição, também, na essência, referendado por Maximiliano em obra datada do início do século XX. "Talvez Carlos Maximiliano fosse um neoconstitucionalista sem o saber ou muitos dos principais fundamentos do 'novo constitucionalismo' estejam na obra desse jurista nascido em 1873 e falecido em 1960, sem que os créditos lhe hajam sido reconhecidos".[329]

No que se refere ao segundo traço (a constitucionalização), Luiz Jr. identifica que, associados ao termo, existem diversos postulados que, não raro, não guardam verdadeira relação com o fenômeno referenciado. Por isso, o autor se propõe a determinar o que seria, de fato, a constitucionalização, examinando os sentidos que a doutrina comumente lhe atribuí.

Ao fim, Otávio Luiz Jr. conclui que a constitucionalização *não é*: sobreinterpretar ou reinterpretar as normas ordinárias conforme a CF; elevar a dignidade humana à condição funcionalizante do Direito Civil; alocar a CF no centro do ordenamento jurídico; exercer atos

---

[327] LUIZ JR., Otavio. *Direito Civil Contemporâneo: estatuto epistemológico, constituição e direitos fundamentais.* Rio de Janeiro: Forense Universitária, 2019, p. 161.

[328] LUIZ JR., Otavio. *Direito Civil Contemporâneo: estatuto epistemológico, constituição e direitos fundamentais.* Rio de Janeiro: Forense Universitária, 2019, p. 165.

[329] LUIZ JR., Otavio. *Direito Civil Contemporâneo: estatuto epistemológico, constituição e direitos fundamentais.* Rio de Janeiro: Forense Universitária, 2019, p. 166.

típicos da jurisdição constitucional, a exemplo do controle de constitucionalidade ou a interpretação constitucional das normas; utilizar cláusulas gerais e figuras típicas da "perturbação das prestações" para a resolução de casos do Direito Privado, sem relação direta com a CF; socializar, publicizar ou conferir interpretação progressista do Direito Civil.

Os sentidos retro ou seriam anteriores ao próprio neoconstitucionalismo (do qual a constitucionalização decorre)[330] ou não estariam vinculados a esse fenômeno por uma relação de decorrência e/ou dependência.[331]

Por outro lado, podem ser identificados como manifestações da constitucionalização a positivação de normas ordinárias no texto constitucional (elevação de normas ordinárias à dignidade de norma constitucional); a reforma legislativa motivada pela não recepção de normas incompatíveis com um novo texto constitucional; o reconhecimento da natureza jurídico-normativa dos preceitos constitucionais, em oposição à natureza meramente política; a transformação das instituições e dos direitos ou a irradiação do Direito Constitucional; a reconstitucionalização havida após um período revolucionário ou outro evento político que ocasione a ruptura da ordem jurídica; e, por fim, a constitucionalização em sentido jurídico-sociológico ou a intitulada "constitucionalização simbólica", conforme desenvolvida na teoria de Marcelo Neves[332].

O que se percebe é que, ao fim, as mais famosas "inovações" creditadas ao neoconstitucionalismo consubstanciam, na verdade, teorias anteriores ou desvinculadas do fenômeno em questão, o que nos auxilia a compreender que o seu caráter "revolucionário" frente aos paradigmas tradicionais (*e.g.* o positivismo) é mais mito que realidade.

A bem da verdade, o neoconstitucionalismo, majoritariamente, resgata e renova teorias antigas, o que, em si, não é um mal. O problema é propagandeá-lo como se um novo paradigma do direito fosse, quando, na realidade, não rompe com o positivismo e/ou os valores que

---

330 Como é o caso da interpretação das normas à luz da CF, da centralidade que a CF ocupa no ordenamento.

331 Como é o caso da influência da dignidade da pessoa humana sobre o direito civil ou o surgimento das cláusulas gerais.

332 LUIZ JR., Otavio. *Direito Civil Contemporâneo: estatuto epistemológico, constituição e direitos fundamentais*. Rio de Janeiro: Forense Universitária, 2019, p. 205-230.

o suportam. Ao fim, ou bem as teorias neoconstitucionalistas redundam na separação radical entre direito e realidade, ou bem permitem a discricionariedade judicial, vícios dos quais também padece o positivismo jurídico.

Com Streck, destacamos a necessidade de uma verdadeira teoria pós-positivista superar os problemas do positivismo em todas as suas vertentes, desde o positivismo exegético até as novas formas de positivismo (positivismo inclusivista e exclusivista), enfrentando, sobretudo, a questão da discricionariedade[333], cujo combate exige a suplantação do esquema sujeito-objeto ao qual o neoconstitucionalismo ainda está vinculado.

Daí a necessidade de, *a priori*, compreender a diferenciação entre texto normativo e norma, que é decisiva para a reabilitação da influência da realidade (o mundo do ser) na produção do fenômeno jurídico. Qualquer teoria que pretenda ser, verdadeiramente, pós-positivista, precisa distinguir texto normativo e norma jurídica, do contrário, continuará credora dos mesmos enganos que enredam o positivismo que tanto se deseja superar.

2.3. MARCO TEÓRICO-JURÍDICO: A DIFERENCIAÇÃO ENTRE TEXTO E NORMA

A superação do paradigma positivista exige a revisão de um conceito basilar da teoria do direito, qual seja, a norma jurídica. É malsucedida a teoria que busca uma reviravolta paradigmática, mas não revisita o conceito de norma.

Friedrich Müller, a quem se atribui o uso inaugural do termo pós-positivismo, afirma que a distinção substancial que se opera entre as teorias jurídicas depende do modo como enfrentam o conceito de norma. Quaisquer outros elementos são acidentais. A doutrina que se limita ao acidente não escapa à essência do paradigma que pretende contestar, ou seja, nada revoluciona.[334] Torna-se uma vertente, uma variante ou ramificação do paradigma posto.

---

333 Lenio Luiz. *Hermenêutica jurídica e(m) crise: uma exploração hermenêutica da construção do Direito*. 11ª ed. rev., atual. e ampl. Porto Alegre: Livraria do advogado, 2014, p. 218.

334 "Em contrapartida, o centro de todo o trabalho jurídico efetivo, cotidiano é algo que pode ser formulado concretamente: a norma jurídica. Os enfoques fundamentais da ciência jurídica distinguem-se quanto ao posicionamento das suas con-

Conforme estudado no capítulo antecedente, o positivismo estabelece uma separação radical entre realidade e direito. Ser e dever-ser conformam universos paralelos brutalmente separados. Apenas se tocam quando a lei (premissa maior) é subsumida ao caso (premissa menor) no processo silogístico que resulta na decisão (conclusão). A lei é o dever-ser, que somente resvala a realidade num processo autômato de aplicação. A esse respeito, veja-se:

> O ideal de método de uma ciência natural, que ainda não tinha perdido a certeza de si mesma, foi transferido acriticamente ao direito; o próprio direito foi compreendido equivocadamente como ser centrado em si, a norma jurídica como ordem, como juízo hipotético, como vontade materialmente vazia e como primeiro enunciado (Obersatz) do silogismo, formalizado em termos da lógica formal. O direito e a realidade, a norma e o segmento normatizado da realidade estão "em si" justapostos sem nenhuma relação, são contrapostos reciprocamente com rigorismo da separação neokantiana de "ser" e "dever ser", devem encontrar-se somente por via da subsunção do tipo legal (Sachverhalt) a um primeiro enunciado de caráter normativo. Subjaz a isso a *confusão das normas com os seus textos*, ainda predominante[335].

Conforme se vê, o positivismo jurídico propôs um sem fim de abstrações radicais de resultados práticos desastrosos. O positivismo normativo kelseniano, na obstante tenha avançado em relação ao exegetismo e servido à formulação de uma ciência jurídica autônoma, sob a perspectiva de uma teoria da decisão, não apresentou contribuições significativas. Por outro lado, a prática jurídica continua presa ao silogismo herdado da Escola da Exegese e, quando o afasta, cai num decisionismo pernicioso ao Estado Democrático de Direito.

Quando se pensa no método silogístico, necessariamente se assume que o texto normativo é autossuficiente. Seu sentido nasce *in abstrato*, pronto para se subsumir ao caso quando necessário à resolução de

---

cepções diante da norma jurídica (...). Os discursos antipositivistas do século caem na armadilha do paradigma positivista, nesse sentido não superado. Eles corrigem em cima de fenômenos de superfície, não transcendem o paradigma positivista a partir da concepção da norma. (...) Eles são para o positivismo mais ou menos que na astronomia- as suposições cada vez mais complicadas sobre os "epiciclos" foram para o sistema tardo-ptolemaico da explicação astronômica: um 'deslocamento degenerativo do problema'". MÜLLER, Friedrich. *O novo paradigma do direito*. 3ª ed. rev. atual. e ampl. São Paulo: Revista dos Tribunais, 2013, p. 10

335 *Idem*, p. 99

determinada lide. O contexto parece não exercer qualquer tipo de influência nesse processo de decisão.

A doutrina kelseniana, contemporânea ao giro-linguístico, abandona a primitiva ideia de que a lei pudesse conter um sentido unívoco. Contudo, a esse ponto os avanços se limitam. Kelsen admite o sentido plural dos enunciados para, logo em seguida, relegar ao juiz a livre escolha no momento da decisão, como se fosse um ato essencialmente político. Conforma-se uma moldura abstrata e um leque de opções que estão à disposição do intérprete autêntico, quem poderá escolher qualquer das alternativas para aplicar ao caso concreto. As possibilidades interpretativas surgem, também, antes do caso.

É essa a ideia severamente criticada por Friedrich Müller: sob o viés positivista, existe a possibilidade de extração da norma diretamente do texto das leis, ou seja, anteriormente ao caso concreto. Dito de outro modo, o juspositivismo confunde o texto normativo e a norma em si.

O texto contém em si um sentido pronto e acabado, que cabe ao intérprete revelar (positivismo exegético) ou eleger (positivismo normativista kelseniano). No primeiro caso, a interpretação reduz-se a um ato de aplicação automática da norma[336], no segundo, a um processo arbitrário levado a cabo pelo magistrado.

Para melhor compreensão, seguem os fragmentos:

> A premissa de um dos erros mais fundamentais do positivismo na ciência jurídica, a compreensão é tratamento da norma jurídica como algo que repousa em si e preexiste, é a separação da norma e dos fatos, o direito e a realidade. (...) Positivismo jurídico nesse sentido não é apenas a teoria do direito, que se restringe conscientemente ao direito positivo e bane do conceito de direito todas as ordens sociais restantes, ainda que tradicionalmente percebidas como "direito". Com esse termo só se compreende o direito objetivo vigente como sistema perfeito de normas jurídicas, caracteriza-se a decisão jurídica concreta como aplicação lógica de uma norma jurídica abstrata a um tipo concreto "a ser subsumido", iguala-se a relevância à construtibilidade em termos de lógica jurídica, e a ação comunitária dos homens à "aplicação" e "execução" de normas jurídicas abstrata ou a uma infração das mesmas

---

[336] "O positivismo que caracteriza o universo jurídico dos países desenvolvidos desde meados do séc. XIX confunde a norma jurídica com o texto da norma no código legal. Por essa razão ele pretende 'aplicar' a norma jurídica conclusivamente ao caso jurídico- de forma mais ou menos conforme à lógica formal, mais ou menos hermenêutica, mais ou menos sociológica ou crítica". *Idem*, p. 10

(...) Ainda em Kelsen, fica claro que o positivismo jurídico procura determinar menos a peculiaridade da jurisprudência a partir do direito, do que transfere sem maior exame a sua concepção de cientificidade para o universo do direito, que é compreendido erroneamente como um ser que repousa em si e deve ser relacionado, por assim dizer, só *ex post facto* com as relações da realidade social. A norma jurídica é compreendida erroneamente como ordem, como juízo hipotético, como vontade materialmente vazia.[337]

Por conseguinte, a compreensão falha da norma como juízo hipotético transformado em proposição de lógica formal, como ordem a ser igualada ao seu texto linguístico, como premissa maior a ser trata segundo as regras silogísticas, propõe, a partir da concretização do direito em formulação mais aguda, a questão de uma definição mais adequada da relação entre direito e realidade e com isso simultaneamente a questão de uma compreensão sustentável da norma, bem como da ciência jurídica como ciência de normas.[338]

Friedrich Müller propõe um novo conceito de norma jurídica, relacionado, mas não idêntico, ao texto normativo. Conforme a teoria estruturante *mülleriana*, a norma jurídica, na verdade, é fruto de um complexo processo de concretização, no qual o texto normativo (que compõe programa normativo) é mero ponto de partida. Só se chega à norma jurídica através da problematização entre texto e realidade (âmbito normativo).

Desta forma, Friedrich Müller admite que a realidade, representada no caso concreto, não é passiva perante o direito aplicável. Os fatos exercem papel decisivo para a produção da norma. O programa da norma (dados linguísticos) realiza um recorte, direcionando o intérprete para os elementos sociais relevantes à produção da solução; de outro lado, os elementos sociais determinam (ou auxiliam a determinar) o sentido que as expressões linguísticas assumirão. Ao fim, o texto isoladamente considerado é uma obra inacabada, que só se completa perante um contexto fático.

Rafael Diogo Lemos, ao comentar a teoria de Friedrich Müller, esclarece:

> A norma só existe em referência ao caso concreto, e nunca abstratamente, onde há tão somente textos normativos que, embora tenham importância primordial – sendo suas principais características a segurança jurídica,

---

[337] MÜLLER, Friedrich. *Teoria estruturante do direito*. 3ª ed., rev. e atual. São Paulo: Revista dos Tribunais, 2011, p. 19-21.

[338] MÜLLER, Friedrich. *O novo paradigma do direito*. 3ªed. rev. atual. e ampl. São Paulo: Revista dos Tribunais, 2013, p. 41.

publicidade e presumida legitimidade – servem tão somente como balizas que não permitem que a norma admita contornos muito distintos do previsto pelo texto normativo.[339]

Mais adiante, prossegue:

> ... há uma interatividade necessária entre o texto normativo, estático e frio, e a realidade social, dinâmica e arraigada de valores. Desta tensão, surge a normatividade, sento o texto normativo condicionante da realidade social e condicionado por esta.[340]

Georges Abboud, a seu turno, afirma que o texto, enquanto programa normativo, é mero dado de entrada (*input*), possuindo apenas virtualmente o direito. É um ponto de partida para a produção normativa.[341] O texto legal possui, evidentemente, uma normatividade inata, que o diferencia dos textos de outras natureza; contudo, a norma em si não está desde sempre contida num enunciado em abstrato: nasce apenas perante o caso concreto, o contexto fático.

Ao superar o conceito de norma trabalhado pela doutrina positivista, a teoria estruturante do direito representa uma verdadeira doutrina pós-positivista e resolve o problema atinente à dualidade ser/dever-ser, isto é, devolve ao direito a realidade que o movimento positivista havia expurgado.

Conforme Lenio Streck, existe entre texto normativo e norma uma diferença ontológica, no sentido *heideggeriano*. Uma coisa é o ente (a lei, o texto normativo), outra é o seu ser (a norma):

> Transportando essa questão para a hermenêutica jurídica nos parâmetros aqui propostos, fica fácil perceber que, quando quero dizer que a norma é sempre o resultado da interpretação de um texto, quero dizer que estou falando do sentido que esse texto vem a assumir no processo compreensivo. *A norma de que falo é o sentido do ser do ente (texto)*. O texto só ex-surge na sua "normação", valendo o mesmo raciocínio para a "dicotomia" vigência-validade.[342]

---

[339] *Apontamentos acerca da teoria estruturante do direito e a importância de sua utilização no direito brasileiro*. p. 200-201

[340] *Idem*, p. 200-201

[341] ABBOUD, Georges. *Discricionariedade administrativa e judicial: o ato administrativo e a decisão judicial*. São Paulo: Revista dos Tribunais, 2014, p. 65.

[342] STRECK, Lenio Luiz. *Hermenêutica jurídica e(m) crise: uma exploração hermenêutica da construção do Direito*. 11ª ed. rev., atual. e ampl. Porto Alegre: Livraria do advogado, 2014, p. 312.

Para fins de didática, é possível fazer referência a uma pequena estória, que sói ser contada nas salas de aula para exemplificar a diferenciação entre o texto/enunciado e a norma jurídica.

Imaginemos que um jovem viaja ao litoral e resolve caminhar pela cidade a fim de melhor conhecê-la. Veste seu calção de banho e seus tênis esportivos e parte em direção ao centro. Algumas horas depois, decide lanchar num restaurante próximo. Contudo, à entrada do local consta uma placa, gravada com os seguintes dizeres: "Proibida a entrada em trajes de banho". A conclusão é bastante óbvia: o turista, que vestia apenas um calção de banho, não poderia frequentar o comércio, *a menos que trocasse a vestimenta*.

Modifiquemos ligeiramente o exemplo e imaginemos que, em lugar de lanchar, o jovem tenha preferido conhecer uma praia mais afastada da zona urbana, onde encontrou a mesmíssima placa, com idêntico comando proibitivo ("Proibida a entrada em trajes de banho"). A conclusão, certamente, não é a mesma de antes. A placa, nesse caso, não determina que o turista troque de roupa, mas que se dispa completamente, pois, ao que tudo indica, estamos diante de uma praia de nudismo.

A placa é o texto normativo, o "local" em que está fincada é o âmbito normativo. Apenas após a interação entre o texto e o âmbito/contexto é que exsurge a norma, isto é, a conclusão acerca de como o turista deve (ou não deve) agir.

O exemplo supra auxilia a compreender que a *norma é sempre um texto interpretado à luz de um contexto fático específico, seja real ou fictício*. O contexto é condição *sine qua non* para que haja a norma. Não é possível pensar em norma anterior ao caso concreto. *Ante casum*, apenas o texto, nunca a norma.

Para além disso, é necessário observar que o caso concreto pode acrescer a um enunciado possibilidades interpretativas que o aplicador, possivelmente, não havia imaginado. O inverso também é verdadeiro: por vezes, um texto, *in abstracto*, possui diversas variantes interpretativas, que o caso concreto pode eliminar ou reduzir. Dito de outro modo, *o caso tem condão de aumentar ou reduzir a ambiguidade de um texto*.

Por fim, é preciso realizar uma advertência: também nos intitulados "processos objetivos" (ADIn, ADC, ADPF, etc.), nos quais não existem partes, lide processual, ou caso concreto no sentido a que estamos acostumados (em que A litiga contra B por um dado bem da vida), persiste a diferenciação entre texto e norma. Mesmo quando se examina a constitucionalidade de uma lei "em abstrato", existe um contexto sobre o qual a análise será feita. Pensar em sentido oposto é um engano. Processos objetivos, muito embora não tenham parte, ou conflito de interesses subjetivos, têm, à semelhança de qualquer outro processo, um contexto que *inevitavelmente* agirá sobre o intérprete.

2.4. DE COMO SE DÁ A INTERPRETAÇÃO NO PÓS-POSITIVISMO E POR QUE A HERMENÊUTICA NÃO É SUBJETIVISTA

Conforme visto ao longo do capítulo, a doutrina pós-positivista parte da diferenciação entre texto e norma. A norma é o texto interpretado à luz de um caso concreto. A interpretação, como revelação do sentido daquilo que o texto é, só se dá quando o próprio texto é aplicado ao caso. O caso concreto e seu contexto agem para a produção normativa, num processo de complexa interação com o texto.

A intepretação no pós-positivismo se dá nas bases da Hermenêutica Filosófica, inspirada na Filosofia Hermenêutica. Portanto, é sempre produtiva e nunca reprodutiva de sentido.

É necessário, porém, dizer que o sentido de interpretação como produção, de viés gadameriano, afasta-se sensivelmente da interpretação produtiva realizada pelo intérprete autêntico, defendida por Kelsen. Conforme se viu anteriormente, Kelsen encara a interpretação autêntica como um ato discricionário. Na hermenêutica filosófica, não há espaço para o decisionismo, o que, certamente, não implica na proibição de interpretar.

Na teoria hermenêutica, a interpretação se dá de maneira intersubjetiva. O sujeito que a leva a cabo não é um senhor dos sentidos, que deles dispõe de maneira arbitrária. É um aplicador que reconhece os preconceitos que possui quando examina a coisa, mas que os põe à prova diante da coisa mesma e da opinião dos demais integrantes da comunidade jurídica. Os próprios conceitos que o hermeneuta possui não são exclusivamente seus, mas sim uma herança compartilhada com os demais e dada pela tradição.

> A compreensão, portanto, nunca é um projeto isolado – realizado por um *solus ipse* – mas é sempre um projeto compartilhado. Nunca se compreende sozinho; sempre se compreende com o Outro, ainda que esse Outro não seja visível, fisicamente.[343]

Muito embora os pré-juízos sejam condição de possibilidade para compreensão do texto, precisam ser legítimos para darem azo a sentidos legítimos. O aplicador do texto jurídico tem de demonstrar a legitimidade dos prejuízos que fundam sua compreensão, numa explicitação que dá transparência e democratiza o processo decisório. Ou seja, *"a hermenêutica reivindica que a interpretação tenha sentido e que isso seja devidamente explicitado"*[344] por meio da linguagem. A decisão deverá demonstrar que, à luz da tradição, do contexto histórico, ante a cadeia de sentido de uma determinada comunidade, a interpretação realizada é dotada de legitimação. A sentença, se guiada por essa perspectiva, não é resultado de uma decisão arbitrária.

---

343 *Idem*, p. 330.
344 *Idem*, p. 331.

3. A FUNDAMENTAÇÃO COMO FONTE DE LEGITIMIDADE DA FUNÇÃO JURISDICIONAL

"No Estado de Direito, todos os poderes sujeitam-se à lei. Qualquer intromissão na esfera jurídica das pessoas deve, por isso mesmo, justificar-se, o que caracteriza o Estado de Direito como 'rechtsfertigender Staat', como 'Estado que se justifica'".

BARBOSA MOREIRA

Subjacente a esta obra, existe um questionamento principal: o juiz pode se valer do conceito de justiça para fundamentar decisões judiciais? A construção de uma resposta juridicamente adequada deve partir da Constituição Federal, a qual estabelece, enquanto cume do ordenamento jurídico, os limites dentro dos quais o poder de qualquer dos órgãos – o Judiciário, inclusive – deve ser exercido. Sob essa perspectiva, é possível traduzir aquela questão numa outra: decisões fundamentadas no critério de justiça sobrevivem ao filtro constitucional?

Para tecer qualquer comentário a respeito, é preciso, em primeiro lugar, realizar uma análise prévia dos temas básicos relacionados à fundamentação judicial. O que é a fundamentação? Qual é a sua importância para o direito? Existe um dever de fundamentar? Que *status* ocupa no ordenamento posto? Quando a decisão judicial estará suficientemente fundamentada? Cuida-se de perguntas acessórias ao questionamento primeiro deste trabalho, cuja resposta só será edificada a partir de uma investigação crítica acerca da fundamentação como elemento de controle e democratização da atividade decisória dos Poder Judiciário.

O plano neste capítulo é justamente este: investigar as funções da fundamentação e sua relação com o Estado Democrático de Direito, como também qual o patamar jurídico que o *direito a / dever de* fundamentação ocupa no ordenamento e qual é a função hermenêutica de fundamentar.

Conforme se vê, o estudo que se pretende realizar sobre a fundamentação é multifacetado. Para fins didáticos, escolhemos separá-lo em alguns tópicos. Cada qual promoverá uma abordagem distinta, guiada por um vetor igualmente diverso, que, reunidos, comporão uma análise da fundamentação à luz da (i) *doutrina* – a partir da qual delimitaremos o conceito e a função da fundamentação segundo a dogmática; (ii) da norma – a partir da qual determinaremos qual é a natureza jurídica da fundamentação em nosso ordenamento; e da (iii) hermenêutica (dworkiana) – a partir da qual explicitaremos o papel desempenhado pela fundamentação na interpretação (aplicação) do direito.

Ao fim, depois de expor, pelos diversos ângulos, o que é e para que serve a fundamentação, dedicaremos o último item desse capítulo a tecer alguns comentários sobre o que *não é* e para o que *não serve* a fundamentação, conformando, desse modo, um exame interdisciplinar sobre o instituto, que será de suma importância às conclusões que pretendemos apresentar ao fim dessa obra.

3.1. AS FUNÇÕES DA FUNDAMENTAÇÃO NO ESTADO DEMOCRÁTICO DE DIREITO CONFORME A DOGMÁTICA PROCESSUAL-CONSTITUCIONAL

Conforme a definição de Nelson Nery Jr., "Fundamentar significa o magistrado dar as razões, de fato e de direito, que o convenceram a decidir a questão daquela maneira".[345] O conceito é muito próximo daquele cunhado por Gilmar Ferreira Mendes e Lenio Streck, que, no mesmo sentido, afirmam: "(...) quando o texto constitucional determina no inciso IX do art. 93 que 'todas as decisões devem ser fundamentas', é o mesmo que dizer que o julgador deverá explicitar as razões pelas quais prolatou determinada decisão".[346]

---

[345] *Princípios do processo na Constituição Federal.* 12ª ed. rev., atual. e ampl. São Paulo: Revista dos Tribunais, 2016, p. 327.

[346] *Comentário ao art. 93.* In: CANOTILHO, J.J. Gomes; MENDES, Gilmar Ferreira; SARLET, Ingo Wolfgang (Coords.). *Comentários à Constituição do Brasil.* São Paulo: Saraiva/Almedina, 2013, p. 1324.

Muito embora as funções da fundamentação possam parecer óbvias a quem realiza leituras básicas sobre o tema, expô-las é essencial para demonstrar sua relação com o Estado Democrático de Direito. Por essa razão, os parágrafos seguintes se destinam à apresentação daquilo que autorizada doutrina coloca sobre o tema.

Tradicionalmente, e de um modo geral, a doutrina atribui à motivação uma dupla função. Por um lado, é o parâmetro para o recurso da parte vencida no processo, ao passo que, por outro, constitui um modo de evitar arbítrios no momento decisório.[347]

À primeira das funções enumeradas pode ser atribuída, com escoro nas lições de José Carlos Barbosa Moreira, uma significação técnica. Conforme o jurista, a significação técnica das decisões está na possibilitação da correta interpretação do julgado e delimitação de seu conteúdo, o que importa para fins de estabelecimento dos limites da coisa julgada e das bases para a impugnação via recurso ou ação autônoma, ao tempo que auxilia a atividade dos Tribunais no controle do decisório de primeira instância. A motivação é, ainda sob a perspectiva técnica, essencial para a realização da uniformização jurisprudencial, procedimento para o qual o dispositivo importa muito menos que as razões que o estribam.[348]

Barbosa Moreira trata a motivação também na qualidade de garantia. É a motivação que fornece elementos para a aferição da imparcialidade do juiz, a verificação da legalidade da decisão e do respeito ao direito das partes de serem efetivamente ouvidas no processo.[349]

José Rogério Cruz e Tucci, a seu turno, atribui à motivação três escopos: um de ordem subjetiva, um de ordem técnica e outro de ordem pública.

O primeiro, de ordem subjetiva, é o de demonstrar ao próprio órgão jurisdicional a *ratio scripta* que legitima o ato decisório.[350] O segundo,

---

[347] Nesse sentido: SCHMITZ, Leonard Ziesemer. *Fundamentação das decisões judiciais*. São Paulo: Revista dos Tribunais, 2015, p. 210. Ver também: ALVIM, Teresa Arruda. *Embargos de declaração*. 3ª ed. rev., atual., e ampl. São Paulo: Revista dos Tribunais, 2017, p. 181.

[348] *A motivação das decisões judiciais como garantia inerente ao Estado de Direito*. In: *Temas de Direito Processual: segunda série*. 2ª ed. São Paulo: Saraiva, 1988, p. 86-87.

[349] Idem, p. 87-88.

[350] *A motivação da sentença no processo civil*. São Paulo: Saraiva, 1987, p. 21.

ao qual o autor atribui natureza técnica, é o de viabilizar o controle crítico da sentença. A partir da fundamentação, realiza-se a determinação do conteúdo e limites da decisão, condição de possibilidade para a elaboração adequada de um recurso. Também é escopo técnico da fundamentação colaborar para o enriquecimento e a uniformização da jurisprudência.[351]

Por fim, o escopo de ordem pública da motivação é garantir às partes o direito de que sejam efetiva e igualmente ouvidas pelo julgador. A partir da motivação é que se garante o direito de defesa da parte e a imparcialidade e independência do magistrado, a serem controladas difusa e extraprocessualmente.[352]

Na sistematização apresentada por Teresa Arruda Alvim, a obrigatoriedade da motivação possui razões de ser de ordem técnica – delimitar o âmbito da decisão e viabilizar a sua impugnação –, mas também pode ser analisada na qualidade de garantia a) da aferição da imparcialidade do juiz; b) do exame da legitimidade do decisório; e c) da constatação, pelas partes, de que seus argumentos e provas foram considerados pelo julgador.[353]

A seu turno, J.J. Gomes Canotilho enumera três razões para a obrigatoriedade da motivação judicial:

> A exigência de *fundamentação das decisões judiciais* (CRP art. 205.º/1) ou da "motivação de sentenças", radica em três razões principais: (1) controlo da administração da justiça; (2) exclusão do carácter voluntarístico e subjectivo do exercício da atividade jurisdicional e abertura do conhecimento da racionalidade e coerência argumentativa dos juízes; (3) melhor estruturação dos eventuais recursos, permitindo às partes em juízo um recorte mais preciso e rigoroso dos vícios das decisões judiciais recorridas (cfr., Ac. TC 283/99).[354]

---

[351] *Idem*, p. 23.

[352] *Idem*, p. 23-24.

[353] *Embargos de declaração*. 3ª ed. rev., atual., e ampl. São Paulo: Revista dos Tribunais, 2017, p. 210-211. Em sentido semelhante: "Com efeito, à concepção da motivação como instrumento técnico sobrevém, na evolução histórica, outra que a vê como garantia fundamental da administração da justiça em um Estado de Direito, inserida por isso em diversos diplomas constitucionais modernos". GOMES FILHO, Antonio Magalhães; GRINOVER, Ada Pellegrini. *As nulidades no processo penal*. 9ª ed., rev., atual. e ampl. São Paulo: Revista dos Tribunais, 2006, p. 237.

[354] *Direito constitucional e teoria da constituição*. 7ª ed. Coimbra: Almedina, 2003, p. 667.

Michele Taruffo, cuja obra serviu de apoio a boa parte dos doutrinadores que se dedicaram ao assunto, atribui ao dever de motivação funções de natureza endo e extraprocessual. Sob a perspectiva de controle endoprocessual, Taruffo examina o papel da motivação frente as partes, ao Tribunal e à Corte de Cassação italiana.

Conforme o autor, a *ratio* da motivação para os litigantes pode ser examinada sob três aspectos: a) persuadir as partes, sobretudo do vencido, acerca da correção do ato decisório, o que deveria reduzir o número de recursos[355]; b) facilitar a valoração das oportunidades de recurso, bem como a identificação dos erros da sentença que serão expostos na peça recursal[356], o que permite, inclusive, a confecção de razões recursais não genéricas[357]; e c) viabilizar a interpretação da parte dispositiva da sentença.[358]

A *ratio* do dever de motivar frente ao Tribunal se assemelha à função da motivação perante as partes, posto que o desembargador estaria, ante a sentença, em posição análoga à da parte. Nesse sentido, a motivação também se prestaria a persuadi-lo acerca do juízo formulado em primeiro grau, permitindo a identificação de seus eventuais erros e a interpretação dos seus limites objetivos.[359]

A terceiro, Taruffo explora a relação do dever com o exercício da função nomofilática pela Corte de Cassação Italiana, para a qual é essencial conhecer o caminho interpretativo percorrido pelo juízo *a quo*.[360] No Brasil, a função nomofilática é desempenhada pelo Superior Tribunal de Justiça e pelo Supremo Tribunal Federal, responsáveis,

---

355 *A motivação da sentença civil*. São Paulo: Marcial Pons, 2015, p. 317-318.

356 *Idem*, p. 318.

357 *Idem*, p. 320.

358 *Idem*, p. 321.

359 É importante a menção de uma advertência realizada por Taruffo sobre o dever de motivar perante os litigantes e os tribunais: a função da fundamentação para a elaboração do recurso ou frente ao exame realizado pela segunda instância não explica o dever de motivar nos casos em que a decisão é irrecorrível. *Idem*, p. 322-323.

360 "Quanto à função nomofilática, é evidente que essa pode ser exercida tanto quando a eventual violação de uma norma resulta não apenas do puro e simples contraste entre a decisão e a norma, como especialmente quando deriva do erro do raciocínio interpretativo mediante o qual o juiz retirou da norma o critério jurídico de solução da controvérsia". *Idem*, p. 325.

respectivamente, por zelar pela adequada aplicação da lei federal e da Constituição.

A função de controle extraprocessual nasce com a consagração da motivação como garantia constitucional à administração da justiça. Na leitura do processualista italiano, a constitucionalização do dever de motivar lhe deu uma nova importância, na medida em que exigiu que lhe fosse acrescido um novo significado. A partir de então, a motivação passa a ser parâmetro de um controle realizado não apenas pelos litigantes, mas também pela sociedade, em cujo nome se exerce a jurisdição.

Como texto constitucional, a motivação constitui imposição à própria legislação infraconstitucional. O dever constitucional de motivação prejudica a validade de qualquer lei que autorize a prolação de decisões imotivadas, ao tempo que funciona como vetor interpretativo quando o texto legal não é expresso quanto à necessidade de motivar.[361] Por outro lado, é uma norma instrumental a outros princípios que regem a função jurisdicional (imparcialidade do juiz, contraditório e ampla defesa, legalidade, etc).[362] Do ponto de vista extraprocessual, a motivação é, também, uma norma para o juiz, pois constitui um princípio fundamental para o exercício da jurisdição no Estado de Direito. Resumidamente, a motivação estabelece a via para o controle generalizado, levado a cabo pela população, e difuso sobre a forma com que o magistrado exerce suas funções.[363]

Notadamente, em todas as doutrinas tratadas, a motivação constitui um mecanismo de controle da decisão judicial, que permite ao jurisdicionado conhecer as razões que conduziram à conclusão reportada no provimento, verificar sua adequabilidade à lei *lato sensu* e estruturar os argumentos para eventual impugnação (quando parte for). Compelir o juiz a fundamentar a decisão significa obrigá-lo a se expor, isto é, impedi-lo de deixar às escuras os porquês do ato decisório. A exposição é que permite o controle e o combate ao arbítrio. Assim, conclui-se que "o limite mais importante das decisões judiciais reside precisamente na

---

[361] *Idem*, p. 332.
[362] *Idem*, p. 335-336.
[363] *Idem*, p. 340-342.

necessidade da motivação/justificação do que foi dito. Trata-se de uma verdadeira 'blindagem' contra julgamentos arbitrários".[364]

Na linha do quanto exposto, Enrico Tulio Liebman anuncia que:

> A história do processo, nos últimos séculos, pode ser concebida como a história dos esforços feitos por legisladores e juristas, no sentido de limitar o âmbito de arbítrio do juiz, e fazer com que as operações que realiza submetam-se aos imperativos da razão.[365]

Mais adiante, Liebman credita à motivação papel importante na consecução do objetivo histórico de controle ao arbítrio.[366] Ao encontro de Liebman, as clássicas lições de Arruda Alvim são as seguintes:

> É preciso que o juiz, decidindo a controvérsia, justifique porque acolheu a posição do autor ou do réu. Justamente porque o juiz não decide arbitrariamente – em função da sua mera vontade – é que deve constar expressa e explicitamente da sentença a sua fundamentação, que é pressuposto do seu controle jurisdicional.[367]

Com Georges Abboud, é possível constatar que a fundamentação é necessária à melhor compreensão do dispositivo, ao tempo que assume relevância quando a decisão é prolatada por qualquer dos Tribunais Superiores, posto que responsáveis pelo fechamento do sistema e, no caso do Supremo Tribunal Federal, pela aplicação da Constituição do Estado.[368]

O controle sobre a motivação pode ser exercido pelas partes do processo em que foi proferida a decisão, pois elas estão munidas de ins-

---

364 MENDES, Gilmar Ferreira; STRECK, Lenio Luiz. *Comentário ao art. 93*. In: CANOTILHO, J.J. Gomes; MENDES, Gilmar Ferreira; SARLET, Ingo Wolfgang (Coords.). *Comentários à Constituição do Brasil*. São Paulo: Saraiva/Almedina, 2013, p. 1324.

365 *Do arbítrio à razão reflexões: sobre a motivação da sentença*. Doutrinas Essenciais de Processo Civil. vol. 6, p. 233 – 236, São Paulo: Revista dos Tribunais, outubro de 2011, p. 1.

366 *Idem*, p. 1.

367 *Manual de direito processual civil*. 16ª ed. rev., atual. e ampl. São Paulo: Revista dos Tribunais, 2013, p. 1113.

368 *Discricionariedade administrativa e judicial: o ato administrativo e a decisão judicial*. São Paulo: Revista dos Tribunais, 2014, p. 304. No mesmo sentido: ABBOUD, Georges. *Processo Constitucional Brasileiro*. São Paulo: Revista dos Tribunais, 2016, p. 218.; ABBOUD, Georges; NERY JR., Nelson. *Direito constitucional brasileiro: curso completo*. São Paulo: Revista dos Tribunais, 2017, p. 628.

trumentais processuais próprios para exigir a revisão do decisório prolatado (recursos e ações autônomas de impugnação). É sintomático, porém, que, num ambiente democrático, seja viabilizado o intitulado controle externo[369] por parte dos jurisdicionados alheios ao processo em si. Nas lições de Teresa Arruda Alvim:

> Do ponto de vista extraprocessual, é nítida a sua ligação (da motivação) com os princípios estruturantes do Estado Democrático de Direito.
> A regra de que as decisões judiciais têm de ser motivadas, em seu sentido mais profundo, expressa a exigência ampla de controlabilidade da atividade dos órgãos do Estado, inerente à ideia de Estado de Direito Democrático.[370]

O princípio democrático que orienta do Estado brasileiro implica a noção de democracia participativa, definida por J. J. Gomes Canotilho como

> (...) a estruturação de processos que ofereçam aos cidadãos efectivas possibilidades de aprender a democracia, participar nos processos de decisão, exercer controlo crítico na divergência de opiniões, produzir *inputs* democráticos.[371]

Ao constituir condição de possibilidade para o controle social, a fundamentação atende aos ideais de um Estado Democrático de Direito. Não é por acaso que Georges Abboud e Nelson Nery Jr. listam o dever de fundamentação como elemento do Estado Democrático de Direito.[372]

Dizer o direito que rege o caso é exercitar uma função pública. A jurisdição é função do poder que, na democracia, é emanado do povo

---

369 Nesse sentido, veja-se: "A motivação surge como instrumento por meio do qual as partes e o meio social tomam conhecimento da atividade jurisdicional; as partes para, se for o caso, impugnarem os fundamentos da sentença, buscando seja reformada; a sociedade, a fim de que possa formar opinião positiva ou negativa a respeito da qualidade dos serviços prestados pela Justiça." FERNANDES, Antonio Scarance; GOMES FILHO, Antonio Magalhães; GRINOVER, Ada Pellegrini. *As nulidades no processo penal*. 9ª ed., rev., atual. e ampl. São Paulo: Revista dos Tribunais, 2006, p. 237.

370 *Embargos de declaração*. 3ª ed. rev., atual., e ampl. São Paulo: Revista dos Tribunais, 2017, p. 180.

371 *Direito constitucional e teoria da constituição*. 7ª ed. Coimbra: Almedina, 2003, p. 288.

372 *Direito constitucional brasileiro: curso completo*. São Paulo: Revista dos Tribunais, 2017, p. 103.

e exercido para o povo. "A sentença é um ato de decisão e não de escolha. É um ato de poder, em nome do Estado".[373] O Estado, na qualidade de mero executor das funções do poder, deve se reportar àquele que é o seu verdadeiro titular: o povo. O Estado de Direito é o Estado que se justifica.[374] A legitimidade da decisão judicial não é extraível do agente que a prolata, mas da forma como é prolatada. É o que bem coloca Leonard Ziesemer Schmitz:

> Neste ponto, é preciso superar definitivamente a ideia de que uma decisão legítima seria aquela proferida por um intérprete autêntico – assim compreendido aquele investido de jurisdição. A legitimidade dá-se pela fundamentação, e não ela imposição de vontade.[375]

Barbosa Moreira também se reporta à importância da motivação para o próprio Estado de Direito. Conforme o autor, o controle extraprocessual realizado pelos jurisdicionados em geral é condição para o forta-

---

[373] STRECK, Lenio Luiz. *Art. 489*. In: CUNHA, Leonardo Carneiro da; NUNES, Dierle; STRECK; Lenio Luiz (orgs.). *Comentários ao Código de Processo Civil*. São Paulo: Saraiva, 2016, p. 681.

[374] "No Estado de Direito, todos os poderes sujeitam-se à lei. Qualquer intromissão na esfera jurídica das pessoas deve, por isso mesmo, justificar-se, o que caracteriza o Estado de Direito como '*rechtsfertigender Staat*', como '*Estado que se justifica*'. Distingue a doutrina dois aspectos complementares dessa 'justificação': o material e o formal. A intromissão é materialmente justificada; quando para ela *existe* fundamento: é formalmente justificada, quando *se expõe, se declara, se demonstra* o fundamento". Moreira, José Carlos Barbosa. *A motivação das decisões judiciais como garantia inerente ao Estado de Direito*. In: *Temas de Direito Processual: segunda série*. 2ª ed. São Paulo: Saraiva, 1988, p. 89. Também a esse respeito: "O Estado de Direito efetivamente caracteriza-se por ser o Estado que *se justifica, tendo como pauta a ordem jurídica a que ele próprio se submete. Assim, quando o* Estado intervém na vida das pessoas, deve justificar a intromissão: *materialmente*, pois a intromissão tem fundamento, e *formalmente*, pois o fundamento é *declarado, exposto, demonstrado*". ALVIM, Teresa Arruda. *Embargos de declaração*. 3ª ed. rev., atual., e ampl. São Paulo: Revista dos Tribunais, 2017, p. 211.

[375] *Fundamentação das decisões judiciais*. São Paulo: Revista dos Tribunais, 2015, p. 213. No mesmo sentido: "Só a fundamentação permite avaliar se a racionalidade da decisão predominou sobre o poder, principalmente se foram observadas as regras do devido processo penal. Trata-se de uma garantia fundamental e cuja eficácia e observância legitimam o poder contido no ato decisório. Isso porque, no sistema constitucional-democrático, o poder não está autolegitimado, não se basta por si próprio. Sua legitimação se dá pela estrita observância das regras do devido processo penal, entre elas o dever (garantia) da fundamentação dos atos decisórios". LOPES JR., Aury. *Direito Processual Penal*. 10ª ed. São Paulo: Saraiva, 2013, p. 243-244.

lecimento da tutela jurisdicional, de grande importância ao Estado de Direito, à coesão social e à solidez institucional.[376]

Por fim, acerca da relação entre a motivação e o Estado Democrático de Direito, vale citar o certeiro raciocínio levado a cabo por Tomás-Javier Aliste Santos. O autor relembra que aqueles que executam a função jurisdicional não investem nos cargos públicos mediante eleição. Entretanto, estão vinculados à lei elaborada pelos representantes do povo. Noutras palavras, a sujeição à lei garante que os juízes ajam conforme a vontade do povo. A decisão é dotada da legitimidade democrática que empresta da lei, na medida em que a esta se submete, e é na motivação que se constata a desejada sujeição do ato jurisdicional à legalidade vigente.[377]

3.2. O *STATUS* CONSTITUCIONAL DA MOTIVAÇÃO: A MOTIVAÇÃO COMO DIREITO E DEVER FUNDAMENTAL

Expostas as funções atribuídas pela doutrina à fundamentação, é necessário abordá-la diretamente à luz do texto constitucional. O objetivo é delimitar a natureza jurídica da fundamentação e as consequências que lhe são correlatas.

A Constituição Federal de 1988 consagrou expressamente o dever de fundamentar, conforme se depreende da leitura do art. 93, IX. A opção pela disciplina expressa é uma novidade em relação à Constituição anterior. Dantes, apenas a legislação infraconstitucional contemplava a obrigatoriedade da motivação, no Código de Processo Civil de 1973 (art. 458, II) e no Código de Processo Penal (art. 381,III). Das sempre acertadas lições de Nelson Nery Jr., extrai-se que a necessidade da motivação é exigência do Estado de Direito e, portanto, independe de menção expressa[378].

---

376 *A motivação das decisões judiciais como garantia inerente ao Estado de Direito.* In: *Temas de Direito Processual: segunda série.* 2ª ed. São Paulo: Saraiva, 1988, p. 90.

377 SANTOS, Tomás-Javier Aliste. *La motivación de las resoluciones judiciales.* Buenos Aires: Marcial Pons, 2011, p. 140.

378 *Princípios do processo na Constituição Federal.* 12ª ed. rev., atual. e ampl. São Paulo: Revista dos Tribunais, 2016, p. 325. No mesmo sentido: NERY JR., Nelson; NERY, Rosa Maria de Andrade. *Comentários ao código de processo civil.* São Paulo: Revista dos Tribunais, 2015, p. 1153; ALVIM, Teresa Arruda. *Embargos de declaração.* 3ª ed. rev., atual., e ampl. São Paulo: Revista dos Tribunais, 2017, p. 281. TALAMINI, Eduardo; WAMBIER, Luiz Rodrigues. *Curso avançado de processo civil: teoria geral do*

O que se conclui é que, na Constituição vigente, a motivação é uma obrigação expressa; de toda sorte, a hierarquia constitucional decorreria da sua indissociável relação com o Estado de Direito, ainda que o constituinte optasse por não dedicar à fundamentação um dispositivo próprio. Noutras palavras, ao estabelecer que o Brasil é um Estado de Direito (art. 1º da CF), por via de consequência, o constituinte fixou o dever de fundamentar, dispensável qualquer disciplina ulterior. A exemplo disso, veja-se o caso alemão. Muito embora a Constituição não preveja expressamente o dever de motivação, a doutrina a reputa obrigatória, por enquadrá-la como pressuposto do Estado de Direito.[379]

José Carlos Barbosa Moreira, ao comentar o tema, acresce que a doutrina alemã extrai o dever de fundamentação de outros preceitos expressos na Constituição, a saber, a vinculação do magistrado à lei (o que é próprio do Estado de Direito) e o direito de ser ouvido em juízo:

> Importa, aliás, registrar a ponderável tendência que se manifesta, mesmo onde não existe regra constitucional expressa, a procurar na sistemática da Lei Maior um suporte para o preceito da motivação obrigatória. Assim é que, na República Federal da Alemanha, doutrina autorizada enxerga na obrigatoriedade da fundamentação reflexo direto de princípios constitucionais, notadamente da garantia do *rechtliches Gehör* (direito de ser ouvido em Juízo) e da subordinação do juiz à lei, consagrada aquela no art. 103, 1ª alínea, esta no art. 20, 3ª alínea, da *Grundgesetz*.[380]

A motivação, mais que um princípio que informa a atividade jurisdicional, constitui um *direito fundamental* dos jurisdicionados, nada obstante não estar alocada no rol do art. 5º da CF. O dever de fundamentação é instrumental à efetivação de diversos outros preceitos

---

processo. 16ª ed. reformulada e ampliada. São Paulo: Revista dos Tribunais, 2016, p. 78. Sobre a importância da motivação para o Estado Democrático de Direito: "A fundamentação é, em síntese, a justificativa pela qual se decidiu desta ou daquela maneira. É, pois, condição de possibilidade de um elemento fundamental do Estado Democrático de Direito: *a legitimidade da decisão*. É onde se encontram os dois princípios centrais que conformam uma decisão: a integridade e a coerência, que se materializam a partir da tradição filtrada pela reconstrução linguística da cadeia normativa que envolve a querela *sub judice*". Comentário ao art. 93. In: CANOTILHO, J.J. Gomes; MENDES, Gilmar Ferreira; SARLET, Ingo Wolfgang (Coords.). *Comentários à Constituição do Brasil*. São Paulo: Saraiva/Almedina, 2013, p. 1325.

[379] Veja-se, acerca do tema: CRUZ, José Rogério. *A motivação da sentença no processo civil*. São Paulo: Saraiva, 1987, p. 83.

[380] *A motivação das decisões judiciais como garantia inerente ao Estado de Direito*. In: *Temas de Direito Processual: segunda série*. 2ª ed. São Paulo: Saraiva, 1988, p. 84.

constitucionais.[381] O direito sob comento se traduz, para o Poder Público, num dever fundamental de prestação de contas. Consoante Gilmar Ferreira Mendes e Lenio Streck: "Trata-se de um autêntico direito a uma *accountabillity* (Streck, op. cit.), contraposto ao respectivo dever de (*has a duty*) prestação de contas. Ou seja, essa determinação constitucional se transforma em um autêntico dever fundamental".[382]

Mais adiante, os autores retomam o tema:

> Mais do que uma obrigação do magistrado ou do Tribunal, *trata-se de um direito fundamental do cidadão*, de onde se pode afirmar que, em determinadas circunstâncias e em certos casos, uma decisão, antes de ser atacada por embargos declaratórios, é nula por violação do inciso IX do art. 93.[383] (Grifos nossos).

Na esteira das colocações de Nelson Nery Jr. e de Rosa Maria de Andrade Nery, é possível afirmar além: a fundamentação é decorrência do próprio devido processo legal, que se vê violado frente à ausência ou ao *deficit* de motivação em qualquer provimento jurisdicional.[384]

Conforme anteriormente afirmado, é por meio do exame da fundamentação que se constata a observação de diversos outros preceitos constitucionais. A imparcialidade do julgador só é controlada a partir da fundamentação.[385] É o dever de motivar, associado à independência

---

[381] TARUFFO, Michele. *A motivação da sentença civil*. São Paulo: Marcial Pons, 2015, p. 335.

[382] *Comentário ao art. 93*. In: CANOTILHO, J.J. Gomes; MENDES, Gilmar Ferreira; SARLET, Ingo Wolfgang (Coords.). *Comentários à Constituição do Brasil*. São Paulo: Saraiva/Almedina, 2013, p. 1325. Acerca da fundação como dever de prestação de contas (accountability), ver: SCHMITZ, Leonard Ziesemer. *Fundamentação das decisões judiciais*. São Paulo: Revista dos Tribunais, 2015, p. 213.

[383] *Comentário ao art. 93*. In: CANOTILHO, J.J. Gomes; MENDES, Gilmar Ferreira; SARLET, Ingo Wolfgang (Coords.). *Comentários à Constituição do Brasil*. São Paulo: Saraiva/Almedina, 2013, p. 1325.

[384] *Constituição Federal comentada legislação constitucional*. 5ª ed. São Paulo: Revista dos Tribunais, 2014, p. 621.

[385] NERY JR., Nelson. *Princípio da motivação dos atos judiciais – nulidade da sentença*. Soluções Práticas de Direito. vol. 1/2014. p. 363 – 390. Revista dos Tribunais: Setembro de 2014, p.7. No mesmo sentido: TUCCI, José Rogério Cruz e. *A motivação da sentença no processo civil*. São Paulo: Saraiva, 1987, p. 23-24.

assegurada aos magistrados, que garante a imparcialidade.[386] É pela motivação que se constata se o juiz foi, *in concreto*, imparcial.[387]

A motivação é, também, meio de controle da observância do princípio da legalidade. A partir da motivação é que se verifica a sujeição do juiz ao direito. É na motivação que o juiz deve demonstrar a vinculação da sua decisão à lei[388]. O direito à tutela jurisdicional é, afinal, direito a um provimento judicial fundado na lei.[389]

Existe uma acentuada relação entre a fundamentação e o princípio do contraditório. O contraditório efetivo não se satisfaz apenas quando se oportuniza às partes a chance de se manifestarem. É necessário constatar se o quanto manifestado foi verdadeiramente apreciado pelo juiz, o que apenas se observa quando a motivação, mais que exibir os porquês da acolhida de determinada tese, expõe as razões do afastamento das outras.[390] Referido dever de considerar todos os argumentos dos litigantes foi intitulado *Erwägungspflicht* pelo direito alemão.[391] As colocações de Teresa Arruda Alvim contemplam o exposto:

---

[386] TARUFFO, Michele. *A motivação da sentença civil*. São Paulo: Marcial Pons, 2015, p. 336.

[387] *Idem*, p. 336.

[388] *Idem*, p. 337.

[389] Neste sentido: SANTOS, Tomás-Aliste. *La motivación de las resoluciones judiciales*. Buenos aires: Marcial Pons, 2011, p. 146.

[390] "Elevar o contraditório a um patamar central no desenvolvimento da relação processual significa garantir às partes a garantia de que suas razões servirão de *influência* ao juiz, durante o processo e no conteúdo da decisão". SCHMITZ, Leonard Ziesemer. *Fundamentação das decisões judiciais*. São Paulo: Revista dos Tribunais, 2015, p. 238. "Contraditório – mais do que simples ciência e reação – é o direito de plena *participação* de todos os atos, sessões, momentos, fases do processo, e de efetiva *influência* sobre a formação da convicção do julgador". TALAMINI, Eduardo; WAMBIER, Luiz Rodrigues. *Curso avançado de processo civil: teoria geral do processo*. 16ª ed. reformulada e ampliada. São Paulo: Revista dos Tribunais, 2016, p. 77.

[391] "Ou seja, não basta tomar conhecimento dos argumentos e delineá-los no relatório. A parte tem direito a que sejam considerados os argumentos de modo sério e detido, valendo aqui, outra vez invocar o princípio da *Erwägungspflicht* (dever de examinar o que foi argumentado). Com isso, cai por terra, definitivamente, a decisão *slogan* muito utilizada em embargos de declaração e em outros recursos para rebater a alegação de que não foram examinados todos os argumentos, como: 'o juiz não está obrigado a examinar todas as alegações das partes, se apreciando apenas um dos fundamentos indicados já tem motivo suficiente para decidir a controvérsia, em prejuízo dos demais". STRECK, Lenio Luiz. *Art. 489*. In: CUNHA, Leonardo

> Mesmo quando o juiz opta por resolver a questão segundo determinada posição jurídica não defendida por nenhuma das partes, existe a necessidade de que o contraditório seja provocado a respeito, antes que a decisão seja propriamente tomada. *Ouvidas as partes, devem suas manifestações refletir-se na decisão, ainda que não sejam acolhidas.*
> O contraditório, que deve proporcionar às partes oportunidades de, *efetivamente,* influenciar *no resultado do processo,* de certo modo exerce também a função de imunizar o sistema social contra o descontentamento. (Grifos nossos).[392]

José Carlos Barbosa Moreira trata da questão à luz do direito de ação. Conforme autor, é ínsito ao direito de ação a prerrogativa de ser ouvido e de que os argumentos suscitados sejam examinados pelo magistrado. Conforme Barbosa Moreira, o direito de ação não se satisfaz pela possibilidade de acudir ao Judiciário, exigindo que seja possível "fazer valer razões em Juízo *de modo efetivo*, e, por conseguinte, de reclamar do órgão judicial a consideração atenta dos argumentos e provas trazidas aos autos".[393]

Michele Taruffo, a seu turno, aborda o tema traçando a relação entre a motivação e o direito de defesa. Para o processualista, é a fundamentação que permite concluir se o magistrado considerou todos os argumentos e provas trazidos pela parte no exercício do seu direito de defesa.[394] Estará violado o direito de defesa se quem julga desconsidera elemento probatório ou tese deduzida em juízo por qualquer dos litigantes, seja porque aderiu ao material trazido pela outra parte ou

---

Carneiro da; NUNES, Dierle; STRECK; Lenio Luiz (orgs.). *Comentários ao Código de Processo Civil.* São Paulo: Saraiva, 2016, p. 685.

392 *A influência do contraditório na convicção do juiz: fundamentação de sentença e de acórdão.* Doutrinas Essenciais de Processo Civil. vol. 6, p. 233 – 236, São Paulo: Revista dos Tribunais, outubro de 2011, p. 3. Ver também: "Afirma-se hoje que o juiz também participa do contraditório, pois deve demonstrar que as alegações das partes, somadas às provas produzidas, efetivamente interferiram no seu convencimento. A contraposição autor-réu só faz sentido se submetida à apreciação de um terceiro imparcial". NERY JR., Nelson; NERY, Rosa Maria de Andrade. *Comentários ao código de processo civil.* São Paulo: Revista dos Tribunais, 2015, p. 1153.

393 *A motivação das decisões judiciais como garantia inerente ao Estado de Direito.* In: *Temas de Direito Processual: segunda série.* 2ª ed. São Paulo: Saraiva, 1988, p. 88.

394 TARUFFO, Michele. *A motivação da sentença civil.* São Paulo: Marcial Pons, 2015, p. 338.

porque escolheu uma argumentação que nem autor e nem réu debateram em juízo.[395]

O Código de Processo Civil de 2015 se harmoniza com o quanto elucidado ao considerar não fundamentado o decisório que não enfrenta os argumentos deduzidos no processo capazes de teoricamente infirmar a conclusão do julgador (art. 489, §1º, IV).

Do quanto posto, extrai-se conclusão fundamental: a motivação das decisões judiciais é decorrência lógica do Estado de Direito e direito fundamental que assegura a efetividade de tantos outros mandamentos constitucionais (contraditório e ampla defesa, imparcialidade do julgador, que é desdobramento do princípio do juízo natural, princípio da legalidade e o próprio direito de ação). Como direito fundamental, constitui cláusula pétrea, imune, portanto, a qualquer tentativa de reforma, nos termos do artigo 60, §4º, IV da CF. Para afastá-lo, seria necessário um novo regime, que desprezasse a ideia de qualquer Constituição limitadora de poder, isto é, que fizesse renascer os governos absolutistas e abolisse o Estado de Direito.

3.2.1. REQUISITOS DA MOTIVAÇÃO: CLAREZA, COERÊNCIA E LÓGICA

Nada obstante a motivação seja, conforme exposto no item anterior, um direito fundamental de envergadura constitucional, instrumental à implementação de tantos outros e indissociável do Estado de Direito, a experiência demonstrou que, na prática, o Judiciário insiste no mau vezo de exarar decisões parcamente fundamentadas.

É evidente que isso não se dá às claras. Ao menos no discurso, é consenso o grave vício que macula as decisões absolutamente carentes de motivação. É raro, para não dizer inexistente, a decisão que se limite, no papel, apenas ao relatório e ao dispositivo. É dizer, não se encontram decisões que não dediquem ao menos algumas linhas à fundamentação. O que realmente preocupa e impregna o Poder Judiciário é a prática dos provimentos dotados de motivação *pro forma*, os quais não cumprem com o mandamento constitucional insculpido no artigo 93, IX da CF.

Com efeito, não basta motivar formalmente. Para que se atenda à Constituição, é necessário motivar substancialmente e de maneira completa. Qualquer déficit de motivação é pernicioso ao Estado

---

395 *Idem*, p. 338-339.

Democrático de Direito, afinal, "um *déficit* de fundamentação é, na realidade, um *déficit* de legitimação".[396]

Nosso objetivo, neste item, é diagnosticar as formas mais comuns de fundamentação deficitária, que, inclusive, deram azo à iniciativa legislativa no sentido de prever, no CPC/2015 e na Lei 13.964/2019 (o intitulado pacote anticrime), artigos cujo objetivo é justamente combater a motivação *pro forma* e performática.

Preliminarmente, à nossa análise interessa – resguardadas as devidas críticas – a enumeração de requisitos da fundamentação realizada por José Rogério Cruz e Tucci. Conforme o autor, a motivação deve ser expressa, clara, coerente e lógica.[397]

A decisão expressa é aquela que revela o modo de aplicação da lei. Cruz e Tucci, quando da elaboração de seu estudo, defendeu que, ao julgador, não se impunha o exame de todos os argumentos trazidos pela parte.[398] O entendimento não parece constitucionalmente adequado, sobretudo do ponto de vista do princípio do contraditório. Praxe dessa estirpe constitui, justamente, ocultação de parte da argumentação jurídica que conduziu à conclusão consagrada no dispositivo. A motivação que não enfrenta as argumentações dos litigantes deixa algo implícito, um raciocínio jurídico do juiz que quedou mudo. Essa é uma alternativa na qual ou a motivação não foi, *in totum*, expressa, ou então o magistrado não formulou raciocínio implícito algum porque sequer leu a tese deduzida pela parte, o que é igualmente grave.

A clareza, por sua vez, impõe que o ato decisório seja plenamente inteligível, ou seja, passe ao largo de qualquer ambiguidade.[399] A coerência determina uma ordem no exame das matérias: primeiro as preliminares, depois o mérito. Não raro, a acolhida de uma preliminar (falta

---

[396] ABBOUD, Georges. *Discricionariedade administrativa e judicial: o ato administrativo e a decisão judicial*. São Paulo: Revista dos Tribunais, 2014, p. 303. No mesmo sentido: ABBOUD, Georges. *Processo Constitucional Brasileiro*. São Paulo: Revista dos Tribunais, 2016, p. 218.; ABBOUD, Georges; NERY JR., Nelson. *Direito constitucional brasileiro: curso completo*. São Paulo: Revista dos Tribunais, 2017, p. 628.

[397] *A motivação da sentença no processo civil*. São Paulo: Saraiva, 1987, p. 18.

[398] *Idem*, p. 20.

[399] TUCCI, Rogério Cruz e. *A motivação da sentença no processo civil*. São Paulo: Saraiva, 1987, p. 20.

de legitimidade da parte, por exemplo) escusa o magistrado de examinar os demais argumentos. Isso não é deficiência de motivação.[400]

A lógica, por sua vez, vincula o magistrado aos "princípios que regem a elaboração do pensamento racional"[401]. Cuida-se do requisito de racionalidade da decisão. Conforme se verá mais adiante, muito embora não se defenda aqui o uso de métodos, isso não significa que se clame pela irracionalidade decisória. Muito pelo contrário: a presente obra parte do paradigma filosófico avesso a qualquer tipo de subjetivismo e fiel à ideia de uma (não várias) resposta adequada ao caso julgado.

Algumas categorias patológicas que contaminam o ato decisório em qualquer daqueles requisitos são denunciadas de maneira recorrente na doutrina. É o que ocorre, na maioria das vezes, na fundamentação *per ralationem*, constituída pela reprodução da argumentação jurídica deduzida noutra decisão ou manifestação judicial. A forma mais comum de fundamentação *per relationem* é observada no âmbito dos tribunais, nos quais, reiteradamente, recorre-se à reprodução da motivação contida na decisão recorrida.

Num geral, emprestar os argumentos do decisório de primeiro grau não é motivar. Ao menos não quando, no caso, contra a decisão impugnada, tenham sido formulados questionamentos que não se respondem pela repetição da argumentação que lhes é preexistente. O juiz, ao decidir, elaborou um raciocínio contestado pela insurgência do sucumbente. A mera reiteração da fundamentação de primeiro grau não dialoga com a peça do insurgente e, fatalmente, não debate as teses ali contidas, em desatenção ao contraditório que só se aplica inteiramente quando o magistrado demonstrar ter lido e considerado os argumentos das partes. Decisão desse tipo é insuficientemente funda-

---

400 TUCCI, Rogério Cruz e. *A motivação da sentença no processo civil*. São Paulo: Saraiva, 1987, p. 21. No mesmo sentido: "Quando a sentença acolher um dos fundamentos do pedido ou da defesa, bastante para determinar-se a procedência ou improcedência do pedido, pode ser que seja desnecessário que ingresse no exame das demais alegações. Esse temperamento é necessário e útil, pois há situações em que o juiz fundamenta pelo *máximo*, não fazendo sentido examinar alegações de menor importância." NERY JR., Nelson; NERY, Rosa Maria de Andrade. *Comentários ao código de processo civil*. São Paulo: Revista dos Tribunais, 2015, p. 1153.

401 TUCCI, Rogério Cruz e. *A motivação da sentença no processo civil*. São Paulo: Saraiva, 1987, p. 21.

mentada e atentatória ao art. 93, IX da CF.[402] Para Cruz e Tucci, esse é um exemplo típico de motivação não expressa.

Situação diferente ocorre quando o recurso da parte contrária é mera reprodução de qualquer peça apresentada em primeiro grau. Nesse caso, não parece existir qualquer óbice à reprodução ou remissão à decisão de piso, desde que essa tenha enfrentado as teses replicadas no recurso.

Semelhante raciocínio se aplica ao caso em que o magistrado referenda o parecer do Ministério Público para dar razão a qualquer das partes. Se o parecer enfrentar a contento os argumentos e as provas trazidas por autor e réu, o decisório que adotar a sua fundamentação estará suficientemente motivado. É essa a opinião de Nelson Nery Jr.[403]

---

[402] Sobre o tema: "Fundamentar 'por relação', portanto, não é uma prática adequada ao Estado Constitucional, principalmente levando em consideração que, se o órgão jurisdicional não se debruçou sobre a questão que lhe foi levada a decidir – e limitou-se a reproduzir outra decisão –, não estarão presentes na fundamentação os motivos pelos quais determinados argumentos foram rechaçados, a desfavor do sucumbente. Entra aí em cena o problema das decisões que são incompletas por não expressamente apontarem, além de porquê decidiram de tal modo, o porquê não decidiram de outro". SCHMITZ, Leonard Ziesemer. *Fundamentação das decisões judiciais*. São Paulo: Revista dos Tribunais, 2015, p. 245.

[403] "De todo modo, é fundamentada a decisão que se reporta a parecer jurídico constante dos autos, ou às alegações das partes, desde que nessas manifestações haja exteriorização de valores sobre as provas e questões submetidas ao julgamento do juiz. Assim, se o juiz na sentença diz acolher o pedido 'adotando as razões do parecer do Ministério Público', está fundamentada a referida decisão, se no parecer do *Parquet* houver fundamentação dialética sobre a matéria objeto da decisão do magistrado". NERY JR., Nelson. *Princípios do processo na Constituição Federal*. 12ª ed. rev., atual. e ampl. São Paulo: Revista dos Tribunais, 2016, p. 327. Em sentido contrário: "Na orientação do STJ, que a meu ver é a mais condizente com os requisitos do processo constitucional justo, não se deve aceitar a motivação *per relationem* mediante simples e vaga remissão a alguma decisão ou parecer constante do processo. Considera-se, portanto, nulo o acórdão *por ausência de fundamentação*, quando se limite 'a fazer referência à sentença, em formato genérico de resposta judicial, sem a reprodução de nenhum trecho do julgado e sem apresentar motivação própria'. Sob o ângulo exposto, a fundamentação *per relationem* não se apresenta totalmente incompatível com a sistemática adotada pelo no Código de Processo Civil, em seu art. 489, §1º. É necessário, contudo, que a remissão não seja puramente genérica, devendo, de alguma forma, evidenciar os fundamentos apropriados da decisão ou parecer referido, para permitir a compreensão exata da decisão tomada no caso concreto." THEODORO JR., Humberto. *Curso de direito processual civil: teoria geral do*

Ao que parece, o fator decisivo para averiguar a constitucionalidade ou inconstitucionalidade das fundamentações *per relationem* é a congruência entre a motivação remitida e a peça avaliada pela decisão remitente. Entretanto, parte da doutrina considera a motivação *per relationem* um vício em si.

Teresa Arruda Alvim, por exemplo, opina de maneira diversa ao raciocínio retro exposto. Segundo a autora, decisões puramente *per relationem* são inadmissíveis. É necessário que o julgador realize, ao menos, um apanhado dos motivos pelos quais as razões da decisão remitida se adequam àquela causa.[404] Existe, aqui, um cuidado com o desenvolvimento de uma motivação autônoma por parte do juiz.

Além da motivação via remissão, preocupam sobremaneira as fundamentações via fórmulas prontas. Sobre o tema, Tomás-Javier Aliste Santos coloca que:

> En los supuestos de motivación por formulários, el órgano jurisdiccional justifica el dispositivo de su resolución a través de fórmulas estereotipadas, bien sean plantillas o impresos, previstos para subsumir en los mismos una gran variedad de supuestos facilmente reconducibles a un tipo común.[405]

O ponto crítico na utilização de fórmulas prontas é ausência de preocupação em relacioná-las ao caso concreto decidido. Não é, por si, mal fundamentada a utilização de uma frase que se repete na jurisprudência, desde que se demonstre de que maneira a fórmula se aplica ao caso.

Atento à prática do Poder Judiciário, a qual desafia os avisos da doutrina mais respeitada, o legislativo tem tentado combater formas deficitárias de fundamentação, conforme abordaremos nos subitens seguintes.

---

direito processual civil, processo de conhecimento e procedimento comum: volume I. 56ª ed. rev., atual. e ampl. Rio de Janeiro: Forense, 2015, p. 1047-1046.

404 "Não se admite a motivação *per relationem* quando é exclusivamente *per relationem*, ou seja, quando o magistrado se limita a remeter a fundamentação à de outra decisão, o que significa a renúncia integral do juiz a justificar autonomamente, sua decisão. Na verdade, é necessário, pelo menos, que o juiz exprima um juízo de idoneidade (próprio) a respeito da motivação da outra decisão". *Embargos de declaração*. 3ª ed. rev., atual., e ampl. São Paulo: Revista dos Tribunais, 2017, p. 184-185.

405 *La motivación de las resoluciones judiciales*. Buenos aires: Marcial Pons, 2011, p. 229.

3.2.2. A LEGISLAÇÃO COMO REFORÇO DO DEVER CONSTITUCIONAL: AS INOVAÇÕES TRAZIDAS PELO CPC 489, §1º E PELO *PACOTE ANTICRIME*

O Código de Processo Civil de 2015 inovou ao prever um rol exemplificativo de decisões, cuja fundamentação *pro forma* não satisfaz às exigências do artigo 93, IX, CF. Conforme o reporte de Humberto Theodoro Jr., "o novo Código foi severo e minucioso na repulsa à tolerância com que os tribunais vinham compactuando com verdadeiros simulacros de fundamentação, em largo uso na praxe dos juízos de primeiro grau e nos tribunais superiores".[406]

A partir dos ensinamentos de Nelson Nery Jr. e Rosa Maria de Andrade Nery, é possível sistematizar as hipóteses previstas no art. 489, §1º do CPC em dois grandes grupos: aquele que reúne decisões, cujo vício é a generalidade da motivação (incisos I, II, III, V e VI), e aquele que abarca a decisão que não enfrenta os argumentos que desafiam a conclusão adotada pelo magistrado (IV).[407]

Sobre os incisos I a III, Alexandre Melo Franco Bahia e Flávio Quinaud Pedron afirmam:

> Os incs. I a III se referem justamente àquela "decisão que não decide o caso", mas que, tomando-o apenas como um "tema", despe-o de suas particularidades (das nuances do evento traduzidas em provas e alegações), e a partir dele cria uma tese genérica.[408]

Acerca do inciso V, os autores, nada obstante também reconheçam a prática da decisão genérica, fazem observações pertinentes face ao "sistema de precedentes" pretendido pelo novo código. Quanto ao inciso

---

[406] THEODORO JR., Humberto. *Curso de direito processual civil: teoria geral do direito processual civil, processo de conhecimento e procedimento comum: volume I*. 56ª ed. rev., atual. e ampl. Rio de Janeiro: Forense, 2015, p. 1045.

[407] NERY JR., Nelson; NERY, Rosa Maria de Andrade. *Comentários ao código de processo civil*. São Paulo: Revista dos Tribunais, 2015, p.1154. No mesmo sentido: "O §1º do art. 489 indica as hipóteses em que a *decisão* – qualquer decisão, como ele próprio faz questão de evidenciar – não é considerada fundamentada, exigindo do julgador que peculiarize o caso julgado e a respectiva fundamentação diante das especificidades que lhe são apresentadas. Fundamentações padronizadas e sem que sejam enfrentados todos os argumentos e as teses trazidos pelas partes não serão mais aceitas". BUENO, Cassio Scarpinella. Novo Código de Processo Civil anotado. São Paulo: Saraiva, 2015, p. 325. Ver também: BUENO, Cassio Scarpinella. *Manual de Direito Processual Civil: volume único*. 2ª ed. São Paulo: Saraiva, 2016, p. 391-392.

[408] *A fundamentação substancial das decisões judiciais no marco do novo Código de Processo Civil*. Revista de Processo, vol. 256, p. 35-64. Junho de 2016, p. 8.

VI, também relacionado a esse sistema, enquadram-no como uma hipótese de não enfrentamento de todos os argumentos pelo magistrado:

> Os incs. V e VI se complementam: ambos tratam da nova tendência brasileira de valorização de súmulas e precedentes,[46] inclusive porque o NCPC contém um Capítulo apenas para tratar dos "Precedentes" (arts. 520-522). No art. 489, um inciso (V) fala sobre a menção genérica e abstrata de súmulas e precedentes e o outro (VI) justamente da falta de uso dos mesmos (quando houver e forem adequados ao caso), a despeito da iniciativa da parte em apontá-lo. No primeiro caso, a hipótese se assemelha à do inc. I a respeito do uso também abstrato de normas, é dizer, tanto num caso como noutro, o que se tem são juízes/Tribunais que não enfrentam o caso, mas apenas subtraem do mesmo o seu "tema" e buscam em normas, precedentes e/ou súmulas alguma menção à mesma temática, para, então, "decidirem" a causa. No segundo caso, temos uma hipótese específica de erro do magistrado em decidir sem considerar todos os argumentos trazidos pela parte (como já mencionado a respeito do inc. IV): o não uso de precedente/súmula que haviam sido levantados pela parte".[409]

No rastro das inovações trazidas pelo CPC/2015, o intitulado *pacote anticrime* também se pré-dispôs a combater decisões *pseudofundamentadas*. A extensa reforma promovida pelo legislador processual penal dedicou artigo específico ao enfrentamento das motivações *pro forma*, frequentemente utilizadas para a decretação de prisão preventiva.

O *caput* do art. 315, na redação que lhe deu o pacote anticrime, exige que a decisão que decretar, substituir ou denegar a prisão preventiva seja motivada e fundamentada. O §1º compele o juiz a indicar concretamente a existência de fatos que suportem a medida preventiva que se pretende adotar. Por fim, o §2º, inserto no art. 315 do CPP, repete *ipsis litteris* o quanto previsto no art. 489, §1º, do CPC.

As modificações e inovações realizadas pelo pacote anticrime sobre o CPP 315 vieram em boa hora. Naturalmente, o dever de fundamentar é essencial para qualquer provimento jurisdicional, contudo, não podemos negar a sua especial importância para a seara processual penal, pois nela se discute a liberdade do indivíduo.

Qualquer decisão judicial precisa estar fundamentada de acordo com a Lei, especialmente aquela que se presta a restringir o *status libertatis* do processado. A ação estatal arbitrária é insuportavelmente nefasta

---

[409] *A fundamentação substancial das decisões judiciais no marco do novo Código de Processo Civil*. Revista de Processo, vol. 256, p. 35-64. Junho de 2016, p. 9.

quando recai sobre o corpo do jurisdicionado. Por isso, a banalização da prisão cautelar é particularmente preocupante.

A prisão cautelar, gênero de que são espécies a prisão preventiva e a prisão temporária[410], é aquela que se dá no curso do processo, anteriormente à decisão condenatória transitada em julgado, e depende da comprovação de requisitos previstos em lei. A prisão cautelar conflita, ao menos aparentemente, com o princípio da presunção de inocência (CF 5º, LVII). Só a toleramos se estiverem demonstrados os requisitos legalmente exigidos, quais sejam, o *fumus comissi delicti* e o *periculum in libertatis*. Contudo, a prática jurisprudencial tem negligenciado a necessidade de fundamentar seriamente as interlocutórias que ordenam prisões cautelares.

Em lugar de justificar a concreta existência de indícios de autoria e materialidade do crime, consorciados ao perigo representado pela liberdade do réu, tem-se utilizado indiscriminadamente a expressão "*garantia da ordem pública*" como álibi retórico para a decretação indiscriminada de prisões cautelares (na modalidade preventiva).

A noção da "garantia da ordem pública" é bastante problemática, justamente por se tratar de conceito vago, sobre o qual não existe um conteúdo minimamente compartilhado. A esse respeito, Aury Lopes Jr. adverte que:

> Por ser um conceito vago, indeterminado, presta-se a qualquer *senhor*, diante de uma maleabilidade conceitual apavorante, como mostraremos no próximo item, destinado à crítica. Não sem razão, por sua vagueza e abertura, é o fundamento preferido, até porque ninguém sabe ao certo o que quer dizer... Nessa linha, é recorrente a definição de risco para ordem pública como sinônimo de 'clamor público', de crime que gera abalo social, uma comoção na comunidade, que perturba a sua 'tranquilidade'.[411]

O sintoma da fragilização das motivações, quando da decretação da prisão preventiva, é o aumento exponencial de presos provisórios. Conforme dados coletados pelo BNMP 2.0, 67,18% (603.245) da população carcerária (897.885) está presa por força de decisão cautelar – apenas 32,67% (293.349) possui decisão condenatória. O número é *assustadoramente* elevado; num país onde a regra é que o acusado

---

410 LOPES JR., Aury. *Direito Processual Penal*. 17ª ed. São Paulo: Saraiva educação, 2020, p. 628.

411 LOPES JR., Aury. *Direito Processual Penal*. 17ª ed. São Paulo: Saraiva educação, 2020, p. 690.

goze de presunção de inocência até o advento do trânsito em julgado, parte significativa das prisões (32,67%) está suportada única e exclusivamente pela interlocutória que determinou o encarceramento cautelar.[412]

Em grande medida, isso se deve à utilização indiscriminada de fundamentações *pro forma,* por meio das quais o juízo se esquiva do dever de demonstrar *in concreto* a existência dos requisitos legalmente exigidos para a decretação da prisão preventiva. No nosso sentir, o legislador processual penal identificou essa defasagem e, por isso, promoveu alterações significativas no CPP 315, tudo para agregar à luta pela racionalização das decisões jurisdicionais.

3.2.3. ADVERTÊNCIA NECESSÁRIA: O LEGISLADOR INFRACONSTITUCIONAL NÃO INAUGUROU O DEVER DE FUNDAMENTAÇÃO PLENA

Forçoso observar que as decisões listadas no §1º do art. 489 do CPC e no §2º do art. 315 do CPP, antes mesmo do advento das respectivas leis, já eram *contra constitutionem.* O dever de motivar, insculpido na Constituição, desde sempre repeliu fundamentações deficitárias.

É dizer, os textos processuais apenas reforçam o mandamento constitucional para coibir as violações ao princípio da motivação mais recorrentes na jurisprudência. Anteriormente ao advento do CPC 2015, decisões que, *e.g.*, ignoravam argumentos capazes de infirmar a conclusão do julgado, já padeciam de inconstitucionalidade flagrante. Que a atuação legislativa tenha sido necessária para garantir efetividade ao comando constitucional é, indubitavelmente, preocupante, pois evidencia a baixa deferência que prestamos à Constituição Federal brasileira.

Muito embora não seja ideia que o texto constitucional careça de intermediações legislativas para ser respeitado, não podemos ignorar os ganhos democráticos decorrentes das modificações deflagradas pelo Poder Legislativo. O CPC/2015 e o pacote anticrime outorgam ao jurisdicionado um instrumental a mais para combater decisões não fundamentadas. A ausência de motivação, não bastasse resultar em afronta à Constituição, consubstancia violação à lei federal e, portanto, permite o acesso às instâncias superiores por meio de Recurso Extraordinário e *de Recurso Especial.*

---

412 Disponível em: https://portalbnmp.cnj.jus.br/#/estatisticas. Acesso em: 03/03/2021.

O CPC 2015 e o pacote anticrime combatem tanto as motivações via formulações estereotipadas, quanto aquelas que vilipendiam o contraditório ao não enfrentarem argumentos de algumas das partes, o que, não raro, ocorre por força da mera remissão a outras decisões ou peças processuais (fundamentação *per relationem*); não bastasse isso, impõem ao magistrado o dever de considerar a relevância do caso concreto quando do momento decisório.

Chama-nos a atenção a proibição de que o juízo lance mão de conceitos indeterminados ou invoque preceito legal sem explicitar de que maneira se relacionam ao caso concreto. Aqui, o legislador tateou aquilo que tentamos denunciar por meio desta obra, isto é, o déficit de motivação que macula as fundamentações que se utilizam de termos vazios semanticamente (que chamaremos de *conceitos performáticos*). Ambos os dispositivos (o art. 489, §1º do CPC e o art. 315, §2º do CPP) confirmam nossa tese e, juntos, constituem uma reação legislativa positiva a uma série de defeitos de fundamentação que precisamos, urgentemente, expurgar do cotidiano jurisprudencial.

3.3. O *STATUS* HERMENÊUTICO DA FUNDAMENTAÇÃO: A MOTIVAÇÃO COMO *LOCUS* ADEQUADO À DEMONSTRAÇÃO DA COERÊNCIA E INTEGRIDADE DO ATO DECISÓRIO

O art. 926 do Código de Processo Civil de 2015 consagrou dois princípios de fundamental importância que devem ser observados pela jurisprudência: a coerência e a integridade. Ambos os padrões são trabalhados por Ronald Dworkin, quem, consoante se verá no quinto capítulo desta obra, sustenta a possibilidade de uma resposta correta para os problemas que se colocam ao Judiciário.[413]

Dworkin explora a integridade como princípio que opera em dois âmbitos distintos: o legislativo e o jurisdicional.[414] Frente ao Legislativo, a integridade constitui uma exigência de que os legisladores "tentem tornar o conjunto de leis moralmente coerente", ao tempo que, sob a perspectiva jurisdicional, exige do intérprete que "a lei, tanto quanto possível, seja vista como coerente nesse sentido".[415]

---

413 Cabe advertir que tanto a interpretação como a teoria da resposta correta dworkiniana serão exploradas de melhor maneira no quinto capítulo.

414 DWORKIN, Ronald. *O império do Direito*. 3ª ed. São Paulo: Martins Fontes, 2014, p. 213.

415 *Idem*, p. 213.

Conforme Dworkin, a integridade é uma virtude distinta da justiça e da equidade[416], mas que com elas se relaciona. A integridade é um terceiro valor, útil às ocasiões em que justiça e equidade conflitam.[417]

De acordo com o raciocínio exposto pelo autor, todos os integrantes de uma dada comunidade possuem direito de controle mais ou menos equivalente sobre as decisões legislativas (equidade política). O dissenso sobre problemas morais que são objeto de debate parlamentar é normal. Entretanto, à luz da equidade política, é de se reprovar que decisões acerca de questões morais de importância sejam tomadas apenas com base em critérios de maioria, como se uma votação majoritária representasse um ponto de vista unânime; em razão do exposto, conclui-se que a solução equitativa exigiria a participação proporcional de cada parcela das opiniões no resultado final.[418] A equidade constitui a concepção de que, no processo de deliberação, todos os pontos de vista devem ser considerados[419]. Discutir equidade (*equity* ou *fairness*) significa debater qual a estrutura correta para o sistema, isto é, qual estrutura distribui de maneira adequada a influência sobre decisões políticas.

Embora procedimentos de equidade, nos quais se pressupõem acordos e concessões, possam ser utilizados para regulamentar algumas questões dentro de uma comunidade, percebe-se que não são tolerados quando está em pauta uma questão de princípio. Conforme Dworkin, nesses casos

> Seguimos um modelo diferente: cada ponto de vista deve ter voz no processo de deliberação, mas a decisão coletiva deve, não obstante, tentar fundamentar-se em algum princípio coerente cuja influência se estenda então

---

416 *Cf.* GUEST, Stephen. *Ronald Dworkin*. 3ª ed. Stanford: Stanford University Press, 2013, p. 78.

417 "Se acreditarmos que a integridade é um terceiro e independente ideal, pelo menos quando as pessoas divergem sobre um dos dois primeiros, então podemos pensar que, às vezes, a eqüidade ou a justiça devem ser sacrificadas à integridade". DWORKIN, Ronald. *O império do Direito.* 3ª ed. São Paulo: Martins Fontes, 2014, p. 215.

418 "Esse modelo salomônico trata a ordem pública de uma coletividade como um tipo de mercadoria a ser distribuída de acordo com a justiça distributiva, um bolo que deve ser equitativamente dividido dando-se a cada grupo a parte que lhe cabe". *Idem*, p. 216.

419 GUEST, Stephen. *Ronald Dworkin*. 3ª ed. Stanford: Stanford University Press, 2013, p. 78.

aos limites naturais de sua autoridade. Se é preciso chegar a um meio-termo porque as pessoas estão divididas sobre a justiça, o acordo deve ser externo, não interno/ é preciso chegar a um acordo sobre o sistema de justiça a ser adotado, em vez de um sistema de justiça fundado em concessões.[420]

Uma vez adotado um modelo de justiça, não se admite que acordos determinem que esse modelo seja aplicado a uns e não a outros.[421] Não é possível recorrer a soluções conciliatórias como regra geral para a legislação sempre que o dissenso diga respeito a algum princípio, nada obstante a ideia de consenso seja a representação máxima da *equidade*.

Questiona-se: é em nome da justiça que se rechaça um procedimento conciliatório na tomada de decisões atinentes a princípios?

A justiça é uma questão de resultado, a equidade uma questão de procedimento ou estrutura de deliberação. Decisões tomadas de maneira conciliatória, mesmo que equânimes, podem ser, na prática, injustas, quando, por exemplo, negam a alguém uma liberdade que a melhor teoria de justiça lhe garantiria. Mas seria possível que, *de antemão*, a justiça fosse razão suficiente para rechaçar um modelo conciliatório de solução de conflitos a ser adotado pela legislação? Nas palavras de Dworkin, "estamos procurando uma razão de justiça comum a todos para rejeitar antecipadamente a estratégia conciliatória, ainda que, em certas situações, cada um de nós preferisse a solução conciliatória àquela que será imposta se a estratégia for rejeitada".[422]

Nem sempre decisões conciliatórias são injustas. Na prática corrente, a solução conciliatória impede casos de injustiça que, por outro meio, poderiam ocorrer. Muito embora não assegurem justiça em todas as circunstâncias, garantem-na na medida em que seja possível e, conforme coerentemente argumenta Dworkin, "... não podemos dizer que a justiça nos pede para não eliminar nenhuma injustiça a menos que possamos eliminar todas"[423]. Não é, portanto, pela justiça que se justifica a negação de uma estratégia conciliatória geral. Muito embora es-

---

[420] DWORKIN, Ronald. *O império do Direito*. 3ª ed. São Paulo: Martins Fontes, 2014, p. 217.

[421] "Acredito que quase todos nós ficaríamos consternados diante de um direito 'conciliatório' que tratasse acidentes similares ou ocasiões de discriminação racial ou aborto diferentemente, em bases arbitrárias". *Idem*, p. 217.

[422] *Idem*, p. 219.

[423] *Idem*, p. 219.

truturas conciliatórias possam conduzir a resultados injustos, ocasionando o choque entre a equidade e a justiça, nem sempre isso ocorre.

Sinteticamente, é possível concluir que a equidade valida estratégias conciliatórias, ao tempo que a justiça não é razão suficiente para rejeitá-las *a priori*. Entretanto, ainda assim, nota-se certa hostilidade ante a adoção de uma estratégia conciliatória geral na formulação das leis, o que sugere a existência de uma terceira virtude, qual seja, a *integridade*:

> Os astrônomos postularam a existência de Netuno antes de descobri-lo. Sabiam que só um outro planeta, cuja órbita se encontrasse além daquelas já conhecidas, poderia explicar o comportamento dos planetas mais próximos. Nossos instintos sobre a conciliação interna sugerem outro ideal político ao lado da justiça e da eqüidade. A integridade é nosso Netuno. A explicação mais natural de por que nos opomos as leis conciliatórias apela a esse ideal: dizemos que um Estado que adota essas conciliações internas age sem observar princípios, ainda que nenhuma autoridade que tenha votado pela conciliação (ou que a aplique) tenha feito alguma coisa que, a julgar seus atos individuais pelos padrões correntes da moral pessoal, não deveria ter feito. O Estado carece de integridade porque deve endossar princípios que justifiquem uma parte dos seus atos, mas rejeitá-los para justificar o restante. Essa explicação distingue integridade da coerência perversa de alguém que se recusa a resgatar alguns prisioneiros por não poder salvar todos. Se tivesse salvado alguns, escolhidos ao acaso, não teria violado nenhum princípio o qual necessita para justificar outros atos. Mas um Estado age desse modo quando aceita uma solução conciliatória salomônica; o que a integridade condena é a incoerência de princípio entre os atos do Estado personificado.[424]

Não obstante seja recorrente a violação da integridade pelas leis conciliatórias, existem outras formas pelas quais a virtude em questão pode ser afrontada. É o que ocorre quando uma determinada comunidade consagra e aplica direitos diferentes, não suportados por um conjunto coerente de princípios. Ainda que flagrada a incoerência desse tipo, a integridade é tomada como um ideal.[425]

---

[424] DWORKIN, Ronald. *O império do Direito*. 3ª ed. São Paulo: Martins Fontes, 2014, 2014, p. 222-223. Ver também: GUEST, Stephen. *Ronald Dworkin*. 3ª ed. Stanford: Stanford University Press, 2013, p. 79.

[425] "Sabemos que nossa própria estrutura jurídica constantemente viola a integridade dessa maneira menos dramática. Não podemos reunir todas as regras da legislação e do direito consuetudinário que nossos juízes aplicam sob um sistema de princípios único e coerente. (Discuto algumas consequências desse fato no capítulo XI.) Não obstante, aceitamos a integridade como um ideal político. Faz parte de nossa moral política coletiva que tais soluções conciliatórias sejam equívocos,

A pretensão de Dworkin (para quem o direito é um conceito interpretativo) é demonstrar que o direito se apresenta na sua melhor versão quando aceita o princípio da integridade.

O direito como integridade conduziria à comunidade de princípios, que é o substrato da moralidade política do Estado. O Estado, ao tratar os cidadãos de acordo com a integridade de princípios, cumprirá com o dever de igual consideração e respeito para com os indivíduos. Portanto, agirá, de forma legítima, à luz da teoria do autor. Acerca do exposto, interessa a colação da seguinte passagem:

> Afirmei que o *conceito de direito* – *o espaço em que o debate entre as concepções se mostra mais útil* – *associa o direito à justificativa da coerção oficia*l. Uma concepção do direito deve explicar de que modo aquilo que chama de direito oferece uma justificativa geral para o exercício do poder coercitivo pelo Estado, uma justificativa que só não se sustenta em casos especiais, quando algum argumento antagônico for particularmente forte. O centro organizador de cada concepção é a explicação que apresenta dessa força justificadora. Cada concepção, portanto, se vê diante do mesmo problema inicial. Como pode *alguma coisa* oferecer mesmo essa forma geral de justificativa da coerção na política corrente? O que pode conferir a alguma pessoa o tipo de poder autorizado que a política supõe que os governantes possuam sobre seus governados? Por que o fato de que a maioria elege um regime específico, por exemplo, dá a esse regime poder legítimo sobre os que votaram contra ele?
> Esse é o problema clássico da legitimidade do poder de coerção, e traz consigo outro problema clássico: o da obrigação política. Os cidadãos têm obrigações morais genuínas unicamente em virtude do direito? O fato de que um legislativo tenha aprovado alguma exigência oferece aos cidadãos alguma razão ao mesmo tempo moral e prática para obedecer? (...) Mas nenhuma política geral que tenha por fim manter o direito com mão de ferro poderia justificar-se se o direito não fosse, em termos gerais, uma fonte de obrigações genuínas.
> Um Estado é legítimo se sua estrutura e suas práticas constitucionais forem tais que seus cidadãos tenham uma obrigação geral de obedecer às decisões políticas que pretendem impor-lhes deveres. Um argumento em favor da legitimidade só precisa oferecer razões para essa situação geral. Não precisa demonstrar que um governo, legítimo nesse sentido, tem autoridade moral para fazer o que bem entende com seus cidadãos, ou que estes sejam obrigados a obedecer a toda e qualquer decisão que venha a ser tomada.

---

e que a comunidade como um todo, e não apenas as autoridades individualmente consideradas, deva atuar de acordo com princípios". DWORKIN, Ronald. *O império do Direito*. 3ª ed. São Paulo: Martins Fontes, 2014, p. 224.

> *Mostrarei que um Estado que aceita a integridade como ideal político tem um argumento melhor em favor da legitimidade que um Estado que não a aceite.*[426]

Num dado momento, Dworkin apresenta um questionamento central ao desenvolvimento do presente tópico: "será a integridade apenas coerência (decidir casos semelhantes da mesma maneira) sob um nome mais grandioso?" A resposta vem em seguida: depende do que se entende por coerência.

Não é possível estabelecer uma relação de equivalência entre integridade e coerência, se por esta se entenda a repetição mais fiel das decisões precedentes (coerência em sentido estrito). A integridade, por sua vez, demanda que as normas públicas da comunidade sejam criadas e vistas, o quanto possível, enquanto expressões de um sistema único e coerente de princípios de justiça e equidade na correta proporção. A aceitação de um ideal dessa estirpe conduzirá, eventualmente, à necessidade de desrespeitar a cadeia decisória para restabelecer o respeito aos princípios fundamentais do sistema.[427]

Coerência em sentido estrito demanda repetição das decisões anteriores, ainda que equivocadas. A integridade exige observância aos princípios do sistema, mesmo quando seja necessário contrariar decisões prévias; noutras palavras, requer coerência com a base principiológica fundamental da comunidade, em detrimento da consistência cega ante a cadeia decisória precedente.

Especificamente no âmbito jurisdicional, a integridade se apresenta como necessidade de "identificar direitos e deveres legais, até onde for possível, a partir do pressuposto de que foram todos criados por um único autor – a comunidade personificada –, expressando uma concepção coerente de justiça e equidade".[428]

Dworkin estabelece uma comparação entre o direito e a literatura que é extremamente útil para compreender seu modo de enxergar a prática jurídica. O jusfilósofo propõe uma semelhança entre a argumentação jurídica e um *romance em cadeia*.

Num romance em cadeia, cada capítulo de um livro é escrito por um romancista diferente. Cada escritor deverá interpretar os capítulos antecedentes para criar o seu próprio, acrescentando à obra um novo

---

426 Idem, p. 231-232.
427 Idem, p. 264.
428 Idem, p. 272.

tópico, futuro objeto de interpretação dos romancistas que o sucedem. "Cada um deve escrever seu capítulo de modo a criar da melhor maneira possível o romance em elaboração, e a complexidade dessa tarefa reproduz a complexidade de decidir um caso difícil de direito como integridade".[429]

A cada autor se impõe o dever de manter a inteireza da obra; cabe-lhe satisfazer a tarefa de criar um único romance que seja da melhor qualidade possível. Para tanto, é necessário fazer uma série de avaliações: adotará um ponto de vista sobre o romance, uma teoria que lhe permita trabalhar os personagens, a trama, o tema e o objetivo da estória. Ao decidir qual é o valor de um bom romance, não pode se escorar nas suas perspectivas particulares.

Suas escolhas como romancista serão sujeitas a uma dupla avaliação; a primeira é uma dimensão de adequação:

> Ele não pode adotar nenhuma interpretação, por mais complexa que seja, se acredita que nenhum autor que se põe a escrever um romance com as diferentes leituras de personagem, trama, tema e objetivo que essa interpretação descreve, poderia ter escrito, de maneira substancial, o texto que lhe foi entregue. (...) a interpretação que adotar deve fluir ao longo de todo o texto; deve possuir um poder explicativo geral, e será mal sucedida se deixar sem explicação algum importante aspecto estrutural do texto, uma trama secundária tratada como se tivesse grande importância dramática, ou uma metáfora dominante ou recorrente.[430]

É neste momento que o intérprete deverá se atentar para a existência de certas restrições extraídas do labor desenvolvido pelos romancistas que o antecederam. São esses os limites que se colocam ao autor e o impedem de direcionar a obra livremente[431].

---

429 DWORKIN, Ronald. *O império do Direito*. 3ª ed. São Paulo: Martins Fontes, 2014, p. 276. Ver: MOTTA, Francisco José Borges. *Levando o direito a sério: uma crítica hermenêutica ao protagonismo judicial*. 2ª ed. rev. e ampl. Porto Alegre: Livraria do advogado, 2012, p. 101.

430 *Idem*, p 277.

431 "There will be certain constraints of 'fit' upon the second author and these constraints will tend to increase on the subsequent authors, although (convincing) changes of directions will be possible. Constraints will be such things as the names of the characters (Christine in the first chapter cannot without explanation have the name 'Thug' in the second chapter, for example), language (it would be crazy if the first chapter were in English but the second on Sanskrit) and plot (imagine if there were no logical explanations for alterations in place and time, and for the actions of

Caso o intérprete considere que mais de uma interpretação se ajusta ao conjunto do texto, deverá proceder a uma segunda avaliação, na qual deverá decidir qual das duas interpretações possíveis, considerados todos os aspectos da questão, melhor se adequa ao texto. Nessa ocasião, entrarão em cena seus juízos estéticos mais profundos sobre os diferentes caminhos que se colocam ao romance.[432] O julgamento que o romancista deverá fazer na segunda etapa avaliativa diz respeito à *substância* da obra[433].

O grau de liberdade ou constrangimento que atua sobre o romancista no desenvolvimento de seu capítulo dependerá de quanto o projeto literário caminhou sob a autoria dos que lhe antecederam. Para se afastar do quanto proposto pelos coautores, será necessário um maior esforço argumentativo, que poderá nem sempre ser bem sucedido:

> Sua opinião sobre a melhor maneira de interpretar e dar continuidade aos parágrafos do *Conto de Natal* que recebeu é uma opinião livre ou forçada? Você é livre para pôr em prática suas próprias hipóteses e atitudes sobre a verdadeira natureza dos romances? Ou é obrigado a ignorá-las por ser escravo de um texto no qual não pode introduzir alterações? A resposta é bastante simples. Nenhuma dessas duas descrições incipientes – de total liberdade criativa ou coerção mecânica do texto – dá conta de sua situação, pois cada uma deve, em certo sentido, sofrer ressalvas em decorrência da outra. Você sentirá liberdade de criação ao comparar sua tarefa com outra, relativamente mais mecânica, como a tradução direta de um texto em língua estrangeira. Mas vai sentir-se reprimido ao compará-la a uma tarefa relativamente menos dirigida, como é começar a escrever um romance.[434]

Os padrões observados e construídos pelos coautores anteriores constrangem o romancista e, por isso, limitam suas possibilidades criativas. Não é que o escritor não possa se afastar dos padrões pretéritos.

---

any of the characters). These suggestions do not exhaust the many possibilities of 'fit', and it is important to appreciate that, for Dworkin, the question of 'fit' is itself open to interpretation". GUEST, Stephen. *Ronald Dworkin*. 3ª ed. Stanford: Stanford University Press, p. 85.

432 DWORKIN, Ronald. *O império do Direito*. 3ª ed. São Paulo: Martins Fontes, 2014, p 278-279.

433 GUEST, Stephen. *Ronald Dworkin*. 3ª ed. Stanford: Stanford University Press, p. 87.

434 DWORKIN, Ronald. *O império do Direito*. 3ª ed. São Paulo: Martins Fontes, 2014, p. 281; GUEST, Stephen. *Ronald Dworkin*. 3ª ed. Stanford: Stanford University Press, p. 87.

Poderá fazê-lo, porém, para tanto, terá de se desincumbir de um ônus argumentativo maior e demonstrar que os novos caminhos escolhidos para o romance contribuem para a construção de uma obra qualitativamente melhor, sem comprometer-lhe a inteireza.

A metáfora do romance em cadeia é de grande valia para compreender de que modo a coerência e a integridade atuam no momento decisório. O juiz, à semelhança de um romancista devotado a um romance coletivo, estará sempre constrangido pelos padrões observados pelas decisões anteriores de seus pares. Está obrigado a levar em consideração o que fizeram e disseram os demais juízes. Sua liberdade para divergir está acompanhada de um ônus argumentativo: demonstrar que a interpretação que pretende estabelecer em sua decisão (capítulo) se ajusta melhor à integridade do direito (obra).

Pelo princípio da coerência, exige-se a preservação de um padrão lógico no julgamento de casos análogos. Quando o magistrado se depara com dois substratos fáticos semelhantes, deve decidir no mesmo sentido, sob pena de violação do próprio princípio da igualdade. Para decidir em sentido diverso, é necessário demonstrar algum aspecto singular do caso que autorize o tratamento diferenciado ou anunciar a superação do entendimento anteriormente esposado e a adoção de outro, porquanto o último está mais de acordo com o direito que o primeiro.

Coerência *stricto sensu* é, portanto, repetição, seja para o bem, seja para o mal. É possível ser coerente no erro. Decerto, a exigência da coerência não pode aprisionar o Poder Judiciário numa cadeia decisória iniciada com um raciocínio que se revela equivocado posteriormente. É por esse motivo que, ao lado da coerência, existe a integridade. Pelo princípio da integridade, a argumentação do juiz deve estar conforme o direito. "*Integridade* exige que os juízes construam seus argumentos de forma integrada ao conjunto do Direito, numa perspectiva de ajuste de substância".[435] É a integridade o fator de correção

---

[435] STRECK, Lenio Luiz. *Art. 926*. In: CUNHA, Leonardo Carneiro da; NUNES, Dierle; STRECK; Lenio Luiz (Orgs.). *Comentários ao Código de Processo Civil*. São Paulo: Saraiva, 2016, p. 1186. "Tanto assim, que a integridade obviamente convive com a possibilidade (melhor dito: *necessidade*) de alteração de decisões (concepções) anteriores, e esclarece que aí não estará em jogo uma escolha entre 'história' e 'justiça'. Neste fio, uma decisão judicial que 'quebre' (corretamente) um precedente, estará apenas realizando uma 'conciliação entre considerações que em geral se combinam em qualquer cálculo de direito político', e isso na exata medida de

de toda decisão judicial. Quando se observa que a tese aplicada pelo Tribunal não é adequada ao conjunto integrado do direito, é forçoso que seja abandonada:

> Uma melhor leitura do art. 926 indica que o julgador não pode tirar da manga do colete argumento que seja incoerente com aquilo que antes se decidiu, a não ser, é claro, que reconheça que os argumentos que construíram suas decisões anteriores estavam errados – ou simplesmente que, hoje, não fazem mais sentido. Não há – e não pode haver – compromisso com o erro. Arrependimentos institucionais fazem parte do jogo.[436]

É importante observar que o Código de Processo Civil inovou, por meio do art. 926, apenas em prever de forma *expressa* os princípios da coerência e da integridade. Não se pode negar que, mesmo antes do Código retro, o juiz já estava vinculado a esses princípios, pois, em última análise, uma decisão coerente e íntegra é exigência direta das próprias disposições constitucionais (*e.g.* fundamentação das decisões judiciais, igualdade, legalidade, etc).

Estima-se a integridade e a coerência de um ato decisório a partir da sua fundamentação. É a fundamentação o *locus* adequado para que o juiz demonstre que sua decisão é coerente e íntegra. Disso resulta a conclusão de que a fundamentação é instrumental também à efetivação dos princípios da coerência e da integridade, cuja observação, conforme se verá no quinto capítulo, é premissa para a construção de uma resposta constitucionalmente adequada a uma dada questão jurídica.

---

que a decisão judicial nada mais faz do que tornar efetivos os direitos políticos já existentes. Não há nada de 'surpreendente' aqui. Sucede simplesmente que as circunstâncias variam e os princípios mudam de peso com o tempo; aliás, o 'princípio' segundo o qual se deve observar o precedente (*stare decisis*), é *só* mais um princípio, cuja importância surge em meio a outros tantos, e que, de resto, nem sequer vigora no Brasil. De mais a mais, à medida em que se difunda – e aí a doutrina deve entrar em cena – que determinado veredicto é um erro, a sua reinterpretação será não só oportuna, como necessária". DWORKIN, Ronald. *O império do Direito*. 3ª ed. São Paulo: Martins Fontes, 2014, p. 109.

[436] STRECK, Lenio Luiz. *Art. 926*. In: CUNHA, Leonardo Carneiro da; NUNES, Dierle; STRECK; Lenio Luiz (Orgs.). *Comentários ao Código de Processo Civil*. São Paulo: Saraiva, 2016, p. 1187.

3.4. O QUE A FUNDAMENTAÇÃO *NÃO É*. SOBRE A IMPOSSIBILIDADE DE UM MÉTODO PARA DECIDIR

Depois de expor o conceito e a função da fundamentação, sua natureza jurídica constitucional e o papel que desempenha hermeneuticamente, cabe destinar o presente tópico à prevenção de alguns enganos.

Muito embora nos pareça indiscutível que a fundamentação tem a função de racionalizar o ato decisório, garantindo o seu controle e vinculação à Lei e blindando a jurisdição contra subjetivismos, é importante que se tenha em vista que a motivação não é, e nem deve ser, o lugar para a explicitação de um método. Afinal, método, segundo entendemos, não é garantia de racionalidade, conforme passamos a aduzir nos parágrafos seguintes.

A tradição moderna, fundada no pensamento cartesiano, depositou no modelo matemático de pensamento a esperança de produção de um conhecimento dotado de certeza. A partir de então, surge "uma crença difusa de que, se respeitadas determinadas formas de organização do pensamento, o conhecimento obtido através dessas fórmulas é certo e indiscutível"[437].

Conforme explica Leonard Ziesemer Schmitz:

> O matemático é algo que é *dado*, cujo conteúdo 'verdadeiro' se desvela através do procedimento. O *método* é uma estrutura autossuficiente, é algo que promete resolver, de forma completa, a interpretação que o homem faz para conhecer textos e objetos.[438]

A filosofia *heideggeriana* substituiu o método pela história.[439] Com Heidegger, compreende-se que nenhum procedimento é capaz de

---

[437] ABBOUD, Georges; CARNIO, Henrique Garbellini; OLIVEIRA, Rafael Tomaz de. *Introdução à teoria e à filosofia do Direito*. 3ª ed. São Paulo: Revista dos Tribunais, 2015, p. 383.

[438] *Fundamentação das decisões judiciais*. São Paulo: Revista dos Tribunais, 2015, p. 46.

[439] "O século XX foi decisivo tanto para a Filosofia quanto para o Direito. Na filosofia três transformações significativas podem ser mencionadas: a) *o linguistic turn* (giro linguístico) que marca definitivamente a superação do esquema sujeito-objeto que imperava no interior do realismo filosófico – clássico e medieval – e do idealismo moderno a partir do vínculo indissociável entre pensamento e linguagem; b) o declínio de um modelo matemático de fundamentação do pensamento e a ascensão de um modelo histórico que dê conta do problema da fundamentação nas chamadas *ciências do espírito*; c) o giro ontológico que supera a *ontologia da coisa*

propor condições universais para o conhecimento do objeto. A condição de acesso ao mundo se dá pela linguagem, que é histórica e não universal.

O acesso às coisas se dá pela e na linguagem. A linguagem se constrói intersubjetivamente ao longo da história. A linguagem, construída historicamente, é constitutiva do conhecimento. Linguagem e história não são métodos, mas modos de ser do homem. Daí se conclui que o conhecimento não tem um caráter metodológico.

Ao estudar determinado objeto, o homem possui um sentido antecipado, que ele mesmo herda do contexto histórico no qual está inserido. Antes do método, o sujeito já antecipa o sentido do objeto. O método chega tarde. A recorrida ao método é um artifício do racionalismo para imprimir neutralidade à ciência. Entretanto, ao fim e ao cabo, as conclusões a que se chega por meio do método estavam preconcebidas pelo sujeito. O sujeito escolhe o método que melhor se adere às preconcepções que possui da coisa. Desse modo, o método não fulmina o subjetivismo, apenas o mascara, o que é extremamente perigoso.

A modernidade apostou no método como modo de garantir a racionalidade do ato decisório. Não por outro motivo, a metodologia jurídica costuma propor métodos para a interpretação e aplicação do direito. No primeiro capítulo, foram tecidas algumas considerações sobre os métodos propostos pelas diferentes correntes do positivismo. A escola da exegese e a jurisprudência dos conceitos possuem um método lógico-dedutivo. Os exegetas legaram à comunidade jurídica o silogismo, que, ainda hoje, é visto como modo para chegar à decisão judicial.

Nessa perspectiva, não existe método interpretativo que possa garantir a neutralidade. Quando se diz que se decide desta ou daquela maneira, porque a lei, segundo o método teleológico, quer dizer isto ou aquilo, a pergunta que se deve fazer é a seguinte: por que o método teleológico, e não o literal ou o evolutivo? Não existe um metamétodo que determine como se dá a escolha pelo cânone interpretativo, logo, o aplicador fatalmente opta conforme sua vontade.[440]

---

pela *ontologia da compreensão* a partir do deslocamento do ser humano (*Dasein*) para o interior da problemática ontológica." ABBOUD, Georges; CARNIO, Henrique Garbellini ; OLIVEIRA, Rafael Tomaz de. *Introdução à teoria e à filosofia do Direito*. 3ª ed. São Paulo: Revista dos Tribunais, 2015, p. 434-435.

440 "Desnecessário repisar, nesta quadra, o problema da metodologia no direito ou da concepção procedimental-argumentativa que procura construir modelos

Não se pode pretender um método para fundamentar a decisão. Métodos sempre chegam tarde. Constituem um *a posteriori* do processo compreensivo, que serve para disfarçar a discricionariedade do ato decisório.

O abandono do método não significa, de maneira alguma, entregar a decisão ao subjetivismo. O próprio Hans-Georg Gadamer, ao tempo que constata a inaptidão do método àquilo a que se propõe – garantir a objetividade –, coloca-se contra qualquer tipo de subjetivismo:

> Assim, não existe seguramente nenhuma compreensão totalmente livre de preconceitos, embora a vontade do nosso conhecimento deva sempre buscar escapar de todos os nossos preconceitos. No conjunto da nossa investigação mostrou-se que a certeza proporcionada pelo uso dos métodos científicos não é suficiente para garantir a verdade. Isso vale sobretudo para as ciências do espírito, mas de modo algum significa uma diminuição de sua cientificidade. Significa, antes, a legitimação da pretensão de um significado humano especial, que elas vêm reivindicando desde antigamente. O fato de que o ser próprio daquele que conhece também entre em jogo no ato de conhecer marca certamente o limite do "método" mas não o da ciência. O que o instrumental do "método" não consegue alcançar deve e pode realmente ser alcançado por uma disciplina do perguntar e do investigar que garante a verdade.[441]

A hermenêutica, embora contrária ao método, não é subjetivista.[442] Acerca do tema, vale a colação da seguinte passagem extraída da obra "Jurisdição Constitucional e Decisão Jurídica" de Lenio Luiz Streck:

---

de interpretação: a impossibilidade de 'fundamentar/justificar' a fundamentação, ou, dizendo de outro modo, a impossibilidade da construção de um metamétodo o metacritério que possa constituir-se em um critério de normatividade que possa substituir o operar do processo de compreensão. Definitivamente, não existe este *Grundmethode*, isso porque, como adverte Lamego, o empreendimento da hermenêutica (filosófica) conduz à rejeição de um modelo de racionalidade apodítico-demonstrativa por via da subversão da ideia de evidência cognitiva (como *fundamentum absolutum inconcussum veritatis*) e procede à articulação de um modelo de circularidade que se atem à irredutibilidade da condição humana de estar-no-mundo". STRECK, Lenio Luiz. *Jurisdição Constitucional e Decisão Jurídica.* 3ª ed. São Paulo: Revista dos Tribunais, 2013, p. 241.

441 *Verdade e método I: traços fundamentais de uma hermenêutica filosófica.* 15ª ed. Petrópolis: Vozes, 2015, p. 631.

442 "Assim, dizer-se contra a lógica não é preferir coisas ilógicas. O direito é mais complexo que essa dicotomia parece sugerir. Não obstante, a doutrina tradicional que trabalha presa à lógica defende, basicamente, que o abandono da subsunção

> Ou seja, o fato de a hermenêutica (filosófica) rechaçar o método não implica – e nunca implicou – ausência (ou carência) de racionalidade. Até porque o "método" que é destruído pela hermenêutica filosófica é o "método acabando e definitivo" que o subjetivismo epistemológico da modernidade construiu.
>
> Dizendo de outro modo: exatamente porque o método (no sentido moderno da palavra) morreu é que, agora, exige-se maior cuidado no controle da interpretação (atenção: compreender e interpretar são coisas diferentes). Ou *"Deus morreu; agora pode tudo?" Não, definitivamente não. Se "Deus morreu", agora é que não se pode fazer tudo…!*
>
> Para tentar ser mais claro ainda: o método "morreu" porque morreu a subjetividade que sustentava a filosofia da consciência (*locus* do sujeito solipsista – *Selbstsüchtiger*). O método – supremo momento da subjetividade – soçobra diante da superação do esquema sujeito-objeto. *Método não é sinônimo de racionalidade.* Longe disso! Nem é necessário lembrar que a obra *Verdade e método* pode (ou deve) ser lida como Verdade *contra* o Método, o que significa admitir a possibilidade de verdades conteudísticas (não apodíticas, é claro).[443]

Na perspectiva hermenêutica, o aplicador não é um senhor dos sentidos. Muito pelo contrário: encontra insuperável limite na própria coisa, à qual deve ouvir se realmente desejar conhecê-la. Por outro lado, as próprias palavras não são definidas arbitrariamente. Deve-se respeitar àquilo que, no contexto, intersubjetivamente se construiu acerca das palavras. Portanto, a hermenêutica combate o subjetivismo em duas frentes: primeiro porque considera a construção de sentido algo que se realiza intersubjetivamente, nunca de maneira isolada pelo aplicador; a segundo, porque a construção do sentido pelos sujeitos deve respeitar a coisa em si. O texto não contém em si o sentido pronto, mas fala algo que o intérprete deve ouvir. A esse respeito:

> O fato de não existir um método que possa dar garantia a correção do processo interpretativo – denúncia presente, aliás, já no oitavo capítulo da Teoria Pura do Direito de Hans Kelsen – não autoriza o intérprete a escolher o sentido que mais lhe convém, o que seria dar azo à discricionariedade, característica do positivismo.[444]

---

causaria a impossibilidade de controle do raciocínio". SCHMITZ, Leonard Ziesemer. *Fundamentação das decisões judiciais*. São Paulo: Revista dos Tribunais, 2015, p. 216.

443 *Jurisdição Constitucional e Decisão Jurídica*. 3ª ed. São Paulo: Revista dos Tribunais, 2013, p. 232.

444 STRECK, Lenio Luiz. *Dicionário de hermenêutica: quarenta temas fundamentais da Teoria do Direito à luz da Crítica Hermenêutica do Direito*. Belo Horizonte: Casa do Direito, 2017, p. 92.

A hermenêutica está num meio termo entre a filosofia clássica, na qual o sujeito era refém do objeto, e a filosofia da consciência, da qual é consectário o intérprete assujeitador dos sentidos. O sentido das coisas não está no objeto em si, nem na mente do sujeito que interpreta: é construído pela linguagem intersubjetiva (compartilhada entre sujeitos e não livremente criada pelo intérprete) e sempre com respeito aos limites que a própria coisa coloca. A hermenêutica substitui o esquema sujeito-objeto pelo esquema sujeito-sujeito (intersubjetivismo na linguagem) não relativista:

> Superado o paradigma subjetivista (filosofia da consciência e suas *vulgatas*), é a intersubjetividade que será condição para o surgimento de uma decisão. Nesse sentido, o juiz deve controlar a sua subjetividade por intermédio da intersubjetividade proveniente da linguagem pública (doutrina, jurisprudência, lei e Constituição).[445]

A compreensão da intersubjetividade é fundamental. A partir da ideia de linguagem intersubjetiva, compreende-se que, ao decidir, o magistrado não pode dar o sentido que lhe aprouver à coisa julgada, ao princípio do contraditório, ao direito à vida etc.. São institutos cujo significado é construído intersubjetivamente. De outra parte, existe também uma tradição, na qual o intérprete fagocita sentidos preconcebidos. A tradição – e isso é importante – não é "assujeitável" ou "assenhorável"; é compartilhada, construída por toda uma coletividade, e nunca por um sujeito isolado.

Como não possui o monopólio de atribuição de sentidos, o julgador deve ouvir ao que foi dito pelo outro (via doutrina, jurisprudência e lei) para construir sua decisão. O momento desse exercício de alteridade é a fundamentação.

Por fim, é necessário esclarecer que, da impossibilidade de métodos para decidir que sejam garantia de correção da decisão, induz-se a impossibilidade de se formular uma criteriologia. A ausência do método não implica necessária discricionariedade. Desde logo se adianta: é possível falar em respostas corretas aos problemas que se colocam ao aplicador do direito. É também possível – na realidade, necessário – discutir critérios que sirvam de parâmetros avaliativos para controlar a decisão judicial, que, a seu turno, não precisa expor métodos, como se fossem atestados de racionalidade, mas, certamente, deve explicitar os critérios que conduziram, ao fim, à solução vencedora.

---

445 STRECK, Lenio Luiz. *Art. 489*. In: CUNHA, Leonardo Carneiro da; NUNES, Dierle; STRECK; Lenio Luiz (orgs.). *Comentários ao Código de Processo Civil*. São Paulo: Saraiva, 2016, p. 683.

4. É A JUSTIÇA UM ENUNCIADO PERFORMÁTICO?

> "A realidade, sempre imperfeita, aspira a uma ideia de justiça de caráter universal e genericamente válida. Não são poucos os cidadãos que esperam dos ordenamentos jurídicos estatais reais, aos quais estão sujeitos, a realização dessa justiça perfeita. Semelhantes expectativas se verão, usual e inevitavelmente, defraudadas. Também os juristas desconhecem, com frequência, no que se refere a questões jurídicas polêmicas, qual é a resposta única e idealmente justa".
>
> **BERND RÜTHERS**

É possível afirmar, com alguma segurança, que as tendências mais contemporâneas da filosofia se originaram no século XX. Estruturalismo, pós-estruturalismo, filosofia analítica inglesa e americana, existencialismo, hermenêutica, (dentre outros) constituem modos de pensar organizados sob duas racionalidades diversas: a analítica e a continental. Analíticos e continentais conformam, portanto, dois macro grupos, nos quais a filosofia se cindiu no século antecedente.

Conhecer a bipartição filosófica retro reportada interessa à presente obra, que, assentada numa corrente filosófica de tradição continental (a hermenêutica), pretende se valer dos conceitos performáticos – na perspectiva em que desenvolvidos por um filosófico de tradição analítica, o inglês John Langshaw Austin – para denunciar argumentos retóricos presentes nas fundamentações das decisões judiciais. Para o estudo dos enunciados performáticos, é útil, antes, investigar de que forma analíticos e continentais se distanciam e como podem confluir. Só assim é possível superar a contradição, *a priori*, vislumbrada e escapar dos sincretismos ruinosos denunciados nos capítulos 1 e 2 desta obra.

A partir da diferenciação desenvolvida por John L. Austin acerca dos enunciados constativos e performativos, será possível pensar um filtro útil ao combate às decisões parcamente fundamentadas, como são aquelas pautadas no critério de justiça. É essa a proposta que se busca desenvolver no presente capítulo.

4.1. ENTRE ANALÍTICOS E CONTINENTAIS

A partir do século XX, a filosofia passou a ser tratada sob dois pontos de vista diversos. De um lado, os analíticos; de outro, os continentais. Ambos abordavam a práxis filosófica, cada qual à sua maneira. Quando se fala num grupo continental, aponta-se para uma tradição filosófica radicada num território específico, a Europa continental. Diversamente, o critério de nomenclatura dos analíticos não é geográfico; reporta-se a uma corrente filosófica (a filosofia analítica), fortemente difundida entre os pensadores anglo saxônicos. Entretanto, é possível atribuir aos analíticos também um território delimitado, onde a teoria analítica possui maior capilaridade: os Estados Unidos, a Grã-Bretanha, a Holanda e a Escandinávia.[446]

Franca D'Agostini, ao introduzir obra referência sobre o tema, sintetiza a controvérsia entre analíticos e continentais ao explanar que o conflito entre os grupos não era outra coisa senão a reprodução da antítese entre cultura científica e cultura humanística, nunca completamente superada pela filosofia. A passagem é digna de colação:

> Estão em jogo dois modos diversos de conceber a práxis filosófica: uma "filosofia científica", fundamentada na lógica, nos resultados das ciências naturais e exatas, e uma filosofia de impostação "humanística", que considera determinante a história, pensa a lógica como "arte do *lógos*", ou "disciplina do conceito", mais do que como cálculo ou como computação. Entendida neste sentido, a antítese entre analíticos e continentais reproduz, no interior da filosofia, a antítese entre a cultura científica e a cultura humanística (entre lógica e retórica, para relembrar o contraste tematizado por Giulio Preti em 1968: ver I,2): uma turbulência interior da qual a filosofia (entendida como ciência primeira ou como metaciência, ou como

---

[446] D'Agostini, Franca. *Analíticos e continentais: guia à filosofia dos últimos trinta anos.* São Leopoldo: Unisinos, 2003, p. 91.

forma de racionalidade demissionária e em estado de férias perenes) jamais se libertou inteiramente.[447]

A questão pode ser melhor compreendida a partir de um breve resgate histórico. No século XIX, muitos ramos do conhecimento se libertaram da filosofia. O nascimento das novas disciplinas provocou uma redefinição da filosofia frente às novas ciências. Ao invés de encarar o desenvolvimento das ciências como uma ameaça à filosofia, os neopositivistas acreditaram na possibilidade de aproveitamento de determinadas novidades produzidas pelas ciências (*e.g.* lógica formal) para a construção de uma filosofia científica.[448]

O neopositivismo pretendia, ao menos a princípio, a filosofia como ciência, por meio da análise lógica e trato rigoroso da linguagem[449]. Ao tratar do neopositivismo, Luis Alberto Warat esclarece que o rigor linguístico era uma exigência para se realizar a ciência: "*Fazer ciência é traduzir numa linguagem rigorosa os dados do mundo;* é elaborar uma linguagem mais rigorosa que a linguagem natural*"*[450–451].

Conforme Mario Losano, o neopositivismo ou positivismo lógico centrou seus esforços na análise da linguagem e pretendia uma filtragem da língua, com vistas a afastar as proposições metafísicas destituídas de sentido e possibilitar a criação de uma linguagem cien-

---

[447] Idem, p. 22.

[448] Idem, p. 50-51.

[449] Idem, p. 50-51.

[450] WARAT, Luis Alberto. *O direito e sua linguagem*. 2ª versão. Porto Alegre: Fabris, 1984, p. 37. No mesmo sentido: STRECK, Lenio Luiz. *Hermenêutica jurídica e(m) crise*. 11ª ed., rev., atual. e ampl. Porto Alegre: Livraria do Advogado, 2014, p. 241, destaques no original.

[451] Sobre o tema, vale a colação da seguinte passagem de Warat: "Os positivistas lógicos sustentam a idéia de que o conhecimento pode ser obscurecido por certas perplexidades de natureza estritamente lingüística. Uma linguagem defeituosa pode, assim, em muitas circunstancias, por si só, proporcionar-nos um quadro distorcido de nossas preocupações cognitivas. Desta forma, reduzindo a filosofia à epistemologia e esta à semiótica, afirmam que a missão mais importante da filosofia deve realizar-se à margem das especulações metafásicas, numa busca de questionamentos estritamente lingüísticos. Nesta ordem de idéias, o Positivismo Lógico realça o rigor discursivo como o paradigma da ciência, ou seja, a produção de um discurso científico requer uma análise preliminar em termos de linguagem. Em outras palavras, onde não há rigor lingüístico não há ciência". WARAT, Luis Alberto. *O direito e sua linguagem*. 2ª versão. Porto Alegre: Fabris, 1984, p. 37.

tífica que superasse a distância entre ciências da natureza e ciências do espírito.[452]

Losano narra que, no período que precedeu a Segunda Guerra, alguns neopositivistas migraram para os Estados Unidos e influenciaram diretamente a filosofia analítica da linguagem norte-americana. Neopositivismo e filosofia analítica não são a mesma coisa, muito embora estejam relacionados.[453] Não obstante isso, de certa forma, a filosofia analítica se radicou também no neopositivismo e carregou consigo a ambição primitiva de aplicar o trato científico à filosofia.

Decerto, os textos produzidos pela filosofia analítica incorporam um estilo de indagação e reflexão científica. Nesse sentido, o modo analítico de realizar filosofia é científico, preocupado com a controlabilidade das argumentações deduzidas[454].

De um modo geral, é possível atribuir à filosofia analítica algumas características preliminares. A primeiro, nota-se, na produção analítica, o uso de formalismos e linguagens disciplinadas, ou seja, controláveis. A segundo, seus estudos não se voltam tanto a autores ou temas, mas a conceitos ou problemas específicos.[455]

A seu turno, os textos continentais se aproximam às disciplinas "humanísticas" e prestigiam, como fator metodológico, a própria história, porquanto entendem que a contextualização é importante para a compreensão do ser. O modo continental de fazer filosofia é histórico.[456]

É possível creditar aos continentais as seguintes características: dispensam o uso de linguagens formalizadas, prestando-se a argumen-

---

[452] LOSANO, Mario G. *Sistema e estrutura no direito: vol 2: o século XX*. São Paulo: Martins Fontes, 2010, p. 31-32. Sobre o tema: "Os positivistas lógicos sustentavam a ideia de que o conhecimento pode ser obscurecido por certas perplexidades de natureza estritamente linguística. Desse modo, reduzindo a filosofia à epistemologia, e esta à semiótica, afirmam que a missão mais importante da filosofia deve realizar-se à margem das especulações metafísicas, numa busca de questionamentos estritamente linguísticos". STRECK, Lenio Luiz. *Hermenêutica jurídica e(m) crise*. 11ª ed., rev., atual. e ampl. Porto Alegre: Livraria do Advogado, 2014, p. 241.

[453] LOSANO, Mario G. *Sistema e estrutura no direito: vol 2: o século XX*. São Paulo: Martins Fontes, 2010, p. 31-32.

[454] D'Agostini, Franca. *Analíticos e continentais: guia à filosofia dos últimos trinta anos*. São Leopoldo: Unisinos, 2003, p. 35-36.

[455] *Idem*, p. 90.

[456] *Idem*, p. 35-36.

tações que nem sempre são exatamente reconstruíveis (ao contrário das argumentações científicas) e seus estudos são prevalentemente históricos ou textuais, voltados à análise de autores, textos e períodos históricos.[457] De alguma forma, cabe a assertiva de que a filosofia continental era avessa à ciência no sentido positivista do termo, isto é, às ciências dos dados de fato, tendentes ao objetivismo e crentes num objeto de conhecimento sempre mensurável e manipulável pelo sujeito cognoscente.

O que se percebe, ao se falar do antagonismo analítico-continental, é a oposição de um modelo predominantemente lógico-matemático (científico) a um predominantemente histórico-literário (humanístico)[458]; de uma quase-ciência a uma quase-literatura[459], de uma filosofia serva da lógica matemática e dos dados ofertados pelas ciências naturais, e uma outra filosofia, problemática e dialética, ocupada da teorização sobre a vida e do mundo impuro (não objetivo) da existência, da história, que não podem ser completamente apreendidas pelo homem[460].

É possível dizer que, atualmente, o distanciamento entre analíticos e continentais é menos acentuado que nos anos iniciais do conflito. Existem, inclusive, pensadores que dialogam com ambas as tradições. A esse respeito, veja-se:

> A contraposição entre analíticos e continentais registra, pois, nos primeiros anos da década de oitenta, uma fase aguda. Mas, naquele mesmo período, na tradição analítica, sobrevém uma fase de redefinição, ou até mesmo de "crise". A imagem da filosofia como indagação lógica rigorosa sobre problemas de tipo teórico e sobre as asserções da ciência, já desde alguns anos, como observa Rorty, cedeu lugar a um tipo de argumentação diversa, cujo "rigor" não consiste tanto em certa forma de neutralidade científica, mas é antes semelhante àquela em uso nas disputas entre advogados. De outra parte, diversos filósofos analíticos americanos (inclusive o próprio Rorty) demonstram uma insatisfação profunda com o fechamento disciplinar, ao qual é confinada a filosofia. A partir disto (e de outras questões mais propriamente teóricas: ver I, 4 e II, 1) nasce um movimento de crítica interna que deságua no volume coletivo de 1985, intitulado *Post-Analytic-Philosophy*.

---

457 *Idem*, p. 90.
458 *Idem*, p. 36.
459 *Idem*, p. 110.
460 *Idem*, p. 95.

Esse enfraquecimento das seguranças disciplinares do movimento analítico americano associa-se, do lado continental a novas tentativas de harmonizar as duas tradições e a várias experiências de contaminação e convergência. No fim dos anos oitenta, a contraposição apresenta-se, então, mais diversificada e complexa: alguns filósofos analíticos, como Richard Rorty ou Hilary Putnam, tomam seriamente em conta as teses de Heidegger, Gadamer, Derrida; filósofos tipicamente continentais, como Habermas ou Apel, atuam em diálogo constante com os analíticos; a desconstrução e o pós-modernismo (ver II, 4) apresentam-se como tendências transversais, compartilhadas tanto por pensadores de área analítica quanto por pensadores de área continental, ou duramente criticadas por uma ou outra parte. Além disso, tornam-se conhecidos casos de "defecção", de passagem de uma corrente à outra, como o de Ernst Tugendhat (ver I, 4 e II, 1), discípulo de Heidegger, que passou para as fileiras dos analíticos em função de uma síntese entre ontologia (Heidegger) e semântica formal (Frege).[461]

Conforme Franca D'Agostini, hodiernamente é possível classificar um texto como analítico e continental a partir de dois critérios. O primeiro diz respeito aos antecedentes históricos da produção, isto é, a quais filósofos estruturam a produção textual examinada.[462] O segundo critério se relaciona ao tipo de pressupostos e de instrumentos argumentativos adotados.

Um texto analítico se escoraria, por exemplo, em Frege, Wittgenstein, Carnap, Austin, nos neopositivistas, etc. Uma obra continental estaria pautada em Husserl, Heidegger, Jaspers, Croce, Horkheimer, Nietzsche, dentre outros.[463] A esse respeito, cabe a seguinte advertência de D'Agostini: os filósofos analíticos frequentemente declaram realizar uma filosofia sem "autoridade", ou seja, sem referência a autoridades intelectuais do próprio movimento, mas calcada nas suas próprias habilidades e no rigor dos métodos lógicos e da linguagem utilizada. Por isso mesmo, apontava-se como característica dos textos analíticos ocupar-se mais de temas e conceitos que de autores. Daí porque quiçá a identificação de um analítico se dê mais a partir do modo como desenvolve seus argumentos que da tradição autoral a que possa fazer referência, posto que nem sempre haverá um reporte ostensivo a outros autores de mesma tradição.

---

461 *Idem*, p. 103.

462 *Idem*, p. 107.

463 Ver: *Idem*, p. 107-108.

Os continentais, por outro lado, negam a possibilidade de um pensar dissociado de ideias desenvolvidas por outros pensadores. Ou seja, toda ideia é, ainda que indiretamente, "coautoral". As teorias são sempre construídas a partir de ideias colhidas de outras pessoas. Não existe um grau zero do pensamento. Por essa razão, anunciadamente, os continentais promovem estudo de autores e não apenas de conceitos ou temas.

> Isso se traduz na tendência de conceber a relação com a tradição e o próprio labor interpretativo nos termos de um diálogo, cujos participantes sempre de novo se determinam reciprocamente e em geral estão dominados e superdeterminados pela linguagem de que se servem.[464]

Por fim, nada obstante a ideia de rigor científico tenha se atenuado no âmbito analítico, ainda é possível distanciá-la do continental a partir de uma dualidade entre o lógico-conceitual e histórico-textual.[465] A diferenciação na abordagem acaba por direcionar os estudos de ambos os grupos para objetos diversos. Os analíticos ocupam-se, num geral, de problemáticas tipicamente linguístico-cognitivas, ao tempo que os continentais se voltaram para a cultura, a arte, etc.

Mesmo que a distância entre os grupos sob exame os conduza a objetos de investigação diversos, alguns temas são comuns a analíticos e continentais. É o caso, por exemplo, da problemática do sujeito.

O sujeito, que após a modernidade protagonizou a filosofia, é visto pelos continentais como o fio condutor do debate filosófico. A tradição continental é marcada pela ideia de que o processo de conhecimento é contaminado pelo sujeito:

> O pensamento continental caracteriza-se nas origens pela idéia (de derivação idealista e kantiana) de uma *contaminação subjetiva* dos dados da experiência, isto é: a) o sujeito participa na formação dos próprios objetos ou os "constitui"; b) o saber é sobretudo auto-realização, auto-referência; c) essas circunstâncias não podem ser desconhecidas ou esquecidas, não se pode pressupor, em filosofia, mas também, sob certas condições, em ciência, um sujeito "neutro", de todo separado do próprio âmbito de observação.[466]

---

[464] *Idem*, p. 109.

[465] *Idem*, p. 111.

[466] *Idem*, p. 122. No sentido aqui apontado, veja-se: "Segundo uma opinião tradicional, as ciências naturais logram deixar a pessoa do sujeito cognoscente fora do processo de conhecimento, graças a uma objetividade específica. Só por isso é possível contrapor, à guisa de distinção, o método da explanação, a operação com 'causa e efeito', a necessidade e a evidência, admitidas como definidoras nas ciências

Por outro lado, os analíticos, ao menos em princípio, apostavam na possibilidade de uma neutralidade científica extensível à filosofia, ou seja, num antissubjetivismo. O subjetivismo ressurgirá para os analíticos, ao tempo que os continentais passam à busca de sua superação pela via do intersubjetivismo.

Acerca da divergência entre analíticos e continentais, é extremante interessante a abordagem realizada por Georges Abboud, Henrique Garbellini Carnio e Rafael Tomaz de Oliveira. Conforme os autores, o grupo analítico realiza uma reflexão estruturalmente semântica. Isso quer dizer que supera, embora não a perca de vista, a ideia da pura sintaxe, segundo a qual era possível, por meio do exame dos signos linguísticos, chegar a um sentido unívoco das palavras. Os analíticos possuem uma abordagem semântica porque reconhecem a polissemia dos conceitos linguísticos, entretanto, pensam que a plurivocidade pode ser reduzida ou "corrigida" a partir de análise lógica dos enunciados, sempre considerado o seu uso denotativo (literal ou não figurativo).[467]

Os continentais, por outro lado, pensam a linguagem de modo diverso. Para a hermenêutica, a tarefa da filosofia não se reduz ao exame lógico dos enunciados linguísticos. Não se trata de negar a importância da análise lógica da língua, mas de assumir que se deve ir além. A linguagem não se basta, mesmo porque sempre remete o sujeito para fora de si mesma. "Isto significa que para a hermenêutica a linguagem não está em jogo apenas em seu aspecto *teórico*, mas também no seu

---

naturais, aos critérios das ciências humanas, como, e.g., ao método da compreensão, à concatenação de 'fundamento e consequência', à constituição fundamental da liberdade e à certeza sempre só relativa. Pode-se, porém, considerar provado o fato de que também as ciência naturais exatas não conseguem operar sem determinações de ordem qualitativa. Não é só nas ciências humanas que a conceituação depende da formulação dos problemas; não é só nelas que a qualidade de um processo estudado ou de um conjunto de fatos investigado é condicionada pelo direcionamento do interesse de conhecimento. Naturalistas também pré-projetam necessariamente o seu objeto científico. Ainda que no seu trabalho os resultados possam ser descolados da experiência do indivíduo como um conhecimento experimental, que pode, em princípio, ser verificado de forma segura e confiável, o respectivo campo de investigação do naturalista também é codefinido pelas operações da consciência cognoscente". MÜLLER, Friedrich. *Teoria estruturante do direito*. 3ª ed. rev. e atual. São Paulo: Revista dos Tribunais, 2011, p. 13-14.

467 ABBOUD, Georges; CARNIO, Henrique Garbellini ; OLIVEIRA, Rafael Tomaz de. *Introdução à teoria e à filosofia do Direito*. 3ª ed. São Paulo: Revista dos Tribunais, 2015, p. 433.

sentido *prático*: o que é significado pela linguagem aparece a partir dos contextos histórico-concretos a partir do qual estão envolvidos o sujeito que conhece e o objeto que é conhecido".[468]

Jürgen Habermas, ao tratar da virada linguística, expõe as limitações de experimentá-la apenas no nível semântico:

> É verdade que a guinada linguística aconteceu inicialmente no interior dos limites do semanticismo, onde se pagou o preço das abstrações que tornaram impossível explorar plenamente o potencial de solução do novo paradigma. A análise semântica permanece essencialmente uma análise das formas da proposição, pincipalmente das formas de proposições assertóricas; ela prescinde da situação da fala, do uso da linguagem e de seus contextos, das pretensões, das tomadas de posição e dos papéis dialogais dos falantes, numa palavra: prescinde da pragmática da linguagem, a qual iria deixar a semântica formal entregue a um outro tipo de abordagem, a saber, à consideração empírica.[469]

Conforme se verá no subitem seguinte, John L. Austin – a exemplo de outros analíticos, como Searle e Wittgenstein – supera o limite semântico ao propor uma abordagem pragmática da linguagem, o que é um dos pontos que o aproxima do próprio pensamento continental.[470]

---

468 *Idem*, p. 433.

469 *Pensamento pós-metafísico: estudos filosóficos*. Rio de Janeiro: Tempo Brasileiro, 1990, p. 55.

470 Sobre o tema, Jürgen Habermas: "A abstração semanticisa poda a linguagem, aparando-a de acordo com um formato que torna irreconhecível o seu peculiar caráter auto-referencial. Tomemos apenas um exemplo: no caso de ações não lingüísticas, a intenção do agente não pode ser deduzida do comportamento manifesto; quando muito, ela pode ser decifrada indiretamente. O contrário acontece num ato de fala: aqui o falante manifesta explicitamente sua intenção ao ouvinte. Expressões lingüísticas identificam-se a si mesmas, porque estão estruturadas de modo auto-referencial e comentam o sentido de aplicação do conteúdo nelas expresso.
A descoberta desta estrutura proposicional-performativa, dupla, por parte de Wittgenstein, Austin e dos autores que os seguiram, constituiu o primeiro passo no caminho de uma integração de componentes pragmáticos no contexto de uma análise formal. Somente através desta passagem para uma pragmática formal é que a análise da linguagem conseguiu reaver a amplitude e os questionamentos da filosofia do sujeito, que já tinham sido dados como perdidos. O próximo passo vai consistir na análise dos pressupostos gerais que devem ser preenchidos para que os participantes da comunicação possam entrar em entendimento sobre algo no mundo." HABERMAS, Jürgen. *Pensamento pós-metafísico: estudos filosóficos*. Rio de Janeiro: Tempo Brasileiro, 1990, p.56.

Os anos sessenta foram bastante importantes para a filosofia analítica e continental do século XX. Datam da década duas grandes obras que escoram esta pesquisa: "Verdade e Método", de Hans-Georg Gadamer, e "Como fazer as coisas com as palavras", de John L. Austin, pertencentes, respectivamente, à hermenêutica e à filosofia analítica, que, ao lado da teoria crítica, do pós-estruturalismo e da epistemologia pós-positivista, constituem as principais correntes contemporâneas de pensamento.[471]

A hermenêutica e o pós-estruturalismo, ao lado do existencialismo e da teórica crítica francofurtense, pertencem à racionalidade continental. A filosofia analítica – seja americana ou inglesa – ao lado do pragmatismo, do neopositivismo e do estruturalismo, está sob o signo da racionalidade analítica. A epistemologia pós-positivista, à maneira da fenomenologia, do neopragmatismo, dos teóricos dos atos linguísticos e da teoria crítica habermasiana, constitui modo de pensa-

---

[471] "É evidente que as denominações singulares, 'filosofia analítica', 'hermenêutica', etc., para satisfazer ao requisito de exaustividade, são consideradas num sentido antes extensivo. A hermenêutica é vista como o ponto de chegada de um processo que compreende e resume o historicismo, o existencialismos e a fenomenologia; a filosofia analítica é entendia como compreensiva da herança do neopositivismo, do pragmatismo, da tradição analítica inglesa; a teoria crítica deve ser entendia como o pleno desenvolvimento do pensamento francofurtense, de Horkheimer a Honneth, incluindo as várias fases da reflexão de Harbermas e a hermenêutica neokantina de Apel; o pós-estruturalismo é pensado como configuração global, que inclui os estilos nietzschianos e mais geralmente filosóficos do estruturalismo, como o pós-modernismo, o desconstrutivismo.

Quanto à epistemologia pós-positivista, pareceria tratar-se de uma forma de filosofia 'aplicada' (à problemática da ciência e do conhecimento, segundo o uso anglo-saxão do termo 'epistemologia', mas a sua inclusão tem razões específicas). Antes de mais nada, se a filosofia 'não' aplicada é uma metafilosofia, a esta é essencial a 'aplicação' ao problema da ciência e de sua colocação em relação à filosofia. Além disso, a epistemologia pós-positivista (ou pós-empirista, segundo a expressão cunhada por Mary Hesse) teve uma dupla trajetória: de um lado desenvolveu-se em estreita correlação com a filosofia analítica e, de outro, se abriu a conclusões muito próximas da filosofia continental. Isso fez com que todos os filósofos de hoje, que se puseram o problema 'metafilosófico' (de Apel a Vattimo, de Putnam a Rescher ou a Rorty, de Badiou a Bernstein), acabaram por misturar-se com os protagonistas do debate sobre ciência e sobre história da ciência nos anos sessenta a oitenta". D'Agostini, Franca. *Analíticos e continentais: guia à filosofia dos últimos trinta anos*. São Leopoldo: Unisinos, 2003, p. 30-31.

mento híbrido, nas palavras de D'Agostini, *contaminado* por ambas as racionalidades.[472]

O que é importante elucidar, ao fim deste item, é o seguinte: o que se pôde expor foram traços gerais que soem caracterizar uma e outra tradição de pensamento. Entretanto, essas características não podem ser tomadas de maneira absoluta, mesmo porque eram muito mais acentuadas nos anos iniciais da controvérsia do que hoje são. De outro lado, é possível observar, em autores que se enquadram num determinado grupo, traços próprios do grupo oposto, como também não faltam exemplos de pensadores que tentam, de alguma maneira, um diálogo entre ambas as tradições.[473] Mais coerente, portanto, falar de filósofos cujas características predominantes são analíticas ou continentais.

4.2. ALGUMAS PALAVRAS SOBRE A ANALÍTICA DE JOHN L. AUSTIN

John Langshaw Austin, responsável pelo desenvolvimento dos intitulados conceitos performáticos, é um pensador da filosofia analítica inglesa. Sinteticamente, Franca D'Agostini afirma que a filosofia analítica *lato sensu* designa um movimento vasto, surgido na primeira metade do século XX, e reúne autores bastante heterogêneos.[474]

---

472 *Idem*, p. 113.

473 Nesse sentido, veja-se: "Sobre la base de la actual discusión teórica se podría trasladar eso a la siguiente fórmula: analítica sin hermenéutica es vacía, hemenéutica sin analítica es ciega. En los años pasados se han combatido, empero, más que complementarse mutuamente. La corriente analítica acusa a la hermenéutica de ser irracional (lo que no es exacto: la propia hermenéutica no es irracional, ella busca sólo ofrecer luz en los procesos que no son racionales o no puramente racionales, y de esa clase es el proceso de creación jurídica). La hermenéutica, de su parte, sindica a la analítica por no tener respuesta a los reales problemas de la filosofía del derecho y en general de los hombres (ella no busca en absoluto tales respuestas, por lo cual resulta dudoso que la analítica levante la aspiración a representar sola la filosfía del derecho). En tempos recientes se señala la clara tendencia a abandonar el enfrentamiento y llegar a una cooperación. Un importante paso en esa dirección lo había dado Georg Henrik von Wright con su libro Aclarar y compreender (Erklären und Verstehen, 1974). En esta conexión há de mencionarse también a Karl Engisch, quien tuvo siempre la capacidad de vincular el pensamiento lógico y el hermenéutico, como prueba su libro Logische Studien zur Gesetzesanwedung". KAUFMANN, Arthur. *Filosofía del derecho*. 2ª ed. Bogotá: Universidad Externado de Colombia, 1999, p. 93-94.

474 D'Agostini, Franca. *Analíticos e continentais: guia à filosofia dos últimos trinta anos*. São Leopoldo: Unisinos, 2003, p. 278.

O que hordiernamente permite afirmar que um indivíduo é um filósofo analítico é um estilo de argumentação e de escrita, um certo modo de trabalhar a filosofia, suas tarefas e fins. A filosofia analítica evolui sob a ideia de uma filosofia minuciosa, colaboradora e anti-heroica, que culmina num estilo de escrita breve, cujos objetos são questões detalhadas, descritas por meio de linguagens disciplinadas, esquemas e formalismos, sempre com vistas ao desenvolvimento de argumentos controláveis, cujo processo é justificado e reconstruível. É também um movimento preocupado com o estabelecimento de uma certa unidade de discussão e linguagens compartilháveis.[475] O tema próprio da filosofia analítica é a linguagem, por meio da qual o analítico resolve ou dissolve os problemas filosóficos:

> A filosofia analítica, como filosofia linguística, nasce da idéia – que se anuncia em Frege, mas se torna consciente mais tarde, no neopositivismo, em Wittgenstein – de que o âmbito no qual nos movemos na análise é a linguagem, e por isso um esclarecimento lógico-filosófico é um esclarecimento linguístico. O que chamamos de "pensamento" de fato não é tanto ou somente o fluxo de consciência (o *kennen*, como dizia Moritz Schlick, ou o "processo psicológico do pensar", como dizia Frege), mas um conjunto de configurações quase-objetivas, simbólicas: conceitos, pensamentos, mais em geral, entidades lógico-linguísticas, que constituem o conhecer como *erkennen*. É do "choque" recíproco dessas configurações, do seu conectar-se de modo impreciso ou imperfeito, do seu coligar-se de modo equívoco à experiência, que surgem os problemas de que a análise se ocupa".[476]

No bojo da filosofia analítica, o inglês John L. Austin é considerado um *filósofo da linguagem ordinária* ou um *comum-linguista*[477]. O título

---

475 *Idem*, p. 278-279.

476 *Idem*, p. 282.

477 "Trata-se, como foi dito, de realizar uma reflexão sobre os problemas tradicionais da filosofia mediante uma análise conceitual, similar, sob certo ponto de vista, ao método socrático, só que interpretando o conceito como expressão lingüística e não como entidade mental ou objeto lógico, e procurando elucida-la – isto é, estabelecer sua definição ou significado – a partir das condições de uso desta expressão". SOUZA FILHO, Danilo Marcondes. *A filosofia da linguagem de J. L. Austin*. In: AUSTIN, John L. *Quando dizer é fazer: palavras e ação*. Porto Alegre: Artes Médicas, 1990, p. 11. Sobre a filosofia ordinária, ver também: "A filosofia analítica da linguagem recorre à análise da linguagem ordinária, portanto, para evitar o psicologismo e o solipsismo da filosofia da consciência. A filosofia da linguagem não se constitui como um sistema filosófico, mas como uma tentativa de se refletir sobre a linguagem tal como é usada. Coloca-se como um campo mais concreto de investigação,

se refere à divergência que existe no âmbito analítico entre filósofos da linguagem ideal e filósofos da linguagem comum. Os primeiros pretendiam a criação de um vocabulário teórico, isto é, de uma linguagem cujo objetivo é clarear os equívocos da linguagem que se tem à disposição.[478] Os segundos, a seu turno, descrevem o uso comumente feito da linguagem: opõem a uma filosofia construtiva uma filosofia descritiva.[479] Acerca do tema, é digna de colação a passagem de Arthur Kaufmann:

> En la filosofía del lenguaje reciente se han formado – si es posible aquí simplificar por una vez algo – esencialmente dos corrientes, representadas ambas por Wittgenstein, por el Wittgenstein del Tractatus y por el Wittgenstein de las Investigaciones Filosóficas. Una corriente se esfuerza por la creación de un lenguaje ideal, un lenguaje artificial estrictamente formal, en el cual sólo pueden ser utilizados símbolos claros, a fin de que mediante tal "manera de hablar formal" (Carnap) se projeta a la ciencia de usos lingüísticos sin sentido y de los problemas aparentes que de allí resultan. La otra corriente, iniciada por el filósofo inglés G. E. Moore, que parte del "lenguaje normal hablado", ordinary language philosofy, tiene como finalidad reducir palabras provenientes de las esfera metafísica a su significado original y, a través de la utilización correcta del lenguaje natural, eliminar ambigüedades conceptuales (aqui se halla también fundamentada la teoria de los actos de habla de Austin y de Searle). Con la corriente lingüística ideal la filosofía tiene por tarea purificar al lenguaje; con la corriente lingüística normal, por el contrario, el lenguaje tiene por tarea purificar a la filosofía.[480]

---

escapando assim ao risco de se cair numa especulação metafísica. A linguagem não deve ser analisada 'em abstrato', mas sempre em relação a uma situação. Assim a linguagem e a questão do significado devem ser analisados levando em conta os contextos, as circunstâncias, as situações nas quais é usada. A linguagem é parte característica de uma sociedade, não há separação radical entre linguagem e mundo, já que a realidade é constituída pelo modo como aprendemos a linguagem e a usamos. Para a filosofia da linguagem ordinária a linguagem deve ser vista como modo de agirmos no mundo e interagirmos socialmente já que a linguagem é constitutiva de realidade". LIMA, Robinson Rômulo Gemino. *Comunicação como ação: desdobramentos do performativo desde Austin.* Dissertação (Mestrado em Comunicação e Semiótica). Faculdade de Comunicação e Semiótica, Pontifícia Universidade Católica de São Paulo. São Paulo, 2003, p. 15.

478 D'Agostini, Franca. *Analíticos e continentais: guia à filosofia dos últimos trinta anos.* São Leopoldo: Unisinos, 2003, p. 209-210.

479 *Idem*, p. 210.

480 KAUFMANN, Arthur. *Filosofía del derecho.* 2ª ed. Bogotá: Universidad Externado de Colombia, 1999, p. 27

Segundo Luis Alberto Warat, a dicotomia linguagem ideal e linguagem comum é o que separa também a filosofia da linguagem ordinária e o neopositivismo. Warat, apoiado em Rudolf Carnap, emprega a designação *semiótica pura* e *semiótica descritiva* para se referir, respectivamente, à construção de uma linguagem ideal para tratar dos signos e ao estudo dos signos existentes nas diversas linguagens naturais. O positivismo lógico, que é um antecedente histórico importante da filosofia analítica, porquanto centrado na semiótica pura, pretendia a formulação de linguagens ideais que servissem à estruturação de discursos mais rigorosos.[481] A concepção de cientificação da filosofia por meio do rigor discursivo é algo que se dissemina na tradição analítica por algum tempo.

Ao examinar a opção de John L. Austin pela linguagem comum, Franca D'Agostini esclarece que:

> Austin vê a linguagem ordinária como o depósito de uma sabedoria conceitual (e lingüística), elaborada no decurso dos séculos, e que o filósofo deve interrogar *no início* de toda a sua indagação.
> Esta visão positiva da linguagem comum, como já foi dito (I,4), aproxima Austin dos teóricos continentais da *hermenêutica*, que naqueles mesmos anos, autonomamente, formulavam uma visão da linguagem natural como depósito de um saber ontológico originário, ou, segundo a expressão de Heidegger, como 'morada do ser'.[482]

Para Austin, a linguagem comum era fruto de um trabalho de gerações de seres humanos ao longo do tempo.[483] Não cabia a um teórico buscar superá-los por meio de uma linguagem inventada, mas compreender a linguagem comum, mesmo porque era impossível libertar a palavra do mundo ordinário em que foi criada.[484]

O estudo da linguagem, porém, apesar de necessário prefácio a qualquer investigação filosófica, não poderia ser visto como todo o trabalho filosófico. A teoria de Austin, sem dúvida, não é incongruente com a hermenêutica continental num ponto fundamental: não fecha os olhos para o fato de que a linguagem não se basta e nem para a

---

481 WARAT, Luis Alberto. *O direito e sua linguagem*. 2ª versão. Porto Alegre: Fabris, 1984, p. 39.

482 D'Agostini, Franca. Analíticos e continentais: guia à filosofia dos últimos trinta anos. São Leopoldo: Unisinos, 2003, p. 332.

483 *Idem*, p. 332.

484 *Idem*, p. 333.

importância do mundo perante a linguagem, ou seja, para a dimensão *prática* (pragmática) da linguagem, na sua relação com o usuário. A pragmaticidade é própria da Filosofia da Linguagem Ordinária, à qual Austin pertencia. Nesse sentido: "uma diferença substancial entre a Filosofia da Linguagem Ordinária e o Positivismo Lógico estaria, desta maneira, no nível de análise privilegiado: pragmático para os primeiros; sintático semântico, para os segundos".[485]

Pensar na linguagem sob uma perspectiva pragmática é refleti-la na sua relação com o usuário, isto é, sobre os usos da língua na prática. Não se chega ao significado de um termo sem observar o contexto em que este é empregado.[486]

Destarte, é possível afirmar que Austin ensaia a superação da limitação da abordagem puramente semântica realizada pelos analíticos e denunciada por Georges Abboud, Henrique Garbellini Carnio e Rafael Tomaz de Oliveira, conforme tratado no item antecedente. Aborda a língua a partir do uso prático.

Por outro lado, mesmo a análise puramente teórica da analítica pode ser útil à hermenêutica. A perspectiva hermenêutica não ignora a importância dos elementos linguísticos e de seu estudo, apenas sinaliza para o que está além do componente textual. Não é incompatível a análise de teorias analíticas para o estudo hermenêutico do direito se rememorada a ideia de que estas centram seus esforços num dado parcial à resolução do problema da aplicação do direito (o texto jurídico).

---

[485] WARAT, Luis Alberto. *O direito e sua linguagem*. 2ª versão. Porto Alegre: Fabris, 1984, p. 64.

[486] "Indagar sobre um uso linguístico ou modo de significar é realizar uma análise das alterações significativas que as palavras sofrem no processo de comunicação. Os significados socialmente padronizados possuem sentidos incompletos; são expressões em aberto, que apenas se tornam relativamente plenas em um contexto determinado. Assim, é impossível analisar significado de um termo sem considerar o contexto no qual se insere, ou seja, seu significado contextual. Desta forma, um termo possui dois níveis básicos de significação: o significado de base e o significado contextual. O primeiro é aquele que reconhecemos no plano teórico quando abstraímos a significação contextual e consideramos o sentido congelado, a partir dos elementos de significação unificados por seus vínculos denotativos. O segundo pode ser entendido como o efeito de sentido derivado dos processos efetivos de comunicação social. Constata-se que para a Filosofia da Linguagem Ordinária os efeitos de sentido são determinados pelos propósitos significativos, ou seja, pelos objetivos dos emissores das palavras. Tais propósitos são denominados usos ou funções da linguagem (modos de significar)." *Idem*, p. 65.

Resta, ainda, equacionar outros fatores decisivos: o intérprete – que, sob o viés continental, é sempre histórico, finito e, inevitavelmente, contamina o processo interpretativo –, a tradição – de onde o sujeito recebe os prejuízos – etc. Os elementos linguísticos são fundamentais, mesmo porque o texto que eles compõem constitui o limite oposto ao sujeito; o texto é a coisa frente a qual o intérprete deve pôr à prova os prejuízos herdados da tradição.

4.3. OS CONCEITOS PERFORMÁTICOS DE JOHN L. AUSTIN: UMA PROPOSTA DE INSTRUMENTALIZAÇÃO DA TEORIA DOS ENUNCIADOS PERFORMATIVOS PARA A DETECÇÃO DE FRAGILIDADES ARGUMENTATIVAS

John L. Austin é um dos pioneiros no desenvolvimento da intitulada teoria dos atos de fala, que contribui para a superação de uma visão composicional da linguagem – segundo a qual a linguagem é constituída de termos e proposições que descrevem estados de coisas – e o estabelecimento de uma visão pragmática, segundo a qual a linguagem é feita de ações enunciativas, avaliadas segundo o seu êxito e não apenas sua veracidade[487].

Na teoria de Austin, é possível observar a distinção entre enunciados constativos e enunciados performativos.

Ao início de *"How to do things with words"*, Austin discorre sobre a tradição filosófica, segundo a qual os enunciados se prestam apenas à descrição ou constatação de algo, no que estão sujeitos a um juízo de falsidade ou veracidade.[488] Aos enunciados desse tipo, Austin intitu-

---

[487] D'Agostini, Franca. *Analíticos e continentais: guia à filosofia dos últimos trinta anos.* São Leopoldo: Unisinos, 2003, p. 212. Também neste sentido: "Para Austin, ao contrário, a linguagem não deve ser considerada em abstrato, mas sim levando em conta o contexto de seu uso, as situações ou circunstâncias nas quais a linguagem adquire seu sentido, as práticas sociais e/ou institucionais nas quais a adquirimos, a utilizamos e que a suportam". LIMA, Robinson Rômulo Gemino. *Comunicação como ação: desdobramentos do performativo desde Austin.* Dissertação (Mestrado em Comunicação e Semiótica). Faculdade de Comunicação e Semiótica, Pontifícia Universidade Católica de São Paulo. São Paulo, 2003, p. 16.

[488] "It was for too long the assumption of philosophers that the business of a 'statement' can only be to 'describe' some state of affairs, or to 'state some fact', which it must do either truly or falsely". *How to do things with words: The William James lectures delivered at Harvard University in 1955.* 2ª ed. J.O. Urmson and Marina Sbisà; Oxford: Clarendon Press, 1975, p.1.

lou "constativos"[489]; a filosofia costuma, porém utilizar o termo "afirmações" ou "declarações".[490] Ao lado dos constativos, Austin acresce um outro tipo de enunciado, que não se presta a descrever, reportar ou constatar o que seja e, por isso mesmo, não pode ser considerado verdadeiro ou falso[491]. Cuidam-se dos enunciados performativos ou performáticos, cujo fim não é a descrição, mas a execução, isto é, à realização de algo[492]. Conforme o autor:

> In these examples it seems clear that to utter the sentence (in, of course, the appropriate circumstances) is not to *describe* my doing of what I should be said in so uttering to be doing or to state that I am doing it: it is to do it. None of the utterances cited is either true or false: I assert this as obvious and do not argue it. It needs argument no more than that 'damn' is not true

---

489 *Idem*, p.3.

490 OTTONI, Paulo. *John Langshaw Austin e a Visão Performativa da Linguagem*. In: *DELTA* [online]. 2002, vol.18, n.1, p. 127-128.

491 AUSTIN, John L. *How to do things with words: The William James lectures delivered at Harvard University in 1955*. 2ª ed. J.O. Urmson and Marina Sbisà; Oxford: Clarendon Press, 1975, p.5.

492 *Idem*, p.6. Luis Alberto Warat trata do propósito ou da instância performativa da linguagem, admitida pela Filosofia da Linguagem Ordinária: "A Filosofia da Linguagem Ordinária, apesar de admitir uma ampla gama de propósitos que possam levar um emissor a empregar um termo (persuadir, dominar, interrogar, suplicar, fazer rir, etc.), reduz teoricamente todas estas intenções, conforme os autores, a três ou quatro instâncias ou usos básicos: informativo, emotivo, diretivo e performativo. Não se trata de uma classificação rígida, sendo empregada como um critério de orientação. Constitui-se uma classificação artificial, pois os usos concretos mostram sempre a presença, em graus diversos, de mais de uma instância funcional. A intenção é um dado psicológico e quando não conta com uma teorização adequada da relação entre os signos lingüísticos, os dados do mundo e as categorias psicológicas, o seu valor metodológico torna-se discutível.

Desta forma: a) a instância informativa veicula um sentido articulável com os objetos do mundo; b) a instância emotiva indica as conexões valorativas e as emoções que os termos podem transmitir; c) a instância diretiva refere-se às palavras que cumprem a função de provocar conexões de sentido, destinadas a atuar sobre o comportamento future do receptor; d) a instância performativa refere-se às palavras cuja característica principal é a de serem empregadas para fazer algo e não para dizer algo sobre algo. Constituem situações fáticas. Pressupõe a existência de um órgão dotado de autoridade para significar e de um corpo normativo que habilita o emprego desses termos com a função de constituir situações fáticas". WARAT, Luis Alberto. *O direito e sua linguagem*. 2ª versão. Porto Alegre: Fabris, 1984, p. 66. Sobre o tema, ver também: FLORES, Teresa Mendes. *Agir com palavras: a teoria dos actos de linguagem de John Austin*, p. 3.

> or false: it may be that the utterance 'serves to inform you' – but that is quite different. To name the ship is to say (in the appropriate circumstances) the words 'I name, &c.'. When I say, before the register or altar, &c., 'I do', I am not reporting on a marriage: I am indulging in it.
>
> What are we to call a sentence or an utterance of this type? I propose to call it a *performative sentence* or a performative utterance, or, for short, 'a performative'.[493]

Os enunciados performativos, porque imunes ao juízo de veracidade ou falsidade, são *indiscutíveis*. Estão a serviço de uma ação e, portanto, a única avaliação a que se submetem é acerca de seu sucesso ou fracasso na realização da tarefa a que se destinam. Na consecução de seu fim, podem ser felizes ou infelizes e nada mais. A controlabilidade de um enunciado desta natureza é, portanto, limitada, para não dizer nula: não se sujeitam a um teste de racionalidade, mas de felicidade[494] (o performativo será feliz ou infeliz a depender de a ação pretendida ter se concretizado ou se frustrado). Dito de outro modo, nas afirmações, é possível encontrar as propriedades de "verdadeiro" ou "falso", o mesmo, porém, não se pode dizer dos enunciados performativos.[495] É que nos constativos existe um tipo de referência que falta ao performativo.[496]

Conforme Maria Teresa Flores:

> O que podemos verificar relativamente aos performativos, dirá o autor, é se estes enunciados resultam ou não resultam. O que faz com que ordenar, prometer, apostar ou nomear sejam actos válidos? Em que condições "Sim" (aceito esta mulher como minha fiel e legítima esposa) realiza matrimónio?

---

493 *How to do things with words: The William James lectures delivered at Harvard University in 1955*. 2ª ed. J.O. Urmson and Marina Sbisà; Oxford: Clarendon Press, 1975, p. 6.

494 "What these are we may hope to discover by looking at and classifying types of case in which something goes wrong and the act – marrying, betting, bequeathing, christening, or what not – is therefore at least to some extent a failure: the utterance is then, we may say, not indeed false but in general unhappy. And for this reason we call the doctrine of the *things that can be and go wrong* on the occasion of such utterances, the doctrine of the *Infelicities*". Idem, p.14.

495 OTTONI, Paulo. *John Langshaw Austin e a Visão Performativa da Linguagem*. In: OTTONI, Paulo. *John Langshaw Austin e a Visão Performativa da Linguagem*. In: *DELTA* [online]. 2002, vol.18, n.1, p. 128.

496 OTTONI, Paulo. *John Langshaw Austin e a Visão Performativa da Linguagem*. In: *DELTA* [online]. 2002, vol.18, n.1, p. 128.

Como é que, sob que modalidades, "Peço-te que me coloques esta carta no correio" é um enunciado legítimo?
De um ponto de vista puramente formal ou lógico não é possível apurar estes diversos modos de funcionamento.[497]

Posteriormente, Austin demonstrará que nenhum enunciado é meramente descritivo: todos possuem um aspecto performativo e sempre podem, sob uma perspectiva pragmática, ser encarados como atos linguísticos. Por outro lado, verá também nos performáticos, em certa medida, alguma dimensão constativa. Por isso mesmo, Austin proporá uma nova abordagem sobre o tema,[498] distinguindo os aspectos locutório, ilocutório e perlocutório dos atos enunciativos.[499-500]

O aspecto locutório corresponde ao próprio ato de dizer: "independente do que diz, dizer é uma ocorrência no mundo".[501] Dizer corresponde a: a) produzir sons; b) produzir vocábulos ou palavras, conforme uma construção gramatical; c) empregar os vocábulos num certo sentido, com uma determinada referência, isto é, com um significado.[502] A esse respeito:

> Num sentido minimalista, falar é produzir sons (acto fonético), mas não é produzir um som qualquer, é pronunciar sons de determinado tipo a que chamamos vocábulos, na medida em que estão previstos numa certa língua, e produzimo-los segundo uma determinada ordem, isto é, conformes a uma gramática (acto fático). Isto porque teremos em vista usar esses

---

[497] FLORES, Teresa Mendes. *Agir com palavras: a teoria dos actos de linguagem de John Austin*, p. 4.

[498] Nesse sentido: "A oposição constativos/performativos tem um valor operativo fundamental para as descobertas de Austin mas, se não será exactamente ultrapassada, ganhará outra dimensão no quadro da generalização da natureza accional da linguagem que Austin acabará por defender na sua teoria geral". *Idem*, p. 4-5.

[499] Robinson Rômulo Gemino. *Comunicação como ação: desdobramentos do performativo desde Austin*. Dissertação (Mestrado em Comunicação e Semiótica). Faculdade de Comunicação e Semiótica, Pontifícia Universidade Católica de São Paulo. São Paulo, 2003, p. 55-56.

[500] OTTONI, Paulo. *John Langshaw Austin e a Visão Performativa da Linguagem*. In: DELTA [online]. 2002, vol.18, n.1, p. 128.

[501] FLORES, Teresa Mendes. *Agir com palavras: a teoria dos actos de linguagem de John Austin*, p. 14.

[502] AUSTIN. John L. *How to do things with words: The William James lectures delivered at Harvard University in 1955*. 2ª ed. J.O. Urmson and Marina Sbisà; Oxford: Clarendon Press, 1975, p. 92-93.

vocábulos de acordo com um determinado sentido e uma determinada referência (acto rético).

Um acto locutório é a conjugação destes três actos (fonético, fático e rético), que têm uma validade analítica, mas cada enunciado pode colocar em relevo um ou outro desses aspectos[503].

Se valer de um ato locutório é, em síntese, empregar um discurso. Já o aspecto ilocutório designa a intenção subjacente ao discurso empregado (perguntar, responder, informar, avisar, atestar, anunciar, prometer, julgar, nomear, criticar, descrever, etc.):

> When we perform a locutionary act, we use speech: but in what way precisely are we using it on this ocasion? For there are very numerous functions or ways in which we use speech, and it makes a great difference to our act in some sense —sense (B) – in which way and which *sense* we were on this occasion 'using' it. It makes a great difference whether we were advising, or merely suggesting, or actually ordering, whether we were strictly promising or only announcing a vague intention, and so forth[504].

O aspecto perlocutório diz respeito aos efeitos decorrentes do que se diz, isto é, às consequências da enunciação, que nem sempre se confundem com a intenção do locutor[505]. Não raro, a intenção do sujeito é uma (*e.g.* esclarecer), mas os resultados de sua fala são outros (*e.g.* confunde o interlocutor):

> There is yet a further sense (C) in which to perform a locutionary act, and therein an illocutionary act, may also be to perform an act of another kind. Saying something will often, or even normally, produce certain consequential effects upon the feelings, thoughts, or actions of the audience, or the speaker, or of other persons: and it may be done with the design, intention, or purpose of producing them; and we may then say, thinking of this, that the speaker has performed an act in the nomenclature of which reference is made either (C.*a*), only obliquely, or even (C. *b*), not at all, to the performance of the locutionary or illocutionary act. We shall call the

---

[503] FLORES, Teresa Mendes. *Agir com palavras: a teoria dos actos de linguagem de John Austin*, p. 15.

[504] AUSTIN. John L. *How to do things with words: The William James lectures delivered at Harvard University in 1955*. 2ª ed. J.O. Urmson and Marina Sbisà; Oxford: Clarendon Press, 1975, p. 99.

[505] FLORES, Teresa Mendes. *Agir com palavras: a teoria dos actos de linguagem de John Austin*, p. 3.

performance of an act of this kind the performance of a *perlocutionary* act or *perlocution*.[506]

Diante da nova abordagem, o próprio Austin questiona sobre o lugar da classificação constativo-performativo proposta ao início da obra[507] e chega à conclusão de que a real diferença entre um e outro é a evidência que dão ao valor ilocutório:

> What then finally is left of the distinction of the performative and constative utterance? Really we may say that what we had in mind here was this: (a) With the constative utterance, we abstract from illocutionary (let alone the perlocutionary) aspects of the speech act, and we concentrate on the locutionary: moreover, we use an over-simplified because essentially it brings in the illocutionary aspect. We aim at the ideal of what would be right to say in all circumstances, for any purpose, to any audience, &c. Perhaps this is sometimes realized.

---

506 AUSTIN. John L. *How to do things with words: The William James lectures delivered at Harvard University in 1955*. 2ª ed. J.O. Urmson and Marina Sbisà; Oxford: Clarendon Press, 1975, p.101.

507 O questionamento se dá ante a constatação de que enunciar algo é sempre um fazer. Todo enunciado tem um aspecto performativo e pode ser julgado sob o critério da "felicidade". Veja o seguinte exemplo: "O cachorro está dormindo". Da frase retro se infere que o interlocutor que a emitiu acredita que o cão esteja dormindo. No "acredita" reside o aspecto performático da sentença. Se afirmou sujeito, entretanto, afirmou sem acreditar, faltou com sinceridade, que é um dos tipos de infelicidade que tipicamente acometem os performativos. Se, na mesma frase, o cachorro ao qual o interlocutor se refere não existir, o resultado será uma sentença nula e sem efeito, o que corresponde a um outro tipo de infelicidade que Austin lista. O que autor pretende demonstrar é que os enunciados constativos possuem um aspecto performático, ao tempo que podem se sujeitar aos mesmos juízos de infelicidade a que um performático se sujeita. Por outro lado, todo performar implica um descrever, de modo que o juízo sobre um performático é similar à veracidade ou falsidade. Que a própria veracidade ou falsidade são, sob um ponto de vista, uma questão de perspectiva, como o é o sucesso ou insucesso. Ou que nem sempre é possível afirmar com categoria que um enunciado é verdadeiro ou falso. Dizer que a França é hexagonal pode ser verdadeiro para um leigo, mas falso para um geógrafo. Por outro lado, a uma certa maneira, é possível afirmar se um performativo foi correto. Por exemplo, quando se faz um aviso, avaliando as informações que o sujeito possuía a ao realiza-lo, pode-se concluir se o aviso foi correto ou incorreto. AUSTIN. John L. *How to do things with words: The William James lectures delivered at Harvard University in 1955*. 2ª ed. J.O. Urmson and Marina Sbisà; Oxford: Clarendon Press, 1975, p.132-144. Ver também: D'Agostini, Franca. *Analíticos e continentais: guia à filosofia dos últimos trinta anos*. São Leopoldo: Unisinos, 2003, p. 334.

> (b) With the performative utterance, we attend as much as possible to the illocutionary force of the utterance, and abstract from the dimension of correspondence with facts.[508]

Desse modo, aquilo que se designa por enunciado performático não é outra coisa senão uma sentença cujo valor em evidência é o ilocutório, ou seja, a intenção, a ação desejada por meio da enunciação: perguntar, questionar, avisar, nomear, etc. O enunciado performático está centrado na ação desejada pelo interlocutor. Por outro lado, o enunciado constativo privilegia o valor locutório, ou seja, o seu aspecto conteudístico.

> O que acontece, propõe Austin, é que cada um destes enunciados põe diferentemente em evidência o seu valor ilocutório. Assim, na enunciação constatativa negligenciamos o seu valor ilocutório, para salientarmos os seus aspectos locutórios. Preocupamo-nos sobretudo com o aspecto referencial, com a sua adequação aos fatos (com a verdade ou falsidade, ou seja, com a referência e o sentido). Na enunciação performativa damos sobretudo conta da dimensão iloctória da enunciação e deixamos de lado a dimensão da correspondência aos factos. Mas em qualquer das enunciações temos um acto de linguagem completo.[509]

O que se observa é que a oposição constativo-performativo *não desaparece, mas ganha nova forma*. É, na realidade, uma "teoria particular no interior de uma teoria geral dos atos de linguagem"[510].

Ou seja, não se nega que todo enunciado constativo possa ter uma carga de performatividade. Nem que, indiretamente, todo enunciado performativo possua uma descrição implícita (*e.g.* quando se diz "eu batizo", implicitamente se descreve uma ação realizada). Entretanto, não se pode também ignorar que os enunciados possuem uma carga essencial, direta, que ou é constativa (sujeita a um teste de veracidade) ou é performativa (sujeita a um teste de felicidade), porquanto privilegiado o valor locutório ou o valor ilocutório.

É bem verdade que a teoria dos atos de fala *austiniana* não visava a analisar, a *priori*, as argumentações jurídicas propriamente ditas para aferir sua (in) controlabilidade. Centrava-se, muito mais, num estudo

---

508 AUSTIN. John L. *How to do things with words: The William James lectures delivered at Harvard University in 1955*. 2ª ed. J.O. Urmson and Marina Sbisà; Oxford: Clarendon Press, 1975, p.145-146.

509 FLORES, Teresa Mendes. *Agir com palavras: a teoria dos actos de linguagem de John Austin*, p. 16.

510 *Idem*, p. 18.

linguístico puro, isto é, no exame dos elementos linguísticos e seus efeitos práticos. Os exemplos de que se vale o autor são sempre expressos e cotidianos e visam explanar, didaticamente, o efeito prático da anunciação projetada, na qual o dizer se confunde com o agir.

O que se pretende na presente obra é transpor as ideias *austinianas*, emprestá-las, realizando as adequações necessárias, para auxiliar na construção de uma teoria da decisão no Estado Democrático de Direito (o Estado Constitucional vigente), onde o que interessa é o potencial fiscalizatório que a argumentação jurídica possui. Sob essa perspectiva, consideraremos constativos os enunciados que possuem forte carga constativa, que contêm em si um conteúdo semântico passível de controle de veracidade. Por outro lado, nomearemos performativos aqueles enunciados semanticamente vazios, cuja carga constativa é ínfima – e que, por isso, resistem a um controle de veracidade –, os quais se destacam por serem um mero subterfúgio retórico, uma escusa para um agir.

O que mais preocupa, do ponto de vista das decisões judiciais, é a utilização de enunciados pretensamente constativos (que deveriam possuir forte carga constatativa e não possuem), mas que, na realidade, são semanticamente vazios e orientados a um objetivo próprio de um enunciado performativo: a realização de uma ação e nada mais. Essa sorte de argumentação abstrai do conteúdo para privilegiar a ação desejada pelo emitente. Acidentalmente, estarão sujeitos a algum juízo de veracidade, mas o controle material será sobremaneira dificultoso. É por isso que seu uso é questionável sob a perspectiva constitucional, conforme se verá no capítulo final.

4.4. A JUSTIÇA COMO CONCEITO PERFORMÁTICO

Na seara jurídica, sobram exemplos de enunciados performáticos empregados pelos doutrinadores, juízes e advogados na sua argumentação. Um exemplo bastante ilustrativo é o interesse público.

O emprego do interesse público como conceito performático foi explorado por Georges Abboud em artigo intitulado "Direitos fundamentais vs. Interesse público: análise crítica a partir dos enunciados performáticos de John Austin".[511]

---

[511] In: CLÈVE, Clèmerson Merlin; FREIRE, Alexandre [coord.]. *Direitos fundamentais e jurisdição constitucional*. 1ª ed. São Paulo: Revista dos Tribunais, 2014, p. 427-433.

No escrito, o autor, após breve explanação da distinção entre performativos e constativos na teoria *austiniana*, assevera que "interesse público" constitui exemplo típico dos enunciados do primeiro tipo, que servem ao Poder Público quando pretende realizar determinados atos:

> Nada mais performático do que essas afirmações: quando nada, não demonstra em que termos seu ato está de acordo com a legislação e com a Constituição, limita-se apenas a afirmar que se pauta pelo interesse público, o que colocado isoladamente nada quer dizer.
> Convém ressaltar que o termo interesse público tal qual é apresentado, não pode ter sua correção ou validade verificada ou contrastada. Ele e demais conceitos – como conveniência e oportunidade – têm tamanha vagueza semântica que, dentro deles, praticamente tudo cabe. Ou seja, como eles são performáticos, logo indiscutíveis, eles podem servir de base para fundamentar qualquer ato administrativo, inclusive de caráter contraditório. Em síntese, eles são subterfúgios para o agir discricionário ou arbitrário.[512]

Dada sua natureza performática, o termo "interesse público" não poderia, na visão do autor, justificar a modulação de efeitos para benefício do Poder Público no controle concentrado de constitucionalidade. Ou seja, a invocação da supremacia do interesse público não constituiria fundamento válido para favorecer o Estado contra o particular, restringindo-lhe direitos fundamentais. Isso porque o vazio de sentido do termo "interesse público" permitiria ao Estado preenchê-lo conforme sua conveniência, para subjugar aqueles direitos, cuja razão de ser é a limitação do poder estatal. A finalidade protetiva dos direitos fundamentais seria frustrada caso se autorizasse sua limitação diante de um argumento retórico e incontrolável, do qual o Poder Público poderia se valer conforme o seu arbítrio: ao fim e ao cabo, é o próprio Poder Público que determina o que é de seu interesse.

A justiça, objeto de estudo da presente obra, à semelhança do interesse público, também constitui um subterfúgio retórico que, no momento decisório, não pode ser utilizado pelo juiz para fundamentar qualquer provimento.

---

[512] ABBOUD, Georges. *Direitos fundamentais vs. Interesse público: análise crítica a partir dos enunciados performáticos de John Austin*. In: CLÈVE, Clèmerson Merlin; FREIRE, Alexandre [coord.]. *Direitos fundamentais e jurisdição constitucional*. 1ª ed. São Paulo: Revista dos Tribunais, 2014, p. 430.

A imbricação entre justiça e direito é histórica e inegável e seus vestígios remanescem no próprio linguajar jurídico.[513] Tércio Sampaio Ferraz Jr.[514], ao analisar – apoiado nos estudos de Sebastião Cruz – a origem, os significados e as funções do direito, remete o leitor aos símbolos da justiça grega e romana, num reporte digno de síntese.

Conforme o autor, a expressão "direito" se originou de dois vocábulos: (a) *"jus"*, do qual decorreram as palavras *"rechts"* e *"right"*; e (b) *"derectum"* – origem das palavras *"direito"*, *"derecho"*, *"dirritto"*, *"droit"*, dentre outros.[515]

Ao longo da história, o direito esteve associado a diversos símbolos. A balança é o mais famoso.

Na cultura grega, a deusa Diké empunhava na mão esquerda uma balança sem fiel, ao tempo que, na mão direita, brandia uma espada. A palavra "diké" deriva de um vocábulo que significa "limites às terras de um homem"[516]; está associada, portanto, à ideia de propriedade, ao que é próprio, ao que é devido a cada um. Trata-se de noção que, inevitavelmente, contaminava o direito.[517]

Diké, com a balança e a espada em punho, permanecia em pé, com os olhos abertos, e, quando os pratos se equilibravam, declarava a existência do justo. Para os gregos, a visão simbolizava a especulação, a *sapientia*; a audição, ao lado da visão, era outro sentido intelectual, indicativo das coisas práticas, do saber agir, da prudência, etc[518]. O equilíbrio da balança (igualdade entre os pratos da balança) era denominado "*ison*", do que decorre a palavra "isonomia", razão pela qual, no linguajar comum grego, o direito ou o justo eram associados à igualdade.

---

513 "Sabemos que o termo "direito" vincula-se etimologicamente com o reto ("direito"), o correto, o adequado (do latim: directum). Em paralelo, o termo "justiça" (do latim: justitia) se relaciona diretamente com o direito (em latim: jus). Essa vinculação entre o direito (ius) e a justiça está clara em vários termos atualmente utilizados em português: jurídico, juiz, jurista, jurisdição…". DIMOULIS, Dimitri. *Manual de introdução ao estudo do direito*. 7ª ed. rev., atual. e ampl. São Paulo: Revista dos Tribunais, 2016, p. 79.

514 *Introdução ao estudo do direito*. 7ª ed., rev. e ampl. São Paulo: Atlas, 2013. p. 10.

515 *Idem*, p. 10.

516 *Idem*, p. 29.

517 *Idem*, p. 19.

518 *Idem*, p. 11.

A cultura romana possuía uma versão ligeiramente distinta: a deusa "Iustitia" realizava justiça via balança – nesta versão, dotada de fiel –, valendo-se das duas mãos para segurá-la. À semelhança de Diké, fazia-o em pé, mas com os olhos vendados. A deusa declarava o direito quando o fiel estivesse na posição vertical, ou seja, inteiramente reto. Disso decorre a ideia do direito como "*rectum*", sinônimo de reto, ou "reto de cima a baixo (de + *rectum*)."[519] A venda significava que a justiça romana estava associada a um saber prático, a uma "*prudentia*", alheia a teorizações abstratas comumente formuladas pelos gregos por meio da especulação. Por essa razão, os romanos valorizavam as construções operacionais, a palavra falada, do que decorre o termo "*lex*", derivado do verbo "*legere*", que significa ler em voz alta.[520] O passar dos séculos conduziu à substituição progressiva do termo "*jus*" pelo termo "*derectum*", geralmente utilizado para fazer referência ao ordenamento ou a uma norma jurídica.[521]

A simbologia ora narrada interessa, porque demonstra o consórcio que prevalecia entre a religião, a justiça e o direito.[522]

Desde a Antiguidade Clássica até a Idade Média, o direito esteve atravessado pela sacralidade, da qual apenas se divorciou quando do advento do Estado Moderno. Com efeito, na modernidade, o direito passou por um processo de racionalização, decisivo para a tecnicização do saber jurídico.[523]

---

519 *Idem*, p. 10.

520 *Idem*, 11.

521 *Idem*, 11.

522 RÜTHERS, Bernd. *Teoría del derecho: concepto, validez y aplicación del derecho*. Bogotá: Themis, 2018, p. 175.

523 Segue a síntese realizada por Tércio Sampaio Ferraz Jr.: "(...) na Antiguidade Clássica, o direito (jus) era um fenômeno de ordem sagrada, imanente à vida e à tradição romana, conhecido mediante um saber de natureza ética, a prudência. Desde a Idade Média, nota-se que, continuando a ter um caráter sagrado, o direito, no entanto, adquire uma dimensão sagrada transcendente com sua cristianização, o que possibilita o aparecimento de um saber prudencial já com traços dogmáticos; em analogia com as verdades bíblicas, o direito tem origem divina e como tal deve ser recebido, aceito e interpretado pela exegese jurídica.

Desde o Renascimento, ocorre, porém, um processo de dessacralização do direito, que passa a ser visto como uma reconstrução, pela razão, das regras da convivência. Essa razão, sistemática, é pouco a pouco assimilada ao fenômeno do estado moderno, aparecendo o direito como um regulador racional, supranacional, capaz de

Seja na Antiguidade Clássica, seja na Idade Média, o direito posto estava escravizado por uma ordem de coisas metafísica – o direito natural –, originária de algo (ou alguém) que estava além do humano: no primeiro caso, o direito natural era a lei da natureza, ao tempo que, no segundo, era a lei divina revelada ao homem.

O período mediévico é marcado pela relação de subordinação entre direito natural (subordinante) e direito positivo (subordinado), avalizada pela crença de que o *jus naturalis* possuía uma origem divina. "A cidade de Deus" de Santo Agostinho data justamente dessa quadra histórica. Na obra, o filósofo estabelece que o que diferencia as regras estatais das regras de um grupo criminoso é o objetivo de alcançar a justiça. Um reino alijado da justiça não se distinguiria de um bando de criminosos.[524]

No curso do Estado Moderno e da secularização, a divindade é deposta pela razão humana. Dessarte, o direito natural, muito embora anterior e superior ao direito posto, era aquele ditado pela razão humana. Trata-se do intitulado "jusracionalismo", no qual se parte do pressuposto de que todo indivíduo é dotado de uma racionalidade e pode pensar e agir racionalmente, uma vez satisfeitas as necessidades básicas para seu desenvolvimento e provida a devida educação.[525] O próprio homem é capaz de, por meio da razão, distinguir acerto e erro, conhecer seus direitos e deveres.

O jusracionalismo, conforme mencionado no capítulo primeiro, conduzirá à elaboração dos Códigos. A lei codificada, por sua vez, contribuirá para surgimento do positivismo na sua face primeira – o positivismo exegético.

---

operar, apesar das divergências nacionais e religiosas, em todas as circunstâncias. A crise da racionalidade, no entanto, irá conduzir-nos, como dizíamos, a um impasse que se observará, no início do século XIX, pelo aparecimento de formulações românticas sobre o direito, visto como fenômeno histórico, sujeito às contingências da cultura de cada povo." FERRAZ JR., Tércio Sampaio. *Introdução ao estudo do direito*. 7ª ed., rev. e ampl. São Paulo: Atlas, 2013, p. 47.

524 "Afastada a justiça, que são, na verdade, os reinos senão grandes quadrilhas de ladrões? Que é que são, na verdade, as quadrilhas de ladrões senão pequenos reinos?". SANTO AGOSTINHO. *A cidade de Deus: volume I: livro Ia VIII*. 2ª ed. Lisboa: Serviço de educação fundação Calouste Gulbenkian, 1996, p. 383. Ver comentários em: DIMOULIS, Dimitri. *Manual de introdução ao estudo do direito*. 7ª ed. rev., atual. e ampl. São Paulo: Revista dos Tribunais, 2016, p. 78-79.

525 DIMOULIS, Dimitri. *Manual de introdução ao estudo do direito*. 7ª ed. rev., atual. e ampl. São Paulo: Revista dos Tribunais, 2016, p. 92.

O positivismo é um marco revolucionário para o estudo da turbulenta relação havida (ou perseguida) entre direito e justiça. A partir do movimento positivista, o direito posto se divorcia da ordem metafísica que dantes o subordinava e se alija de valores de cunho moral. A invalidade de uma lei, então, não poderia ser declarada com fundamento na inobservância de um código transcendental de direitos. O direito é o que está posto e nada além. A vontade humana, responsável pela positivação de uma regra, torna-se condição necessária e *suficiente* para a sua legitimidade (e validade).

Hans Kelsen, na célebre "Teoria Pura do Direito", também examinada no capítulo primeiro dessa obra, propõe que a validade de uma ordem jurídica não pode estar submissa à moral ou à justiça, posto que o bom e justo são valores relativos: para ser direito, basta que sua produção tenha obedecido determinadas regras, previstas pelo próprio ordenamento, não cabendo desqualificá-lo pelo conteúdo que carrega, seja "bom", seja "mau". Nesse sentido:

> A pretensão de distinguir Direito e Moral, Direito e Justiça, sob o pressuposto de uma teoria relativa dos valores, apenas significa que, quando uma ordem jurídica é valorada como moral ou imoral, justa ou injusta, isso traduz a relação entre a ordem jurídica e um dos vários sistemas de Moral, e não a relação entre aquela e "a" Moral. Desta forma, é enunciado um juízo de valor relativo e não um juízo de valor absoluto. Ora, isto significa que a validade de uma ordem jurídica positiva é independente de sua concordância ou discordância com qualquer sistema de Moral.[526]

O positivismo termina por gerar um descontrole de conteúdo, posto que qualquer coisa poderia ser direito, desde que respeitados os procedimentos formais de produção legislativa. Esse modo de pensar gera uma crise pós Segunda Guerra, da qual nasce a percepção de que a limitação do poder exigia um método de controle material das leis.

O quadro posto ocasionou um desconforto. Decerto, desde o Iluminismo, o direito, sobretudo a Constituição, foi imbuído da missão de limitação e racionalização do poder com vistas à garantia da liberdade dos homens frente ao Estado. É esse, aliás, o espírito que guia o nascimento do Estado de Direito. O nazismo demonstrou, porém, que o direito podia ser, facilmente, corrompido pela política e guiado pelos fins de quem detém o poder, inclusive contra o jurisdicionado e da maneira mais bárbara possível.

---

[526] KELSEN, Hans. *Teoria Pura do Direito*. 8 ed. São Paulo: Martins Fontes, 2009. p. 75-76.

Quando instituído, o Estado Democrático, *a priori*, não se percebeu o perigo que maiorias representativas poderiam oferecer ao próprio regime. Os monarcas foram depostos e o poder paulatinamente entregue ao povo, para que o exercesse diretamente ou mediante representação. Não se previu, porém, que o próprio "povo" pudesse vir a ser a força carente de contenção. Ocupava o ponto cego da democracia a possibilidade de que maiorias pudessem ocasionar a degeneração da civilidade a duras penas conquistada.

A derrota das ditaduras nazifascistas do século XX provocou a busca por um meio de efetiva limitação do poder político. Muito embora parte ruidosa da doutrina tenha preconizado o retorno do jusnaturalismo[527] – partindo, no mais das vezes, de uma demonização equivocada do positivismo jurídico –, a solução que se globalizou foi muito mais efetiva. Surgiram novos textos constitucionais, que consagram *direitos e garantias fundamentais*, oponíveis ao Estado e indisponíveis à vontade da maioria. Por outro lado, *fortaleceu-se a Justiça Constitucional*, encarregada de corrigir os atos dos três Poderes que atentassem contra os procedimentos formais ou contra *o conteúdo constitucionalmente previsto*.

Ou seja, após a Segunda Guerra, a Constituição ressurge como limite substancial oponível ao legislador, que encontra sempre na matéria constitucional um núcleo duro, indevassável pelo Poder Público e pelas maiorias eventuais. A mera previsão constitucional seria inócua, não fosse o órgão posto à sua defesa, qual seja, a jurisdição constitucional, de função notadamente contramajoritária e limitativa do poder.[528]

Na esteira da discussão ora introduzida, Georges Abboud leciona que

> O Estado Constitucional está caracterizado não apenas pelo princípio da legalidade formal, que subordina os poderes públicos às leis gerais e abs-

---

527 HÖFFE, Otfried. *Justiça política*. São Paulo: Martins Fontes, 2016, p. 104.

528 Nesse sentido: "A jurisdição constitucional assegura a proteção das minorias e dos direitos fundamentais. Tal concepção tornou praticamente uníssono o entendimento de que, atualmente, o processo constitucional pode ser definido como o subsistema processual responsável por assegurar a solução dos conflitos jurídicos de ordem constitucional do Estado, bem como o locus privilegiado para a proteção e implantação dos direitos fundamentais. A consolidação da jurisdição constitucional, e a consequente proteção dos direitos fundamentais e limitação do Poder Público, são elementos da própria evolução do constitucionalismo no ocidente, consequentemente, possuem sua evolução intrinsecamente relacionada". ABBOUD, Georges. *Processo Constitucional Brasileiro*. São Paulo: Revista dos Tribunais, 2016. p. 114.

tratas, mas também pela legalidade substancial, que vincula o funcionamento dos três poderes à garantia dos direitos fundamentais.[529]

O respeito às maiorias, desconsorciado de um meio de garantia das minorias, não é suficiente à preservação da democracia ou à imposição de limites reais ao poder.

Entretanto, decerto, a submissão do direito a valores metafísicos (a justiça ou a moral, por exemplo) tampouco figurou enquanto alternativa. A solução ao fim encontrada partia de uma técnica de positivação de direitos fundamentais (direito posto, portanto) e fortalecimento do órgão próprio para a defesa da Constituição.

Ou seja, apesar de frustrados os objetivos de racionalização e limitação do poder, o que conduziu ao levante de algumas teorias com vistas à subordinação do direito a valores como a justiça, a solução que efetivamente trouxe a possibilidade de real controle foi a consagração de direitos fundamentais e o fortalecimento de uma Justiça Constitucional. Nem poderia ser diferente. A revitalização de um direito natural apenas transferiria o problema de um *locus* paradigmático a outro.

O vilão, em lugar do positivismo, seria o jusnaturalismo, posto que este não garante a possibilidade de neutralizar as forças do poder político e submetê-las a um efetivo controle: quem, afinal, determina o que é essa ordem metafísica que sobrepuja o direito posto, senão aquele que detém a força política para tanto? Qual é o conteúdo do valor "justiça"? Quais as características que determinam uma regra como justa ou injusta?

Se a subordinação do direito posto a uma ordem transcendental "justa" não era o caminho mais aconselhável para resolver a crise legada pelo nazifascismo, certamente não é com fundamento na justiça que se poderia resolver celeumas jurídicas detectadas na resolução de um caso posto *sub judice*. O motivo é, na essência, o mesmo: a controvérsia que existe sobre o conceito de justiça conduz o Direito a uma extrema vagueza semântica. Não há consenso sobre o justo: qualquer coisa pode sê-lo ou contrariá-lo.[530]

---

[529] *Idem*, p. 450.

[530] "Mas antes de perguntar se está correto pedir ao juiz não aplicar 'a lei', devemos saber como se define a 'justiça'. O termo está presente no nosso cotidiano, desde a criança que considera que o castigo dos pais foi 'injusto' até o contribuinte indignado com impostos 'injustos'. Mas as pessoas não concordam sobre seu conteúdo.

Ao examinar o tema, Dimitri Dimoulis afirma que existem três correntes de pensamento acerca da justiça. A primeira, de cunho absolutista e intimamente relacionada ao jusnaturalismo, identifica alguns valores fundamentais como justos e proclama sua validade universal e atemporal. A segunda, preconizada pelos partidários do historicismo, acredita que, nada obstante a constante mutação dos valores sociais ao longo do tempo, na sua maioria, os membros das sociedades aceitam determinados valores que os guiam na avaliação das condutas justas e injustas. A terceira, de cunho relativista, defende a impossibilidade de identificar quais valores são justos: cada um possuiria um senso de justiça, que, se comparado a outros, não é melhor e nem pior.[531]

À exceção da primeira, que, decerto, exigiria o retorno a uma espécie de jusnaturalismo, as demais concordam que o conceito de justiça é situacional, o que, na opinião de Dimitri Dimoulis, conduziria a um paradoxo:

> O conceito apresenta-se como absoluto, impondo-se a todos e inclusive ao legislador ("Faça o justo; evite o injusto"). Mas, ao mesmo tempo, revela-se como um conceito relativo, que depende do tempo, do espaço e da opinião das pessoas, sofrendo contínuas mudanças!
> Adotando a visão relativista, a justiça perde sua relevância prática. Dizer que o direito deve ser justo torna-se uma frase sem conteúdo normativo quando o "justo" modifica-se constantemente. A visão relativista faz tão somente um uso intrassistemático do conceito de justiça. Isso significa que uma conduta, uma norma jurídica, uma decisão ou uma instituição são "justas" quando correspondem a determinado tupi de organização social. Em uma palavra, é justo aquilo que corresponde aos valores de cada sistema. Aqui a justiça indica o *ajuste*, torna-se uma "justiça conforme o sistema" (*Systemgerechtigkeit*).[532]

O autor chega a uma categórica conclusão: a justiça, sob o viés relativista, não é útil, porque, ao fim e ao cabo, é justo o que está de acordo

---

Os estudiosos indicam que há mais de dez modos de definição da justiça, e um recente estudo analisou o problema da justiça a partir de oito perspectivas totalmente diferentes. Diante dessas dificuldades alguns autores consideram impossível especificar o conteúdo da justiça e limitam-se ao uso de uma retórica vazia: a justiça seria a 'forma jurídica do amor' (MASTRONARDI, 2001, p. 270), um 'valor' sem definição do seu conteúdo (COELHO, 2004, p. 389-387)". DIMOULIS, Dimitri. *Manual de introdução ao estudo do direito*. 7ª ed. rev., atual. e ampl. São Paulo: Revista dos Tribunais, 2016, p. 79-80.

531 *Idem*, p. 80.
532 *Idem*, p. 81.

com a lei do sistema examinado. Logo, ou se encontram critérios objetivos para a definição do que é justo, ou se abandona o conceito.[533] Entretanto, identificar critérios de consenso é uma tarefa extremamente difícil e, até o tempo presente, inatingida.[534]

Não encontramos, ainda, elementos objetivos que nos permitam extremar condutas justas e injustas. O que temos são fórmulas anêmicas que, quando muito, apenas adiam o problema: de que nos serve estabelecer que justo é dar o que é devido a quem é devido se não tivermos critérios seguros para determinar a natureza e quantidade do bem a ser entregue ou o destinatário que deverá recebê-lo?[535]

Na falta de critérios compartilhados para a definição de justiça, seu uso constituirá, portanto, o emprego de um termo vazio, que mais se presta ao agir que a efetivamente explicar os porquês da ação.

4.4.1. O EMPREGO DO CRITÉRIO DO JUSTO NA JURISPRUDÊNCIA NACIONAL

A discussão exposta nos itens anteriores parece não chegar à parte da jurisprudência pátria. Persiste no imaginário jurídico a ideia de que é

---

533 *Idem*, p. 81.

534 "São discussões sem fim que mostram a impossibilidade de determinar de forma consensual o que é 'igual', logo, 'justo'. Diante do impasse da definição de critérios de justiça absolutos e da inutilidade da elaboração de critérios de justiça intrassistemáticos, ou seja, meramente orientados ao direito positivo, a maioria dos autores modernos optou por um terceiro caminho. Em vez de justiça finalista ou justiça dos resultados), muitos autores só definem critérios que permitam deliberar corretamente sobre um problema, sem que isso garanta que o resultado seja justo. Foram, assim, elaboradas as teorias da justiça procedimental. Seu objetivo é encontrar os procedimentos mais adequados para chegar a uma conclusão justa. O maior obstáculo para tanto é a falta de neutralidade dos debatedores, ou seja, a existência de interesses e posições ideológicas diferentes." *Idem*, p. 83.

535 "*La pregunta sobre el escogimiento y fundamentación de los criterios de distribución y su valoración ha conducido, durante la historia de la humanidad, a desarrollo de muy variadas teorías de la justicia. En lo fundamental, se trata de responder a la pregunta: ¿qué se debe entender por el mandamiento de 'dar a cada cual lo suyo?' La respuesta a este interrogante se deriva del marco de valoración del cual se parte y de las características que se atribuyan a las valoraciones, esferas estas dentro de las cuales se define qué es 'igual', 'proporcional', 'equivalente' o cuales son los intereses 'fundamentales' que se debe proteger. Todos estos conceptos requieren ser 'llenados' de contenido y, para ello, no existen criterios inequívocos*". RÜTHERS, Bernd. *Teoría del derecho: concepto, validez y aplicación del derecho*. Bogotá: Themis, 2018, p. 189.

função própria do juiz e/ou do processo a realização do justo. Alguns julgados exemplificam o problema.

Recentemente, o Supremo Tribunal Federal julgou os embargos infringentes da ação rescisória nº 1.244/MG. O acórdão foi assim ementado:

> Embargos infringentes na ação rescisória. Direito civil e constitucional. Ação de investigação de paternidade cumulada com petição de herança. Filho adulterino. Paternidade não contestada pelo marido. Direito de ter filho reconhecido, a qualquer tempo, o seu pai biológico. Prevalência do direito fundamental à busca da identidade genética como direito de personalidade. Precedente. Embargos infringentes providos.[536]

Na narrativa dos autos, constatava-se que a mãe de Antônio Carlos da Silva Barbosa, Isolina da Silva Barbosa, manteve caso extraconjugal com Vicente Risola. A ação de investigação de paternidade cumulada com petição de herança fora ajuizada por Antônio Carlos quando já falecido o marido de sua mãe, José Vítor Barbosa. O TJMG considerou que não era procedente o pedido.

Foi interposto Recurso Extraordinário, registrado sob o nº 93.886, que não foi conhecido. Contra o acórdão que lhe negou conhecimento, foi ajuizada rescisória aos 18.07.1986, com fundo no art. 485, incisos V e IX do CPC/1973. O plenário do STF, vencido o Min. Marco Aurélio, considerou improcedente o pedido formulado, porque não foi provada a separação do casal ou contestada a paternidade pelo marido. Conforme redação do CC/1916, apenas o marido poderia ajuizar a investigação. Como não o fez enquanto vivo, prevalecia a presunção de que Antônio Carlos, nascido na constância do casamento, era filho de José Vitor Barbosa, e não do amante de Isolina Barbosa (CC/1916 340 a 343, 344, 346 e 347).

Antônio Carlos se suicidara em 18.06.1991 e o pleito vinha conduzido por seu espólio. O caso retratava a luta de um filho pelo reconhecimento de suas raízes e, decerto por força de seu final trágico, comoveu os membros do Supremo. O Min. Marco Aurélio, numa calorosa divergência, fez consignar em trecho de seu voto vencido: "esta ação rescisória é a derradeira chance de lograr-se êxito em uma caminhada reveladora de verdadeira *via crucis*".

---

[536] STF, Embargos infringentes na ação rescisória 1.244, rel. Min. Carmen Lúcia, julgado em 22.09.2016.

Após reproduzir integralmente o voto vencido que o embargante desejava fazer prevalecer, a relatora dos embargos infringentes aludiu ao quanto dito pelo Subprocurador-Geral da República: o autor do pleito falecera antes de alcançar seu objetivo "dada a interpretação e aplicação literal, pelos Eminentes julgadores deste feito, em todas as instâncias pelas quais passou, de dispositivos arcaicos e eminentemente machistas de uma Lei Civil necessitada de reformas urgentes (...)".

Posteriormente, em passagem do voto que era de sua própria autoria, a relatora, ao se pronunciar acerca da decisão do plenário – que acolheu a paternidade presumida, apesar das demais provas constantes dos autos, e afastou o alegado erro de fato suscitado em sede de rescisória –, manifestou-se de maneira que, para o tema objeto desta obra, é extremamente simbólica:

> Ao assim decidir, este Supremo Tribunal potencializou o processo em detrimento do direito, inviabilizando-se o direito do filho em ter reconhecida sua verdadeira paternidade e contrariou os princípios da razoabilidade e da dignidade da pessoa humana. *Mais do que isso, tornou o processo mero ato de força formalizado em palavras sem forma de Direito e sem objetivo de Justiça. Esqueceu que o fim de todos os procedimentos judiciais aos quais as partes se submetem é a realização da Justiça, por isso o procedimento deve ser mais do que legal, tem que ser justo, e a jurisprudência sedimentada não pode servir de dogma para sustentar uma injustiça flagrante.*

Seguiu, referindo-se à passagem do voto vencido, na qual se apontava que o art. 344 do CC/1916 era distante da realidade e da dignidade do homem, devendo-se reconhecer o seu direito de saber e ter como pai quem efetivamente o gerou. Por fim, a relatora colacionou outro trecho do parecer do Subprocurador-Geral, conforme o qual:

> (...) tal correção, não consistirá em desvirtuamento das normas legais vigentes insculpidas na desatualizada Lei Civil Pátria Vigente, mas sim, consistirá, sobretudo, na aplicação da mais lídima Justiça, e este sim, é o objetivo precípuo do Direito, o qual deve ser incessantemente tutelado pelos Órgãos detentores de poder para dele fazer uso em prol do Cidadão.

Longe de examinar os pormenores jurídicos do caso, o que interessa é observar os termos da decisão da relatora supra comentada. O que se observa é que, em sua fundamentação, a ministra não realizou, em momento algum, um confronto dos elementos do caso e do direito vigente. Sua decisão – apenas volumosa porque colaciona o voto vencido –, na única parte em que é autoral, limita-se a reverenciar a suposta missão do processo (a realização da justiça) e convoca uma revisitação da jurisprudência declarada "injusta". Na parte em que se escora no parecer do subprocurador, a ministra escolheu prestigiar os trechos que intitulam a legislação vigente à época de "machista" e "arcaica", digna de afastamento para que se tutelasse um valor maior: a "justiça".

"Justiça" e "injustiça", "justo" e "injusto", constituem enunciados empregados no voto da relatora – ora de maneira autoral, ora *per relationem* –, que sequer remetem a qualquer das teorias existentes sobre o tema. Isto é, ela nem assume, no voto examinado, a que conceito de justiça faz referência, que dirá explanar o porquê da sua adoção, em detrimento de tantos outros trabalhados pela doutrina. Pugna-se pela desconstituição da coisa julgada material e pela superação de uma lei posta, sob o argumento de que seu resultado prático, no caso vertido, atentou contra o "objetivo supremo do direito" – a justiça –, digna de preservação a todo e qualquer preço.

Semelhante caminho escolheu o Ministro Napoleão Nunes Maia Filho, ao declarar voto vencido no julgamento dos Embargos Declaratórios no Recurso Especial nº 1.505.260/RS.[537]

No recurso especial comentado, o Supremo Tribunal de Justiça decidiu manter decisão do Tribunal de Justiça do Rio Grande do Sul, que condenou um réu com base nas declarações do corréu. Vencido no recurso e também nos embargos subsequentes, ao declarar seu voto vencido, o ministro assim o fundamentou:

> Senhor Presidente, penso que se torna um perigo o que se pretende neste julgamento, qual seja, colocar na mão de um delator o poder ou potestade de complicar a vida de uma pessoa para sempre. Não há contradição, nem obscuridade e nem omissão, mas o TJRS fez, com relação a esse recorrente, o ex-Prefeito EDISON DE ALENCAR HERMEL, uma injustiça ímpar. Não identifico falha alguma em seu acórdão, Senhor Ministro BENEDITO GONÇALVES, mas, por trás deste acórdão, há esse absurdo gaúcho. Penso que não se pode condenar uma pessoa por presunção, seja qual for a infração que tenha cometido.
> Destarte, estou entendendo que os Embargos de Declaração são como uma oportunidade de se corrigir essa injustiça, com todas as vênias do eminente Ministro BENEDITO GONÇALVES, que mais uma vez produz um voto técnico, brilhante, perfeito, processual e jurídico com relação à ausência dos pressupostos dos Embargos de Declaração. De fato, os pressupostos da Declaração estão ausentes, entretanto está presente algo mais importante do que tais pressupostos, como afirmado pelo TJRS, Às fls. 2.050 do STJ.

---

537 STJ, Embargos declaratórios no recurso especial 1.505.260, Rel. Min. Benedito Gonçalves, julgado em 2014.

O ministro assumiu que acolhia os embargos, a despeito de ausentes os requisitos para tanto, porque tinha o objetivo de realizar a "justiça". Ou seja, no desempenhar de suas funções como ministro do STJ – órgão encarregado de salvaguardar a legislação federal –, negou, em nome da "justiça", aplicação a dispositivo constante do Código de Processo Civil, segundo o qual a modalidade recursal manejada pelo insurgente voltava-se apenas à correção de vícios específicos, que, conforme o próprio votante, não maculavam a decisão embargada.

O Tribunal Superior Eleitoral agiu de modo semelhante ao examinar o recurso especial eleitoral nº 33.788[538], interposto pela "Coligação Itambé de Todos Nós". A recorrente pretendia reformar acórdão exarado pelo Tribunal Regional Eleitoral da Bahia, que considerou válido o registro de candidatura dos candidatos da "Coligação Itambé Crescendo Com Você". A recorrente pretendia a invalidação dos registros, porque protocolados às 20h45min do dia 05 de julho, ou seja, após o prazo estipulado pelo art. 11 da Lei nº 9.504/97, cuja determinação era a de que o ato fosse praticado até às 19h00min daquela mesma data.

Em sua defesa, a recorrida afirmou que compareceu ao cartório eleitoral às 18h45min; contudo, os documentos que portava estavam irregulares, diante do que fora orientada e autorizada a corrigir os defeitos antes de proceder ao protocolo.

Ao julgar o recurso, o ministro relator afirmou:

> É verdade que os pedidos poderiam ter sido protocolizados antes das 19h, concedendo-se o prazo de setenta e duas horas para diligências, nos termos do art. 11, §3º, da Lei nº 9.504/97.
> Tendo o juiz, entretanto, optado pela correção imediata das deficiências constatadas, a protocolização dos pedidos após o horário legal não pode ser considerada intempestiva.
> Diante das circunstâncias do caso, seria profundamente injusto punir a coligação por ter seguido a orientação que lhe foi dada pelo próprio juiz.

É de se observar que, a despeito de indicar procedimento mais adequado e conforme a lei, o julgador decidiu pela validação do registro por considerar injusta solução diversa, dado que o equívoco procedimental se deu por orientação do juízo eleitoral. O voto não deduz nenhum argumento jurídico. Veja-se que, caso se queira, pelo critério de

---

[538] TSE, recurso especial eleitoral nº 33.788, classe 32ª, Bahia, relator ministro Marcelo Ribeiro, julgado em 25.10.2008.

que se valeu o TSE, seria possível decidir exatamente o oposto: não seria "justo" para a coligações adversárias, que procederam com o registro tempestivo e tinham os documentos em ordem, que, por uma opção irregular do juiz eleitoral, o recorrido pudesse ter prazo alargado.

Novamente, não se pretende discutir o mérito do recurso em si, mas o modo como foi decidido. Quiçá, o mesmo resultado poderia ter sido alcançado por meio de uma fundamentação efetivamente jurídica. Não preocupam os efeitos do fim, mas a perversão dos próprios meios que o ocasionaram.

É também merecedora de destaque a decisão adotada pelo Tribunal de Justiça do Estado de São Paulo, quando do julgamento do agravo de instrumento nº 274.190-4/5[539], cujo acórdão foi assim ementado:

> Quando a coisa julgada espelha um resultado final que agride o sentido do justo, é possível rever, na liquidação da sentença, o erro que passa a ser inexplicável, como o da decuplicação da contribuição confederativa com multa incorporada (incidência do método punitivo também sobre o adicional, que é um grau escalonado da multa pelo atraso – artigo 600, da CLT e 7º, da Lei 6986/82) e que produziu uma expressão financeira incompatível com a natureza do título produzido pelo Estado-juiz – Relativização da coisa julgada necessária – Provimento.

No caso supra, o Tribunal, ao julgar o agravo, considerou ser possível relativizar a coisa julgada para acertar a "injustiça" cometida na determinação dos valores a executar. Conforme o voto: "o efeito do cálculo da dívida executada tem o mesmo sabor amargo do erro de cálculo da indenização e do sacrifício de dignidade humana dos que estão impossibilitados de descobrir a paternidade". Mais adiante, o relator prossegue:

> Essa multa tríplice, aplicada em efeito cascata, gerou o saldo astronômico de R$ 1.807.089,74 (fl. 151). A lógica recomenda concluir que a sentença justa, para satisfazer o direito econômico do sindicato, diante da inadimplência da agravante, é na ordem de R$ 371.637,71, valor das contribuições, com multa decuplicada e mais os adicionais sem acréscimos (fl. 152). Não importa, pois, que tenha a coisa julgada tenha (sic) se formado com expressa referência da aplicabilidade (sic) Lei 6986/82 sobre os adicionais, porque a sentença responsável por esse estado de coisas, ao produzir a resposta do Estado-juiz criou um título agressivo ao sentido da justiça efetiva, outorgando a uma das partes um superdireito, uma vantagem financeira sem precedência para assuntos sindicais. O efeito da r. sentença, em sendo

---

539 TJSP, agravo de instrumento nº 274.190-4/5, relator desembargador Ênio Santarelli Zuliani, julgado em 04.02.2003.

mantido, chega a ser confiscatório, o que é vedado pela Constituição em seu artigo 150, IV.

A teoria da relativização da coisa julgada injusta, de que se valeu o tribunal, é bastante controversa na doutrina e símbolo, por excelência, da tensão existente entre a justiça ideal e a segurança jurídica. Fosse o caso de se priorizar a busca pelo justo no âmbito jurídico, seria necessário admitir a possibilidade de revisão, a qualquer tempo, dos atos jurisdicionais, até que a injustiça vislumbrada fosse corrigida[540]. Contudo, a possibilidade de revisitar as decisões judiciais *ad aeternum* afronta, diretamente, a segurança jurídica, da qual a coisa julgada material é expressão.

Novamente, sugere-se que a Lei (art. 5ª, XXXVI da CF) seja desconsiderada em prol da efetivação do justo. O problema das teorias que defendem a relativização ou desconsideração da coisa julgada material com arrimo no critério da justiça[541] é a obscuridade que esse conceito assume nos argumentos de quem a propõe.

Os juristas que admitem a relativização da coisa julgada material injusta não elaboram o conceito de justiça. Partem do pressuposto de que o justo pertence ao senso comum, que pode ser identificável por qualquer indivíduo, que é, de algum modo, um valor intuitivo. A justiça, à maneira como empregada pelos teóricos da relativização, constitui um desses conceitos vagos, vazios de sentido, semanticamente frouxos, que, deslocados para o direito à mingua de qualquer referencial teórico, tornam-se mero pretexto para um fazer, *e.g.*, a desconsideração da coisa julgada material.

---

[540] "A partir da judicialização de um conflito, será a sentença o instrumento pelo qual a tutela jurisdicional estatal aplicará a lei ao caso concreto, e a esse comando estatal será agregada a coisa julgada material, tornando indiscutível o conteúdo da decisão. Decorre dessa relação que somente a sentença que aprecia o mérito estará apta a transitar em julgado, na medida em que é a única que cumpriu o mister de oferecer provimento jurisdicional; por consequência, todas as outras sentenças que não tocam o mérito são inaptas a adquirirem a imutabilidade. Para a concretização desse fim, haverá uma tensão bipolar constante entre a segurança jurídica, advinda com a estabilização da demanda, e a justiça das decisões, contida na sentença de mérito e tendente a evitar que a sentença injusta se eternize. No contraste entre esses valores, a escolha do primeiro em detrimento do segundo representa a própria razão de ser da coisa julgada". ZUFELATO, Camilo. *Coisa julgada coletiva*. São Paulo: Saraiva, 2011. p. 27.

[541] Cf. por todos DINAMARCO, Cândido Rangel. *Relativizar a coisa julgada material*. In: Revista de Processo | vol. 109/2003 | p. 9 - 38 | Jan - Mar / 2003.

A história fornece registo da utilização da justiça como conceito performático durante a Segunda Guerra Mundial. Consoante nos alertam Nelson Nery Jr. e Rosa Maria de Andrade Nery[542], em 1941, Adolf Hitler assinou lei[543] que permitia ao Ministério Público alemão intervir para determinar se uma sentença era justa ou não, isto é, para aferir se a decisão atendia aos fundamentos do *Reich* e aos anseios do povo alemão. Sempre que entendesse pela injustiça da sentença transitada em julgado, o Ministério Público poderia ajuizar ação rescisória para desconstituir a coisa julgada. Criou-se uma nova causa de rescindibilidade legal[544], mediante o uso de um termo fluido, possível de ser moldado e preenchido conforme a vontade do *Führer*, ainda que ao arrepio dos direitos mais básicos do cidadão.

As decisões retro comentadas possuem em comum o emprego da justiça como conceito fluido, sem conteúdo definido. A bem da verdade, o justo se torna a vontade e/ou a necessidade de quem detém o poder. A justiça, enquanto enunciado performático, isto é, vazio de sentido e utilizado a pretexto de um fazer, redunda num déficit do fundamento. Quando se maneja a justiça como um conceito performático, a motivação é esquecida ou existe apenas *pro forma*.

Permitir ao juiz decidir desta ou daquela maneira porque se pautou no valor da justiça, sem que exista por detrás dessa definição um critério consensual ou, ao menos, amplamente discutido, é dar o aval para fazê-lo sem uma justificação propriamente dita, passível de exame, crítica e validação por parte dos jurisdicionados.

O enunciado "decido para atender a um ideal de justiça", não obstante possa se estruturar em quantidade maior ou menor de palavras, não explica absolutamente nada – poderia, inclusive, ser sintetizado por meio da fórmula "decido porque quero". Esse resumo só não se opera porque, num Estado Democrático de Direito, não se admite que

---

542 NERY JR., Nelson; NERY, Rosa Maria de Andrade. *Comentários ao Código de Processo Civil.* Revista dos Tribunais, 2015. p. 1.203.

543 Trata-se da Lei para a Intervenção do Ministério Público no Processo Civil (StAMitwG - Gesetz über die Mitwirkung des Staatsanwalts in bürgerlichen Rechtssachen).

544 Por rigor, é necessário apontar que, diferentemente do que se propõe no Brasil, na Alemanha, o que houve foi uma ampliação do rol de causas de rescindibilidade da coisa julgada. No Brasil, as teorias pretendem permitir ao juiz que afastar a coisa julgada injusta independentemente da previsão legal. Essa diferença, porém, não prejudica a análise comparativa proposta.

as funções públicas sejam realizadas conforme a vontade de quem as exerce; decisão nenhuma poderia sobreviver se não fosse, ao menos, disfarçada de juridicidade, ou seja, fundamentada formalmente.

A justiça, quando é pretexto para a realização de algo, torna-se a vontade de quem detém o poder, isto é, daqueles que possuem força política para sobrepujar a sua vontade sobre as demais. Por esse prisma, a justeza, na qualidade de enunciado performático, assume um caráter extremamente subjetivista, no sentido de que visa aos interesses do sujeito que a emprega. Daí se dizer que "a 'injustiça' é um termo maleável que oferece uma roupagem erudita a preferências pessoais"[545].

Não é novidade a utilização de conceitos vagos e imprecisos para a manipulação do direito. A técnica fora utilizada pelo nacional-socialismo alemão para instrumentalizar e corromper a lei para o seu benefício, dispensada a necessidade de renovar a integralidade da legislação vigente[546].

O ex-ministro do Supremo Tribunal Federal, Eros Roberto Grau, escreveu curta obra intitulada "Por que tenho medo dos juízes: a inter-

---

[545] DIMOULIS, Dimitri. *Manual de introdução ao estudo do direito*. 7ª ed. rev., atual. e ampl. São Paulo: Revista dos Tribunais, 2016, p. 83.

[546] "No quadro geral da revolução nacional-socialista, o direito tinha uma função puramente instrumental: devia garantir o exercício imperturbado do poder. A 'renovação jurídica popular' (völkische Rechtserneuerung) devia subordinar o sistema jurídico ao sistema político. Era, portanto, inevitável que o adversário imediato dos defensores daquela renovação fosse o positivismo jurídico, que dominara a teoria jurídica nas décadas anteriores.

Para derrotar o adversário, o nacional-socialismo subverteu inicialmente as fontes jurídicas tradicionais através da única via possível: o retorno ao jusnaturalismo. Acima do direito positivo foi posta uma idéia de direito que incluía os valores do movimento nacional-socialista. (...) Enquanto a nova atividade legislativa foi, tudo somado, limitada, o recurso a uma interpretação de tal forma orientada garantiu a rápida adequação das sentenças aos princípios nacionais-socialistas. A interpretação da lei substituía a legislação, sem que o juiz, porém, se transformasse ele mesmo em legislador: nesse particular reside a radical diferença em relação ao Movimento do Direito Livre.

Os juízes agiam numa situação de incerteza, porque os novos princípios segundo os quais interpretas as velhas fontes normativas eram vagos: o programa do partido nacional-socialista, a ideologia nacional-socialista, as decisões do Führer, o 'são sentimento popular'." LOSANO, Mario G. *Sistema e estrutura no direito, vol 2: o século XX*. São Paulo: Martins Fontes, 2008. p. 207.

pretação/aplicação do direito e os princípios"[547], cujo teor vem a calhar à discussão ora exposta. O autor introduz o livro esclarecendo que "*o direito moderno é racional, na medida em que permite a instalação de um horizonte de previsibilidade e calculabilidade em relação aos comportamentos humanos – vale dizer: segurança*"[548] Mais adiante, alerta para a existência de uma insatisfação social em relação à legalidade e ao procedimento legal, que dá azo a anseios por justiça e ignora que o justo em si não existe[549]. Ao fim, pontua:

> Isto é necessário afirmar bem alto: os juízes aplicam o *direito*, os juízes não fazem *justiça*! Vamos à Faculdade de Direito aprender *direito*, não justiça. *Justiça* é como a religião, a filosofia, a história.
> Explicitando: juízes decidem (= devem decidir) não *subjetivamente*, de acordo com seu senso de justiça, mas aplicando *o direito* (a Constituição e as leis).[550]

As colocações do ex-ministro sintetizam o problema ora sinalizado: existe uma tendência sedutora que tem penetrado a comunidade jurídica para convencê-la a revitalizar a utilização do justo enquanto crivo para aplicação da lei – como ocorre na teoria que preconiza a relativização da coisa julgada material –, alijada de qualquer debate acerca do conteúdo desse valor ou os riscos da sua operacionalização.

O modo como é feita a transposição do valor da justiça para a dogmática jurídica o torna um enunciado performativo, isto é, uma expressão instrumentalizada para um fazer, desprovida de qualquer significado sujeitável a um controle e, portanto, sobremaneira perniciosa ao Estado Democrático de Direito.

---

547 GRAU, Eros Roberto. *Por que tenho medo dos juízes: a interpretação/aplicação do direito e os princípios*. 7ª ed. São Paulo: Malheiros, 2016.

548 *Idem*, p. 15. Grifos nossos.

549 *Idem*, p. 19.

550 *Idem*, p. 21.

5. DO ATIVISMO JUDICIAL E DA NECESSIDADE DE UMA TEORIA DA REPOSTA CORRETA NO DIREITO

> *"Retomo a minha velha idéia de que direito e poder são duas faces de uma mesma moeda: só o poder pode criar o direito e só o direito pode limitar o poder. O estado despótico é o tipo ideal de estado de quem se coloca do ponto de vista do poder; no extremo oposto encontra-se o estado democrático, que é o tipo ideal de estado de quem se coloca do ponto de vista do direito".*
>
> **NORBERTO BOBBIO**

Na atual quadra da história, uma preocupação assola a comunidade jurídica: quais os limites da atuação jurisdicional? A superação do descontrole da atividade legislativa exigiu o fortalecimento do Poder Judiciário, a quem se atribuiu função contramajoritária. O direito neutralizou as tiranias de que poderia ser capaz o legislador: a uma lei, cujo conteúdo agride os direitos fundamentais dos integrantes da sociedade, reserva-se o controle de constitucionalidade – que, no Brasil, realiza-se pelas vias concentrada e difusa. Um questionamento, porém, fica em aberto: o que impede arbítrios jurisdicionais?

O problema retro colocado resvala um tema de imensa importância: o ativismo judicial. Posturas ativistas, que geralmente se revelam quando o Judiciário extrapola os limites de sua competência jurisdicional, ao arrepio da legalidade vigente, tornaram-se prática recorrente no ordenamento brasileiro. A situação se agrava quando se observa o predomínio de argumentos teóricos que legitimam decisões fundadas em escolhas realizadas ao arrepio das amarras do direito e, portanto, ativistas.

No presente capítulo, pretende-se estudar o ativismo judicial para, ao fim, revelar sua imbricação com o emprego de enunciados performáticos na argumentação jurídica. Mais que isso: propõe-se, abertamente, o combate às posturas ativistas, notadamente perniciosas ao Estado Democrático de Direito. É preciso impor limites ao Poder Judiciário, sob pena de tornar a sociedade refém do seu agigantamento. Daí a necessidade de refutar a teorias que legitimam o poder de livre escolha do magistrado, ainda que ocasional: contra a discricionariedade, a resposta correta.

Antes, porém, de adentrar as teorias que se pretende discutir, é necessário fazer algumas colocações sobre a *common law*, visto que as discussões sobre o ativismo se originaram no sistema norte-americano.

5.1. DAS TRADIÇÕES ROMANO-GERMÂNICA (*CIVIL LAW*) E ANGLO-SAXÔNICA (*COMMON LAW*)

Entende-se por "tradição jurídica" a cultura jurídica radicada em determinada sociedade, composta pelo modo de conceber, vivenciar e operar o direito. A opção de empregar o termo "tradição" em lugar de "sistema" não é casual. Um sistema constitui "um conjunto de instituições legais, processos e normas vigentes" num determinado Estado.[551] Grosso modo, é um composto de regras normativas.[552] O Brasil, por exemplo, possui diversos sistemas jurídicos próprios: um de ordem federal e diversos outros em âmbito estadual e municipal. A Argentina, a seu turno, também possui seus sistemas jurídicos, que não se confundem com os brasileiros. Nada obstante os sistemas brasileiros e argentinos sejam distintos, ambos estão radicados na mesma tradição jurídica: a *Civil Law*. A tradição jurídica é o fator de relação entre os

---

[551] MERRYMAN, John Henry; PÉREZ-PERDOMO, Rogelio. *A tradição da Civil Law: uma introdução aos sistemas jurídicos da Europa e da Amédica Latina*. Porto Alegre: Sergio Antonio Fabris Editor, 2009, p. 21.

[552] ABBOUD, Georges. *Discricionariedade administrativa e judicial*. São Paulo: Revista dos Tribunais, 2014, p. 280.

sistemas jurídicos em determinada cultura, da qual os próprios sistemas são, em parte, expressão[553].

5.1.1. ALGUNS APONTAMENTOS HISTÓRICOS SOBRE A *COMMON LAW* E A *CIVIL LAW*

A origem da *Civil Law* remonta a 450 a.C., ano de publicação das Doze Tábuas em Roma. Atualmente, é a tradição que prevalece na Europa, na América Latina, em partes da Ásia e da África.

A *Common Law*, a seu turno, é comumente datada de 1066 d.C. – época da conquista da Inglaterra pelos normandos – e se difundiu *pari passu* com a expansão do Império Britânico durante o colonialismo, para, hoje, constituir a tradição vigente na Grã-Bretanha, na Irlanda, nos Estados Unidos, no Canadá, na Austrália e na Nova Zelândia.[554]

Dos países que perfilham a *common law*, os que mais interessam ao estudo ora conduzido são a Inglaterra – porque é o berço da tradição comentada – e os Estados Unidos – visto que, não só as discussões acerca do ativismo judicial se originaram na doutrina estadunidense, como a teoria da resposta correta dworkiana, que dialoga com a posição defendida na presente obra, é também norte-americana.

A *Common Law* resultou da atividade dos tribunais reais de justiça da Inglaterra, a partir da conquista normanda; é a tradição jurídica na qual o magistrado exerce papel protagonista. Na *Common Law*, o direito não se forma nas universidades, isto é, não é um direito de doutos, mas de processualistas e práticos que, majoritariamente, sequer possuíam diploma universitário.[555] Na tradição inglesa, direitos subjetivos

---

[553] MERRYMAN, John Henry; PÉREZ-PERDOMO, Rogelio. *A tradição da Civil Law: uma introdução aos sistemas jurídicos da Europa e da Amédica Latina*. Porto Alegre: Sergio Antonio Fabris Editor, 2009, p. 23; ABBOUD, Georges. *Discricionariedade administrativa e judicial*. São Paulo: Revista dos Tribunais, 2014, p. 280; ABBOUD, Georges; STRECK, Lenio Luiz. *O que é isto – o precedente judicial e as súmulas vinculantes*. 3ª ed. rev. e atual. Porto Alegre: Livraria do Advogado, 2015, p. 21.

[554] MERRYMAN, John Henry; PÉREZ-PERDOMO, Rogelio. *A tradição da Civil Law: uma introdução aos sistemas jurídicos da Europa e da América Latina*. Porto Alegre: Sergio Antonio Fabris Editor, 2009, p. 23-24.

[555] STRECK, Lenio Luiz. *Súmulas no Direito brasileiro: eficácia, poder e função: a ilegitimidade constitucional do efeito vinculante*. 2ª ed. rev. e ampl. Porto Alegre: Livraria do Advogado, 1998, p. 36.

surgiam à medida em que eram criadas as ações (*remedies*) que lhes garantissem proteção, ou seja, a ação precede o direito subjetivo.[556]

Na esteira do reporte feito por Lenio Streck, é possível observar alguns grandes momentos na história do direito inglês. O primeiro equivale àquele que precede a conquista normanda de 1066 d.C; o segundo correspondente à formação da *Common Law*, parte do período da conquista retro e finda na dinastia Tudor (1485). Desde essa época, os juízes confiavam sensivelmente nos julgamentos anteriores para decidir os casos, de onde se originou a doutrina do precedente judicial. O terceiro período se inicia em 1485 e termina em 1832, quando surge a *equity*.[557]

A *equity* constituía um recurso à autoridade real quando observada injustiça flagrante num caso concreto. As petições eram encaminhadas ao conselho real e despachadas pelo chanceler, que, paulatinamente, tornou-se um juiz autônomo. Da *equity* exsurgiam regras próprias que, aos poucos, tornaram-se sistemáticas complementares à *common law*. A *equity* constituiu uma jurisdição especializada, consequência do fortalecimento do Estado-nação em detrimento do feudalismo, durante o qual nasceu o direito comum (*jus commune*).[558]

O quarto período diz respeito ao advento da *Judicature Act* (Lei de Organização Judiciária) de 1873, cujo feito foi a promoção da fusão das jurisdições de *common law* e *equity*, mantida a distinção entre remédios originários deste e daquele sistema.

---

[556] STRECK, Lenio Luiz. *Súmulas no Direito brasileiro: eficácia, poder e função: a ilegitimidade constitucional do efeito vinculante*. 2ª ed. rev. e ampl. Porto Alegre: Livraria do Advogado, 1998, p. 37; ABBOUD, Georges; STRECK, Lenio Luiz. *O que é isto – o precedente judicial e as súmulas vinculantes*. 3ª ed. rev. e atual. Porto Alegre: Livraria do Advogado, 2015, p. 23.

[557] STRECK, Lenio Luiz. *Súmulas no Direito brasileiro: eficácia, poder e função: a ilegitimidade constitucional do efeito vinculante*. 2ª ed. rev. e ampl. Porto Alegre: Livraria do Advogado, 1998, p. 38-39.

[558] "Convém mencionar, ainda, que o surgimento deste tipo de jurisdição especializada (como a *equity*) ocorreu como consequência do fortalecimento do Estado–nação. Isso porque o *jus commune*, que não passava da aceitação do direito romano–canônico durante o período feudal da história europeia, esteve ameaçado diante da insurgência de um modelo que justamente combatia o feudalismo, ensejando, portanto, uma superação também pelo âmbito jurídico, o que ocorreu pela via da criação de sistemas legais nacionais, em substituição do *jus commune*". TASSINARI, Clarissa. *Jurisdição e ativismo judicial: limites da atuação do Judiciário*. Porto Alegre: Livraria do Advogado, 2013, p. 69.

Mesmo atualmente, a diferença entre *common law* e *equity* ainda é fundamental ao direito inglês e se compara ao paralelo entre direito público e privado tradicionalmente realizado no Brasil.[559] É possível observar ao menos três diferenças históricas entre *common law* e *equity*[560]:

A primeira diz respeito à origem das regras que as compõem: as regras da *equity* eram desenvolvidas pelo Tribunal da Chancelaria, ao tempo que as regras da *common law* eram elaboradas pelos Tribunais de Westminster. A segunda estava relacionada ao modo de julgamento: as soluções de *equity*, ao contrário das soluções de *common law*, nunca eram relegadas a um júri. Por fim, a terceira divergência era a discricionariedade: as soluções de *equity* eram, num geral, discricionárias. A esse respeito, vejam-se as colocações de Georges Abboud e Lenio Streck:

> A última característica é a mais importante para demonstrar a diferença entre o sistema da *equity* e do *common law*. Os tribunais do segundo tinham maior comprometimento com o *rigor iuris*, e a partir de meados do século XIV acentuaram sua independência, rechaçando todo tipo de juízo que conferisse o reconhecimento de poder puramente discricionário ao magistrado. Já a *equity*, em seus julgamentos, não primava a obrigatoriedade de seguir o direito, de modo que sua característica essencial era admitir julgados fundados precipuamente na consciência.[561]

Ao fim e ao cabo, a *equity* era um sistema de regras autônomo, aplicado segundo um procedimento e num âmbito próprios, o que a separava da *common law*. Não raro, um mesmo caso ensejava o acionamento das duas jurisdições. Por força da *Judicature Act*, a duplicidade de jurisdições se extingue, de modo que todos os tribunais passam a ser competentes para aplicar soluções de *common law* e de *equity*.[562] Não se fala mais de tribunais de *common law* e tribunais de *equity*. A *Judicature*

---

559 STRECK, Lenio Luiz. *Súmulas no Direito brasileiro: eficácia, poder e função: a ilegitimidade constitucional do efeito vinculante*. 2ª ed. rev. e ampl. Porto Alegre: Livraria do Advogado, 1998, p. 38-39.

560 Sobre o tema, ver: ABBOUD, Georges; STRECK, Lenio Luiz. *O que é isto – o precedente judicial e as súmulas vinculantes*. 3ª ed. rev. e atual. Porto Alegre: Livraria do Advogado, 2015, p. 26.

561 *Idem*, p. 26.

562 STRECK, Lenio Luiz. *Súmulas no Direito brasileiro: eficácia, poder e função: a ilegitimidade constitucional do efeito vinculante*. 2ª ed. rev. e ampl. Porto Alegre: Livraria do Advogado, 1998, p. 39-40.

Act instituiu uma nova forma de organização judicial, caracterizada pela centralização.

Nos séculos XIX e XX, ocorrem eventos políticos de fundamental importância que estimulam uma criação legislativa sem precedentes na Inglaterra. A vitória da democracia gerou a necessidade de reformas jurídicas. A atividade legiferante era a via para implementar com rapidez as modificações desejadas na realidade social.

Tradicionalmente, o direito legislado era, na Inglaterra, relegado a segundo plano, cuja função era aclarar ou retificar, em casos muito específicos, os princípios gerais assentados pela judicatura.[563]

A lei, quando existente, era observada. Entretanto, continuava fonte excepcional do direito. Por essa razão, sua aplicação era realizada de maneira literal e restritiva.

A compreensão dos ingleses acerca do direito é jurisprudencial. Mesmo se houvesse legislação acerca de determinada matéria, essa era melhor comtemplada por meio das sentenças que a aplicavam. Em lugar de citar a lei em si, era preferível citar os julgados que a manejaram.[564]

A *common law*, em sua maioria, foi construída pelo Judiciário, mediante aplicação, caso a caso, das regras costumeiras estabelecidas. Partia-se do princípio de que o juiz, ao decidir, deveria buscar o princípio de direito existente, encontrado nas decisões anteriores.[565] Daí a doutrina dos precedentes obrigatórios, de tradição marcadamente anglo-saxônica.

A *common law* triunfou nos Estados Unidos, mesmo após obtida a independência. Entretanto, possuía características próprias que a diferenciavam daquela aplicada na Inglaterra. O direito nos Estados Unidos floresceu com peculiaridades suficientes para colocá-lo num patamar de diferença significativa em relação ao direito inglês, mas não para afastá-lo da tradição jurídica que lhes é comum: a *common law*.

Também nos EUA, a regra produzida pelo legislativo era excepcional. A normalidade é o julgado e não a lei. De igual maneira, a legislatura é

---

563 STRECK, Lenio Luiz. *Súmulas no Direito brasileiro: eficácia, poder e função: a ilegitimidade constitucional do efeito vinculante.* 2ª ed. rev. e ampl. Porto Alegre: Livraria do Advogado, 1998, p. 41.

564 *Idem*, p. 41.

565 *Idem*, p. 47.

melhor assimilada depois de interpretada pelos Tribunais: entende-se melhor a lei à luz da decisão em que foi aplicada.

5.1.2. DA RELAÇÃO ENTRE *CIVIL LAW* E *COMMON LAW* COM AS FONTES DO DIREITO: ENTRE A LEI E A JURISPRUDÊNCIA

A distinção entre as duas grandes tradições jurídicas, a *Common Law* e a *Civil Law*, guarda estreita relação com o modo de tratar o direito romano de cada uma.

Enquanto nos países de direito escrito o direito romano era aplicado prioritariamente, nas nações regidas pelo direito consuetudinário, recorria-se às ordenações romanas quando as fontes costumeiras mostravam-se insuficientes à resolução das controvérsias. Os textos do direito romanístico eram protagonistas na família romano-germânica, ao passo que, na anglo-saxônica, assumiam papel secundário. Nesse sentido:

> Os países de direito escrito consideravam seus costumes, em relação ao direito romano, como *iuria propria*, vale dizer, como direitos especiais, que deveriam ser aplicados prioritariamente. Porém, sua interpretação deveria ser restritiva, não poderiam ser utilizados de forma extensiva por meio da analogia e nem caracterizariam fonte de princípios gerais. Já os países de direito consuetudinário, não obstante não ignorarem o direito romano, conferiam a ele o caráter de *ratio scripta*, ou seja, apenas recorriam a ele de forma subsidiária, após o esgotamento de todos os meios oferecidos pelo direito consuetudinário para colmatar lacunas.
> A partir dessa perspectiva, é possível concluir que a existência (presença) do direito romano por si só não permite a distinção entre os países de direito escrito e os países de direito consuetudinário, uma vez que ele estava em maior ou menor medida contido nos dois. A importância do direito romano e sua forma de utilização enquanto fonte de Direito, dentro do sistema jurídico de cada país, é o que permite a diferenciação entre direito consuetudinário e escrito. Isso porque neste último ele deve sempre ser aplicado de maneira prioritária, estruturando e sistematizando a aplicação do direito, enquanto no direito consuetudinário, sua aplicação deveria ser meramente subsidiária, quando a solução não pudesse ser alcançada pelas alternativas oferecidas pelo direito costumeiro.[566]

Na Inglaterra, berço da *Common Law*, os costumes geralmente observados pelos indivíduos eram a fonte do direito, daí a origem do termo "common": a atividade judicante norteava-se pelos costumes

---

[566] ABBOUD, Georges; STRECK, Lenio Luiz. *O que é isto – o precedente judicial e as súmulas vinculantes*. 3ª ed. rev. e atual. Porto Alegre: Livraria do Advogado, 2015, p. 22-23.

observados pela população. Atualmente, as decisões anteriores é que se tornaram base para as que lhe sucedem, e os costumes apenas possuem validade quando integram a decisão jurídica.[567]

Nesse país, tentativas de legislação ou codificação do direito consuetudinário enfrentaram forte resistência, porque consubstanciavam ameaças à flexibilidade do ordenamento, vista como grande vantagem da *Common Law* face às demais tradições.[568]

Tocante à *Civil Law*, influenciada pelo direito romano (que, conforme visto, assumiu papel protagonista nos países adotantes desta tradição jurídica) e alemão medieval, o legislativo, produtor do direito escrito, sobressaiu-se aos demais.

Contribuiu para o apogeu do legislador, certamente, a Revolução Francesa, momento em que se operou a retomada do poder por parte do povo, cuja vontade, segundo as ideias rousseaunianas, era expressa na lei escrita.

À época, o Poder Judiciário encontrava-se sob forte suspeita, eis que aqueles que o compunham (os magistrados), segundo a visão da burguesia francesa, estavam sob influência dos poderosos, cujos privilégios foram abolidos pelo novo regime. Daí por que o legislativo, criador do instrumento que dava voz à nação (a lei) fortaleceu-se, ao passo que o judiciário (ainda associado às classes que se desejava sepultar) reduziu-se a mero reprodutor da legislação vigente. Foram-lhe tolhidas quaisquer liberdades criativas em virtude do temor que se tinha de que, concedendo-lhes qualquer poder, este fosse empregado para manipular o direito contra o povo e em favor das castas outrora privilegiadas. O magistrado reduziu-se à mera "boca da lei".

Na Inglaterra, o contexto foi distinto. A conquista da independência do Judiciário se iniciou no século XVIII, em 1701, quando o *Act of Settlement* determinou que as nomeações para o cargo de magistrado não mais fossem feitas de acordo com a vontade da Coroa.[569] Mesmo

---

567 WAMBIER, Teresa Arruda Alvim. *A uniformidade e a estabilidade da jurisprudência e o estado de direito Civil Law e Common Law.* p. 2.

568 ABBOUD, Georges; STRECK, Lenio Luiz. *O que é isto – o precedente judicial e as súmulas vinculantes.* 3ª ed. rev. e atual. Porto Alegre: Livraria do Advogado, 2015, p. 32.

569 *Idem*, p. 30.

anteriormente, no século XVII, o Judiciário optou por se aliar ao Parlamento contra o Monarca, em lugar de se postar à sobra do Rei[570].

A independência do Judiciário é característica da *Common Law* e resultou da sua própria evolução histórica, que, desde a conquista normanda, conferia às decisões judiciais grande importância. A tradição jurídica comentada era portada e defendida pelos juízes. No século XVIII, a Inglaterra viveu a era dourada dos juízes, considerado o Judiciário o devido *locus* de produção de direito, em detrimento do Parlamento.[571]

Em resumo, nos países de tradição romano-germânica, pelas condições históricas e políticas supracitadas, o direito escrito consubstanciado na lei ganhou primazia, e foi entregue ao Parlamento, prioritariamente, a criação jurídica. Nos países anglo-saxônicos, por sua vez, a atividade judicante sobrelevou-se ante as demais, e a produção do direito ficou a cargo do Poder Judiciário, levada a cabo, caso a caso, por meio da prática jurisdicional.[572] Em ambos, jurisprudência e legislatura existem, o que os difere é o papel, mais ou menos restrito, outorgado a cada qual neste e naquele modelo.

Com efeito, na *Civil Law* a jurisprudência, "resultante das decisões dos tribunais, surge como um elemento subordinado à lei"[573], que deve se abster de inovar no ordenamento jurídico. Ensina Streck que:

---

570 Idem, p. 31.

571 Idem, p. 31.

572 Nesse sentido: "De modo geral, Harold Berman ensina que o direito francês (*Civil Law*) se diferenciou do inglês (*common law*) no fim do século XIII e no século XIV, após o fortalecimento do Parlamento de Paris e do tribunal inglês em Londres. Após um século, o direito francês passou a se basear no procedimento por escrito, e o inglês, na oralidade. A solução dos casos era destinada aos juízes profissionais no caso do *Civil Law*; já o inglês, em juristas e justiças de paz leigos. O processo inglês fundamentava-se na acusação e negação pelas partes oponentes, com a solução da controvérsia sendo de competência do júri. O francês, por sua vez, lançava mão do interrogatório judicial das partes e das testemunhas sob juramento. No que se refere ao direito material, o direito francês é mais sistemático, romanizado e codificado que o inglês, mais particularista, prático e orientado para resolução dos casos. Por consequência, o direito francês incluía os conceitos de obrigações civis, contratos, delito, propriedade e direito público" *idem*, p. 29.

573 STRECK, Lenio Luiz. *Súmulas no Direito brasileiro: eficácia, poder e função: a ilegitimidade constitucional do efeito vinculante*. 2ª ed. rev. e ampl. Porto Alegre: Livraria do Advogado, 1998. p.68

A lei, em todos os países desse sistema, parece abarcar a totalidade da ordem jurídica. Os juristas e a própria lei reconhecem, em teoria, que a ordem jurídica pode comportar lacunas, que, entretanto, na prática, são consideradas como insignificantes. A lei forma o esqueleto da ordem jurídica, mas a esse esqueleto vai ser dada vida, em larga medida, por outros fatores, como a interpretação[574].

A decisão judicial é limitada pelo texto legal, que lhe deve servir de fundamento jurídico. Sua força normativa é inferior[575] e raríssimos são os casos em que o magistrado poderia afastar-se do enunciado geral e abstrato (ex.: se a lei for inconstitucional):

> Assim, em tese, em um sistema com origem romano-germânica, as decisões judiciais deve(ria)m ser fundamentadas em um texto legal, votado democraticamente. Por consequência, o papel da jurisprudência deve(ria) ficar caudatário daquilo que chamamos de direito.[576]

Por outro lado, na *Common Law*, a atividade jurisdicional não parte apenas do texto, mas também das próprias decisões anteriores (os precedentes), das quais extraem-se regras consolidadas a serem utilizadas no caso sob exame.

A essa altura, fácil perceber que a diferença entre as tradições jurídicas em exame está umbilicalmente ligada ao diferente tratamento dado às fontes do direito[577], precipuamente à lei e à jurisprudência. Acerca do tema, são interessantes os estudos de Miguel Reale, para quem "toda fonte de direito implica uma *estrutura normativa de poder*"[578], esclarecendo que "são quatro as fontes de direito, porque quatro são as formas de *poder*: o *processo legislativo*, expressão do Poder Legislativo; a *jurisdição*, que corresponde ao Poder Judiciário..."[579] etc.

---

574 *Idem*, p. 71

575 ABBOUD, Georges; STRECK, Lenio Luiz. *O que é isto – o precedente judicial e as súmulas vinculantes*. 3ª ed. rev. e atual. Porto Alegre: Livraria do Advogado, 2015, p. 35.

576 *Idem*, p. 37.

577 Aqui emprega-se termo em sua acepção formal, designando os meios pelos quais as regras jurídicas se positivam no ordenamento jurídico. Neste sentido: REALE, Miguel. *Lições Preliminares de Direito*. 27ª ed. São Paulo: Saraiva, 2010, p. 140.

578 *Idem*, p. 145

579 *Idem*, p. 145

A sua visão corrobora para o entendimento político acerca da primazia da lei ou jurisprudência nos modelos romano-germânico e anglo-saxônico ao longo da história. No primeiro, as condições histórico-sociais favoreceram o fortalecimento do Poder Legislativo; enquanto, no segundo, o favorecido foi o Poder Judiciário. Direito e poder caminham lado a lado, portanto é natural que produção jurídica e força política caminhem também lado a lado.

É interessante notar que, na atualidade, a *Common Law* experimentou grandes mudanças na sua dinâmica. Na Inglaterra, face à melhor sistematização e clarificação das fontes do direito, a produção jurídica, antes majoritariamente operada pelos magistrados, passou a repousar nas *law reports* e nas leis editadas pelo Parlamento. Os juízes não podem, irrestritamente, "fazer direito", posto que estão vinculados às leis.

Nos Estados Unidos, a atividade legislativa aumentou sensivelmente, de modo que não se fala mais naquele grande número de casos decididos sem respaldo legal.[580] No que toca à produção do direito, lei e decisões judiciais estão em pé de igualdade no sistema estadunidense. A lei passou a ser ponto de partida natural para a resolução das lides, o que não significa o esquecimento dos precedentes. No sistema norte-americano, é sempre necessária a observância dos precedentes judiciais que interpretaram e aplicaram a lei que regulamenta o caso.

Do exposto, conclui-se que a atividade judicial perdeu protagonismo no que tange à criação do direito, mas continua decisiva no momento do julgamento, porque instrui a aplicação da lei. O sistema de precedentes, nada obstante o incremento da produção legislativa, é uma das características mais singulares da *Common Law*. Nessa tradição jurídica, as decisões judiciais são típicas fontes formais do direito, posto

---

[580] Sobre o tema, ver STRECK, Lenio Luiz. *Súmulas no Direito brasileiro: eficácia, poder e função: a ilegitimidade constitucional do efeito vinculante*. 2ª ed. rev. e ampl. Porto Alegre: Livraria do Advogado, 1998, p. 59-63. Recentemente, escreveram Georges Abboud e Lenio Streck: "Convém ressaltar que não é correto apresentar o *common law* tão somente como um direito não codificado de base tipicamente jurisprudencial. Em verdade, boa parte das regras de direito que se aplicam todos os dias na Inglaterra e nos Estados Unidos são regras sancionadas pelo Legislativo ou pelo Executivo. Inclusive, nos Estados Unidos, chega-se a falar de um fenômeno designado pelo neologismo de *staturification* do direito, em alusão ao termo *statute*, que significa lei em sentido formal". ABBOUD, Georges; STRECK, Lenio Luiz. *O que é isto – o precedente judicial e as súmulas vinculantes*. 3ª ed. rev. e atual. Porto Alegre: Livraria do Advogado, 2015, p. 29.

que, uma vez prolatadas, podem constituir, para casos futuros, precedentes notados de eficácia normativa.[581] Ao decidir um caso, o juiz parte não apenas da lei, como também das decisões judiciais anteriores, para fins de extrair dessa cadeia as regras necessárias à solução do caso. Nas brilhantes colocações de Georges Abboud e de Lenio Streck:

> Em virtude de assim proceder é que, muitas vezes, afirma-se que a decisão judicial no *common law* tem o mesmo poder da própria lei, na medida em que ambas possuem a mesma posição hierárquica na solução da controvérsia. Na realidade, não se trata, efetivamente, de hierarquia entre fontes do direito: o que de fato ocorre é que em virtude de sua própria evolução histórica, o Judiciário no *common law* não decide o caso concreto a partir da interpretação da lei sem lançar mão da cadeia de precedentes[582].

É essencial esclarecer: a lei nunca foi desonrada na *Common Law*. Ao magistrado, era vedado decidir *contra legem*. Se houvesse texto normativo editado pelo Parlamento, o Judiciário estava obrigado a respeitá-lo. Entretanto, a produção do direito pelos parlamentares era, a princípio, reduzida, o que dava ao Judiciário maior espaço de manobra. Com o aumento do número de leis, estas adquiriram tanta participação na criação do direito quanto a jurisprudência. As decisões judiciais, embora tenham perdido alguma liberdade de criação, não se tornaram, de maneira nenhuma, desimportantes na *Common Law*: a lei é vista através das lentes das decisões precedentes que a aplicaram; essas decisões são sempre revividas quando chegado o momento de novamente aplicar a lei em questão e vinculam o juiz no momento decisório.

5.2. ATIVISMO JUDICIAL: O MAL DA DÉCADA

5.2.1. A CONSTRUÇÃO DO CONCEITO: AFINAL, O QUE É ATIVISMO JUDICIAL?

Após o término da Segunda Grande Guerra, coube à comunidade jurídica pensar um direito que assegurasse os indivíduos contra barbáries similares às perpetradas pelos regimes nazistas. A solução veio em forma de novos textos constitucionais, repletos de direitos fundamentais – oponíveis, inclusive, contra o Poder encarregado da função política e da representação das maiorias –, e de uma jurisdição constitucional cujo exercício implicava o controle da atuação do Poder Legislativo, não apenas em sua forma, como também em seu conteúdo.

---

581 *Idem*, p. 39.

582 *Idem*, p. 39-40.

Sempre que a substância de uma lei violasse direito fundamental, poderia ser declarada inconstitucional pela jurisdição constitucional. A Constituição adquire normatividade em sua plenitude, vinculando a produção legislativa formal e materialmente. Sobre o tema, veja-se o quanto exposto por Georges Abboud:

> Obviamente que o constitucionalismo e as questões constitucionais são muito anteriores ao século XX. Todavia, a criação de um Tribunal Constitucional com atividade especializada para a proteção de direitos fundamentais e do controle dos atos do Poder Público são consectários da teorização de Kelsen e da conjuntura histórica advinda no período subsequente à Segunda Guerra Mundial.
>
> A consolidação do entendimento de que nem todo *conteúdo*, ainda que em consonância com o regular trâmite do processo legislativo, poderia ser considerado *direito*, estabeleceu a consolidação do controle difuso e assegurou o início do controle abstrato de constitucionalidade das leis a partir da metade do século XX. O desenvolvimento desse controle inicia-se num primeiro momento mediante o controle dos vícios formais da lei, ou seja, a cassação das leis ocorria tão somente quando ficava caracterizada violação do seu processo legislativo. Em um segundo momento, o controle, em razão da proteção dos direitos fundamentais, passa a se estender também ao conteúdo legislativo.
>
> Após a 2ª Guerra Mundial, a Constituição adquire normatividade em sua plenitude. Ela deixa de somente contemplar o processo de fazimento das leis (processo legislativo) e passa a consagrar direitos fundamentais e uma verdadeira principiologia constitucional.[583]

As Constituições pós-bélicas implementam uma série de direitos, oponíveis contra qualquer órgão que exerça funções do poder, ao tempo que revigoram a justiça constitucional para que se garanta a observância das disposições constitucionais. Cuida-se de Constituições dirigentes, dotadas de força normativa, que se impõem ao Poder Público e ao particular na regulação do Estado e da sociedade, dos espaços público e privado.

No Brasil, a Constituição de 1988 é produto (tardio) do pós-guerra e do processo de redemocratização que libertou o país do regime ditatorial.[584] A CF/1988 institui um Estado Democrático de Direito, marca-

---

[583] *Processo constitucional brasileiro*. São Paulo: Revista dos Tribunais, 2016, p. 104.

[584] "Portanto, isso que no Continente se verificou de modo imediato, no Brasil, demorou anos para ser assimilado, ocorrendo apenas com o processo constituinte em 1987-88. Assim, os avanços que foram realizados no âmbito do direito constitucional europeu também puderam ser percebidos na América Latina, entretanto, neste contexto, como ruptura dos regimes ditatoriais, o que veio a ocorrer de for-

do pelo preceito majoritário – consolidado nas formas de participação popular no exercício do poder, ainda que mediante representação – e pelo contramajoritário – retratado no núcleo duro e indevassável de direitos fundamentais oponíveis *erga omnes* e demais cláusulas pétreas. Por outro lado, o Estado Democrático de Direito brasileiro é, ainda, caracterizado pela promessa de inclusão social (para qual o Judiciário exerce importante papel).[585]

É necessário rememorar que o Brasil, ao contrário de outros países, não viveu o Estado Social, essencial à compatibilização das promessas da modernidade e ao desenvolvimento capitalista.[586] O Estado Democrático de Direito surge, então, com intuito de promover transformações sociais:

> O Estado Democrático de direito representa, assim, a vontade constitucional de realização do Estado social. É nesse sentido que ele é um *plus* normativo em relação ao direito promovedor-intervencionista próprio do Estado social de Direito. Registre-se que os direitos coletivos, transindividuais, por exemplo, surgem, no plano normativo, como consequência ou fazendo parte da própria crise do Estado Providência. Desse modo, se na Constituição se coloca o modo, é dizer, os instrumentos para buscar/resgatar os direitos de segunda e terceira dimensões, via institutos como substituição processual, ação civil pública, mandado de segurança coletivo, mandado de injunção (individual e coletivo) e tantas outras formas, é porque no contrato social – do qual a Constituição é a explicitação – há uma confissão de que as promessas da realização da função do Estado não foram (ainda) cumpridas.[587]

---

ma tardia". TASSINARI, Clarissa. *Jurisdição e ativismo judicial: limites da atuação do Judiciário*. Porto Alegre: Livraria do Advogado, 2013, p. 41.

585 Nesse sentido: "Às facetas ordenadora (Estado Liberal de Direito) e promovedora (Estado Social de Direito), o Estado Democrático de Direito agrega um *plus* (normativo-qualitativo), representado por sua função nitidamente transformadora, uma vez que os textos constitucionais passam a institucionalizar um 'ideal de vida boa', a partir do que se pode denominar de cooriginariedade entre direito e moral (Habermas). Os conteúdos compromissórios e dirigentes das constituições – e a do Brasil é típico exemplo –, apontam para as possibilidades do resgate das promessas incumpridas da modernidade tardia, onde o *welfare state* não passou de um simulacro". STRECK, Lenio. *Hermenêutica jurídica e(m) crise*. 11ª ed., rev., atual. e ampl. Porto Alegre: Livraria do Advogado, 2014, p. 401.

586 *Idem*, p. 24 e 28.

587 *Idem*, p. 47.

Em um cenário como esse – regido por uma Constituição de intuito transformador, conteúda de um rol de direitos vasto, reguladora do Estado e da sociedade e guardada por uma jurisdição constitucional apta a enfrentar qualquer dos demais Poderes para assegurar o cumprimento das promessas constitucionais–, é natural que uma gama maior de questões seja judicializada, principalmente quando se acresce ao quanto posto a massificação da sociedade.

Entretanto, desde logo é necessário anunciar: o fenômeno da judicialização não se confunde com o ativismo judicial. Para bem compreender o ativismo, é necessário entender de que maneira ambos se diferenciam.

A judicialização é um fenômeno social que consiste na invocação do Judiciário para decidir um maior número de questões; ativismo é um *modus operandi* do Judiciário no momento de julgar as causas judicializadas. Clarissa Tassinari resume com excelência o quanto reportado:

> É possível perceber, portanto, que a judicialização é mais uma constatação sobre aquilo que vem ocorrendo na contemporaneidade por conta da maior consagração de direitos e regulamentações constitucionais, que acabam por possibilitar um maior número de demandas, que, em maior ou menor medida, desaguarão no Judiciário; do que uma postura a ser identificada como positiva ou negativa. Isto é, esta questão está ligada a uma análise contextual da composição do cenário jurídico, não fazendo referência à necessidade de se criar (ou defender) um modelo de jurisdição fortalecido.
> Por tudo isso, pode-se dizer que a judicialização apresenta-se como uma *questão social*. A dimensão desse fenômeno, portanto, não depende do desejo ou da vontade do órgão judicante. Ao contrário, ele é derivado de uma série de fatores originalmente alheios à jurisdição, que possuem seu ponto inicial em um maior e mais amplo reconhecimento de direitos, passam pela ineficiência do Estado em implementá-los e desaguam no aumento da litigiosidade – características de sociedade de massas. A diminuição da judicialização não depende, portanto, apenas de medidas realizadas pelo Poder Judiciário, mas, sim, de uma plêiade de medidas que envolvem um comprometimento de todos os poderes constituídos.[588]

Apesar de o ativismo não ser sinônimo de judicialização, ambos estão correlacionados de alguma maneira. Veja-se que as transformações

---

[588] TASSINARI, Clarissa. *Jurisdição e ativismo judicial: limites da atuação do Judiciário*. Porto Alegre: Livraria do Advogado, 2013, p. 32.

político-jurídicas que deram azo à judicialização também impulsionaram a expansão do ativismo.[589]

Contudo, o ativismo é um acontecimento cuja causa direta e imediata é a atuação da magistratura. É um fenômeno cujo início e eventual fim dependem exclusivamente do Judiciário. A judicialização, de outra parte, não é motivada pela postura dos juízes, mas por uma série de fatores histórico-sociais que escapam ao seu controle.

Dito de outro modo, *ativismo é um problema de interpretação/aplicação do direito*. Segundo Georges Abboud:

> Ativismo é toda decisão judicial que se fundamenta em convicções pessoais, senso de justiça do intérprete em detrimento da legalidade vigente – legalidade aqui entendida como *legitimidade do sistema jurídico*, e não como mero positivismo estrito ou subsunção do fato ao texto normativo.[590]

Conforme Clarissa Tassinari, o ativismo se manifesta nos julgamentos que, nada obstante possuam alguma aparência de juridicidade, não se pautam em elementos jurídicos, mas na vontade do julgador.[591] Conforme a autora:

> Em suma, pode-se afirmar que o ativismo judicial é um problema de teoria do direito. Mais precisamente de teoria da interpretação, na medida em que sua análise e definição dependem do modo como se olha para o problema da interpretação do Direito. Vale dizer: é a interpretação um ato de vontade do intérprete ou o resultado de um projeto compreensivo no interior do qual se operam constantes suspensões de pré-juízos que constituem a perseguição do melhor (ou correto) sentido para a interpretação? Definitivamente, nos filiamos à segunda possibilidade de retratação teórica do problema, o que ficará claro no decorrer da exposição.[592]

No mesmo sentido, Antoine Garapon, atento aos perigos postos pelo Judiciário ao sistema democrático, associa o ativismo à vontade do juiz: "O ativismo evidencia-se quando, entre muitas soluções possí-

---

589 *Cf.* ABBOUD, Georges. *Submissão e Juristocracia*. In: Revista de Processo, vol. 258/2016, Ago/2016, p. 519-527.

590 ABBOUD, Georges. *Processo constitucional brasileiro*. São Paulo: Revista dos Tribunais, 2016, p. 710.

591 TASSINARI, Clarissa. *Jurisdição e ativismo judicial: limites da atuação do Judiciário*. Porto Alegre: Livraria do Advogado, 2013, p. 148.

592 *Idem*, p. 56.

veis, a escolha do juiz é alimentada pela vontade de acelerar a transformação social ou, ao contrário, de travá-la".[593]

O ativismo judicial, que apenas nas últimas décadas se tornou o tema da moda no Brasil, possui raízes norte-americanas. Por uma série de motivos históricos, os juristas estadunidenses foram convocados a discutir, de maneira pioneira, a postura dos juízes (se podem ou devem ser ativistas perante um caso).

Desde logo, é necessário rememorar que o sistema jurídico norte-americano é filiado à *common law*. O Judiciário, nessa tradição, é um Poder ao qual se atribuiu durante muito tempo protagonismo na criação do direito, enquanto as leis eram veículos raramente utilizados. A própria Constituição Federal norte-americana é enxuta – conta com 7 artigos e 27 emendas –, conteúda de um texto abrangente e altamente abstrato[594], cuja implementação, ao longo dos anos, exigiu um esforço hermenêutico maior, ao tempo que deixou aos aplicadores um espaço de manobra largo.[595] Acresça-se o fato de que o Judiciário, nos Estados Unidos, não foi alvo de desconfiança no período burguês-revolucionário – à diferença do que ocorreu na França, referência de direito liberal para os países continentais. Por outro lado, até hoje, as decisões judiciais são lentes por meio do qual os estatutos legislativos são mais bem compreendidos, ao passo que vigora o sistema precedentes judiciais.

A centralidade do Judiciário nos Estados Unidos não foi, portanto, uma questão surgida após a Segunda Guerra. É algo que existe historicamente. É natural, portanto, que o debate sobre os limites imponíveis ao juiz no momento decisório surja, a primeiro, em território norte-americano, onde o magistrado, historicamente, esteve adstrito a menos amarras legislativas.

Para compreensão do ativismo à luz da história norte-americana, é valiosa a obra de Christopher Wolf, intitulada *"Judicial activism: bulwark of freedom or precarious security"*. Ao início do livro, Wolf estabelece a necessidade de diferenciar *judicial activism* e *judicial restraint*, o que pretende fazer por meio de duas abordagens distintas.

---

593 *O juiz e a democracia: o guardião das promessas*. Rio de Janeiro: Revan, 1999, p.56.

594 TASSINARI, Clarissa. *Jurisdição e ativismo judicial: limites da atuação do Judiciário*. Porto Alegre: Livraria do Advogado, 2013, p. 79.

595 *Cf.* ABBOUD, Georges. *Cinco mitos sobre a Constituição Federal Brasileira de 1988*. In: Revista dos Tribunais, vol. 996/2018, Out/2018, p. 27-51.

A primeira abordagem é a mais popular e cunha o conceito de ativismo por meio do exame de como o Judiciário utiliza o poder denominado "quase-legislativo".[596] Para certa corrente doutrinária (realismo jurídico), a atividade jurisdicional implica um poder de legislar. Ao decidir, o juiz, mais que interpretar, cria o direito. Mesmo sob esse viés de pensamento, colocavam-se debates sobre os limites da atividade judicante no exercício do *lawmaking power*. Ativismo e *judicial restraint* são definidos de acordo com o *grau* de liberdade ou limitação que se considera que o juiz possui no momento decisório:

> Advocates of judicial activism emphasize the judicial imperative to "do justice" and lend to downplay restraints on judicial power, whereas advocates of judicial restraint tend to emphasize the limits they think should be placed on judicial power in a democracy and try to restrict judicial discretion in various ways[597].

A segunda abordagem decorre da análise histórica da *judicial review*: a definição de ativismo depende da relação entre *judicial review* e Constituição – quando o exercício do controle de constitucionalidade privilegia as crenças pessoais e preferências políticas do juiz, em lugar de reafirmar a vontade da Constituição, é possível afirmar que a decisão é ativista:

> This history of judicial review gives rise to a definition of judicial activism that focuses on the relation between judicial review and the Constitution: Activism and restraint are functions of the extent to which judicial review can be fairly considered an enforcement of the will of the Constitution, without an infusion of the judge's own political beliefs of preferences.[598]

A *judicial review* é decisiva ao debate sobre ativismo nos Estados Unidos. Mesmo que os norte-americanos estivessem acostumados ao protagonismo judiciário, atribuir aos juízes competência para deixar de aplicar uma lei ou ato do Executivo, sob a escusa de vislumbrar inconstitucionalidade, reestruturou o sistema de forma revolucionária. Dar ao juiz competência para realizar controle de constitucionalidade

---

596 WOLF, Christopher. *Judicial activism: bulwark of freedom or precarious security.* rev. Nova Iorque: Rowman e Littlefield Publishers, 1997, p. 1.

597 *Idem*, p. 2.

598 *Idem*, p. 1.

significava autorizá-lo a participar de discussões que tradicionalmente eram relegadas aos Poderes Legislativo e Executivo.[599]

Desde o seu surgimento, a *judicial review* conflitou com o princípio majoritário. Essa tensão se agravou ao longo do tempo conforme as transformações observadas na *judicial review*.[600]

A *judicial review* nasce em 1803 a partir do julgamento do caso *Marbury Vs. Madison*, no qual se estabeleceu que a Constituição escrita, a qual prevê limites ao poder, necessariamente é superior às demais leis. Caso contrário, as restrições pretendidas seriam inefetivas. Do raciocínio retro, extrai-se que a lei que afrontasse disposição constitucionais seria um nada jurídico (*void*).[601]

O controle de constitucionalidade que se formou a primeiro momento era moderado. Os defensores da *judicial review* sustentavam que sua atividade estava de acordo com a democracia; consideravam atuar na defesa da vontade popular conforme consagrada na Constituição. Com o tempo, a Corte se tornou mais consciente de que a *judicial review* não é estritamente jurisdicional – possui algo de legislação. Se a *judicial review* não é atividade estritamente jurisdicional, não estaria submissa aos limites que se colocam à jurisdição:

> Since the modern Court's conception of its power is less narrowly judicial, not surprisingly some of the inherent limits in judicial review that flowed from the nature of judicial power have been less important.[602]

Outra transformação de importância observada na *judicial review* moderna concerne ao respeito do Judiciário frente à legislação. Na era tradicional, era consenso geral que a lei deveria ser afastada apenas se observada inconstitucionalidade clara.

A modernidade altera sensivelmente as presunções de constitucionalidade tradicionais, admitindo o avanço da *judicial review* nos casos em que a inconstitucionalidade da lei é ambígua. Por outro lado, chegou-se a considerar (*United States* v. *Carolene Products*, de 1938) que, em algumas circunstâncias – casos relacionados a proibições es-

---

599 TASSINARI, Clarissa. *Jurisdição e ativismo judicial: limites da atuação do Judiciário*. Porto Alegre: Livraria do Advogado, 2013, p. 87.

600 WOLF, Christopher. *Judicial activism: bulwark of freedom or precarious security*. rev. Nova Iorque: Rowman e Littlefield Publishers, 1997, p. 9.

601 *Idem*, p. 11.

602 *Idem*, p. 27.

pecíficas da Constituição, processos políticos que possivelmente conduziriam a revogação de uma lei indesejável, e ações que envolvem direitos de minoria –, caberia à Corte um exercício jurisdicional mais agressivo, relegando-se à presunção de constitucionalidade um escopo mais restrito.[603] Conforme Wolf, *"that closer judicial look or 'narrower scope for the presumption of constitutionality' turned out to be a presumption of unconstitutionality in many of the modern civil liberties cases that followed"*.[604] As Cortes se convenceram de que tinham papel essencial na defesa dos direitos fundamentais das minorias, negligenciadas pelo Legislativo.

Também é observada na *judicial review* moderna o enfraquecimento da intitulada *"political questions doctrine"*, segundo a qual a Corte se negava a adentrar questões fundamentalmente políticas.

Por fim, a modernidade alterou, também, a noção de limites da autoridade da interpretação constitucional levada a cabo pela Suprema Corte. A *traditional judicial review* asseverava que a interpretação da Constituição feita pela Corte constituía um precedente para a futura política geral do país, admitidas exceções em nome do princípio republicano. Aos poucos, os juristas norte-americanos começaram atribuir ao Judiciário a função própria de interpretar a Constituição para, posteriormente, considerá-lo portador da interpretação suprema.[605]

O que se observa é que, nos primórdios, a *judicial review* era contida, isto é, um poder limitado. Entretanto, pouco a pouco se agigantou, libertando-se progressivamente das amarras que a restringiam. A postura adotada pela *traditional judicial review* pode ser considerada *judicial restraint*, ao tempo que aquela observada na *modern judicial review* é o que se intitula *judicial activism*. Nos termos de Wolf:

> *Traditional judicial review – limited to enforcement of the clear commands of an intelligible Constitution – would represent the side of judicial restraint, while modern judicial review – based on judicial legislation in the 'gaps' of a Constitution containing vague general commands – would represent the side of judicial activism.*[606]

---

603 *Idem*, p. 28.
604 *Idem*, p. 28.
605 *Idem*, p. 29.
606 *Idem*, p. 30.

Sob esse viés, ativismo judicial se caracterizou como o exercício de um poder legislativo por parte do Judiciário quando do exame de casos constitucionais. Cuida-se de uma definição extraída da análise da história da *judicial review*, que se diferencia daquela estabelecida a partir de como o Judiciário exerce o poder "quase-legislativo". Se nesta abordagem a diferença entre ativismo e *judicial restraint* é uma questão de gradação de liberdade no exercício da quase-legislatura, naquela as posturas são encaradas como manifestações de poderes de naturezas distintas.[607]

Wolf, ao término do livro, defende o um ativismo judicial moderado, em que a *judicial review* se coloca a serviço da proteção de direitos individuais e das minorias, do impulsionamento das reformas sociais, da eliminação de discriminações ilegais e do combate às leis inconstitucionais.[608–609]

5.2.2. O CARÁTER ANTIDEMOCRÁTICO DO ATIVISMO JUDICIAL (OU POR QUE NÃO EXISTE BOM ATIVISMO)

Os conceitos de ativismo listados no item anterior apontam para a prática do Judiciário de, quando do julgamento, substituir o direito pela vontade do julgador (Clarissa Tassinari e Antoine Garapon), pelas convicções pessoais ou pelo senso de justiça (Georges Abboud).

Mesmo as duas abordagens expostas por Wolf implicam necessário momento de discricionariedade. Pela primeira, entende-se que o juiz sempre cria direito novo – *legisla* – ao exercer a função jurisdicional, de modo que ativismo seria a postura tendente a atribuir maior liberdade criativa ao julgador. Pela segunda, ativismo seria a prática legislativa empregada pela Corte quando da resolução de questões constitucionais. A ideia de legislação pressupõe juízo *político*, *discricionariedade* ou *escolha segundo a vontade*. O ativismo, portanto, afasta ou desprestigia o juízo político do Parlamento para dar lugar ao juízo político do Judiciário.

---

607 *Idem*, p. 30.

608 *Idem*, p. 112.

609 Na presente pesquisa, subscreve-se o entendimento de Georges Abboud, segundo o qual não é necessário, no Brasil, encorajar o ativismo para alcançar o quanto pretendido por Wolf. Ver: ABBOUD, Georges. *Processo constitucional brasileiro*. São Paulo: Revista dos Tribunais, 2016, p. 709.

Quando se pensa numa jurisdição exercida com fundamento nas convicções pessoais ou no desejo do juiz em lugar do direito vigente, automaticamente se antevê um poder arbitrário atentatório à democracia. Dizer que, ao julgar, o magistrado se vale de critérios subjetivos, em vez da lei e da Constituição, é constatar que o Judiciário se rebela contra sua própria função – que é aplicar o *direito*, não a vontade, ao caso concreto – e suspende os pré-compromissos democráticos vigentes.[610]

Por esse viés, o ativismo judicial é sempre prejudicial ao Estado Democrático de Direito. O afastamento da Constituição e das leis é um mal em si mesmo, que não se redime por eventuais consequências práticas benéficas – que, diga-se de passagem, são benéficas segundo a opinião de quem julga. Autorizar que argumentos consequencialistas se sobreponham à lei *lato sensu* a enfraquece simbolicamente e torna sua efetividade incerta e dependente de avaliações pessoais do magistrado. Não bastasse isso, liberta o Judiciário das amarras jurídicas que o limitam, colocando o jurisdicionado sob ameaça constante de abusos.

É sempre bom rememorar: no Estado Democrático brasileiro, o Legislativo possui legitimidade para realizar opções políticas que decidem os rumos de uma comunidade porque composto por representantes eleitos pelo povo para esse fim. O Judiciário, a seu turno, é integrado por juízes que (i) investem em seus cargos pela via burocrática, (ii) mediante um concurso que não avalia representatividade popular, mas conhecimento técnico, (iii) para exercer *jurisdição* e não a política. Não cabe à magistratura realizar juízo político, porque juízes não possuem legitimidade para tanto e porque a função que exercem não é a legislativa, mas a jurisdicional; não criam lei, aplicam a lei criada pelo órgão constitucionalmente competente para tanto, sempre, é claro, numa atividade interpretativa inerente.

Permitir que juízes substituam o direito vigente por outros critérios decisórios é dar azo à corrosão dos princípios que suportam o Estado Democrático de Direito, *e.g.*, a legalidade, a segurança jurídica e a separação de poderes. Por isso, o ativismo, mesmo quando satisfaz um objetivo de que compartilhamos, é inevitavelmente pernicioso para a democracia.

---

610 *Idem*, p. 709.

Mesmo quando está concorde à vontade do povo, o ativismo é antidemocrático. Para compreender o argumento, é preciso esclarecer alguns pontos sobre os princípios basilares da democracia.

A democracia é tradicionalmente conhecida como governo que relega ao povo a titularidade e o exercício do poder político, contrapondo-se à monarquia e à aristocracia.[611] É condição mínima, para qualificar um governo como democrático, a participação popular direta e indireta, levada a cabo de acordo com a regra da maioria. Ou seja, numa democracia, a coletividade é que deve tomar as decisões que a afetarão, a partir do princípio majoritário.[612] É a isso que James T. Kloppenberg se refere quando afirma a soberania popular como elemento chave a um regime democrático.[613] Pela soberania popular, a vontade do povo é erigida à fonte de legitimidade da autoridade do poder.[614]

A soberania popular é essencial a qualquer democracia, contudo, não é suficiente. Para que exista democracia verdadeira, não basta que o poder seja exercido conforme a vontade popular, aferida conforme o princípio majoritário; maiorias degeneram e podem recorrer a medidas antidemocráticas. É preciso que existam mecanismos que protejam a democracia de si própria, justamente para evitar que se torne um regime tirânico, capaz de promover a barbárie contra minorias representativas.

Como visto, os escritos Hans Kelsen sobre a democracia testemunham em favor da necessidade de uma relação procedimental e institucional entre a maioria e as minorias, por meio da qual as minorias sejam investidas de instrumentos protetivos que lhe garantam direitos fundamentais.[615] Trata-se de concepção que dialoga ativamente com a democracia em parceria, construída por Ronald Dworkin.

---

611 ROSENFIELD, Denis. *O que é a democracia*. 5ª ed. São Paulo: Brasiliense, p. 5.

612 BOBBIO, Norberto. *O futuro de democracia: uma defesa das regras do jogo*. 6ª ed. Rio de Janeiro: Paz e Terra, 1997, p. 18.

613 *Toward Democracy – The struggle for self-rule in European and American Thoughti*. New York: Oxford University Press, 2016, p. 6.

614 KLOPPENBERG, James T. *Toward Democracy – The struggle for self-rule in European and American Thought*. New York: Oxford University Press, 2016, p. 7.

615 KELSEN, Hans. *A democracia*. São Paulo: Martins Fontes, 1999, p. 96.

Conforme Dworkin, a democracia em parceria é aquela em que os integrantes da sociedade são considerados *full partners*, isto é, parceiros integrais do projeto democrático, porquanto partícipes do próprio projeto político. Nesse modelo, não se admite que, com base na vontade da maioria, os direitos das minorias sejam obliterados.[616]

Por outro lado, a democracia majoritária é aquela em que o governo é inteiramente guiado conforme o desejo da maioria, mesmo que ausente a garantia de que a deliberação majoritária seja a melhor ou a mais justa. Por conseguinte, a maioria dos assuntos é controlada pelo sufrágio universal, de modo que as minorias estão constantemente em risco.[617]

Kelsen e Dworkin, cada qual a sua maneira, diagnosticaram corretamente a necessidade de mecanismos contramajoritários para que possamos construir uma democracia civilizada e genuína. Os regimes democráticos constitucionais estão arrimados, portanto, não apenas no princípio da soberania popular e da majoritariedade, como também da contramajoritariedade.

A democracia, conforme a concebemos, é o governo da maioria, calibrado por instrumentais contramajoritários destinados à proteção das minorias representativas. O conceito retro é essencial para compreender a função que o Poder Judiciário exerce num Estado Democrático de Direito. Enquanto ao Executivo e ao Legislativo cabe representar, o quanto possível, as maiorias que os elegeram, o múnus do Poder Judiciário é dar concretude à contramajoritariedade. Cabe-lhe, inclusive, realizar controle de constitucionalidade sobre os atos legislativos, produzidos pelos representantes do povo, que atentem contra a Constituição.

Fosse a função dos juízes substituir o direito pelo senso de justiça esposado por uma maioria momentânea, não estaríamos numa democracia genuína (em parceria), mas numa democracia degenerada e tirânica, na qual a pluralidade, que só se assegura mediante a proteção dos grupos minoritários, não existe.

Ao fim, conclui-se que o ativismo, seja conduzido em favor da esquerda ou da direita, dos progressistas ou dos conservadores, ou mesmo em benefício das minorias, sempre constituirá um malefício

---

[616] MOTTA, Francisco. *Ronald Dworkin e a decisão jurídica*. Salvador: JusPodivm, 2017, p. 67.

[617] DWORKIN, Ronald. *Is democracy possible here? Principles for a new political debate*. Princeton: Princeton University Press, 2006, p. 131.

para o Estado Constitucional, porquanto implica um afastamento dos pré-compromissos democráticos, em especial, do texto constitucional, que guarda os direitos e garantias inerentes ao jurisdicionado, que garantia o pluralismo.

Práticas ativistas fragilizam a Constituição e, por conseguinte, ameaçam os direitos e garantias a duras penas conquistados pelas gerações passadas. Por isso, consideramos que o ativismo está umbilicalmente vinculado àquilo que Pedro Serrano intitulou *jurisdição de exceção*. O autor, ao tratar do tema, tece a seguinte advertência:

> Esse alerta se faz necessário logo de início, pois o que retratamos neste trabalho como exceção na jurisdição não se identifica indistintamente com qualquer discricionariedade judicial, própria das concepções analíticas do direito; com a figura do juiz solipsista que decide segundo sua consciência; ou com qualquer caso inequívoco de ativismo judicial ou outras formas de decisionismo. A decisão jurisdicional de exceção não se confunde também com o erro judiciário.
>
> A exceção estará presente na jurisdição quando suas decisões se apresentarem como mecanismos de desconstrução do direito, com finalidade eminentemente política, seja pela suspensão da própria democracia – como ocorreu, por exemplo, na América Latina, em países como Paraguai e Honduras –, seja pela suspensão de direitos da sociedade ou parcela dela, como de fato ocorreu e ainda ocorre no Brasil em inúmeras situações que teremos a oportunidade de abordar no próximo capítulo.[618]

A exceção jurisdicional pode ocorrer de duas formas[619]: por meio de decisões que ocasionem ou legitimem a interrupção inconstitucional da normalidade democrática[620] ou por meio de decisões que suspendam direitos fundamentais do jurisdicionado[621].

---

618 SERRANO, Pedro Estevam Alves Pinto. *Autoritarismo e golpes na América Latina: Breve ensaio sobre jurisdição e exceção*. São Paulo: Alameda, 2016, p. 104.

619 *Idem*, p. 105.

620 "Tal fenômeno ocorre quando ascendem na América Latina governos de esquerda democrática e surge a necessidade de produção de atos formais para combatê-los. Esses atos formais são produzidos pelos poderes onde há espaço, no plano político, para expressão do conservadorismo, ou seja, o legislativo e, na maior parte das vezes, o próprio judiciário. Já no executivo, por conta da soberania popular, os setores ligados aos trabalhadores são mais representados". *Idem*, p. 110.

621 "O Poder Judiciário completa todo o percurso do soberano de Carl Schmitt. Titular da decisão última, soberano que é, estabelece a exceção declarando o inimigo e subtraindo dele sua condição igualitária e politicamente protegida como ser humano". *Idem*, p. 110.

Nos países de modernidade tardia, existem três razões[622] para que sejam mais acentuados os espaços para a jurisdição de exceção. A primeira é a presença de um Estado de exceção perene, ao lado de uma democracia formal que apenas se vê contemplada na Constituição: a despeito do regime democrático contemplado pelo texto, diuturnamente medidas de exceção recaem sobre parte da população, sob a chancela do Poder Judiciário.

A segunda razão é a necessidade de prolação de atos formais por parte de um poder dominado pelo conservadorismo, com escopo de impedir que os governos de esquerda democrática, ou os interesses que esta defende, cheguem ao Executivo.

Por fim, a terceira é a prevalência do positivismo analítico, sobretudo as escolas de matriz *kelseniana* e *hartiana*, cujas teses, escoradas ainda no paradigma subjetivista, deixam espaço à discricionariedade judicial.[623] *A tradição filosófica positivista havida no Brasil contribui para que os mecanismos de exceção se fortaleçam pela via jurisdicional, pois asseguram ao Judiciário um poder de escolha não sujeito a censura.* A despreocupação com uma teoria da interpretação nas teorias positivistas acabou por relegar ao julgador um "poder absolutista", que não se coaduna com os ideais de segurança jurídica ou com os valores do Estado do direito.[624]

A discricionariedade, inerente às teorias positivistas em questão, cria um paradoxo, pois desprestigia o Estado de Direito que os teóricos – Kelsen e Hart – pretendiam assegurar.[625] Por essa razão, a conclusão de Serrano é no sentido de que

> ... esse pensamento político positivista, da linhagem analítico-normativista apresentada por Kelsen, Bobbio e Hart, acaba por propiciar ao julgador a autoridade primária de que trata Schmitt, outorgando-lhe o poder soberano de quem pode decidir pela exceção e suspender os direitos da sociedade.[626]

O poder outorgado ao Judiciário pelas teorias positivistas não é um poder exclusivamente de direito, mas um poder de exceção. Ao fim, as

---

622 *Idem*, p. 107.
623 *Idem*, p. 107.
624 *Idem*, p. 115.
625 *Idem*, p. 134.
626 *Idem*, 2016, p. 142.

posturas ativistas se revelam como canais em potencial para o Estado de Exceção. Basta que, suspensa a legalidade vigente, a vontade que a substitui possua uma agenda política nesse sentido. Ou seja, o ativismo, compreendido como a prática jurisdicional que substitui o direito por critérios subjetivistas, torna-se um canal para a exceção.

O Poder Judiciário, quando ativista, pode se tornar aquilo que Luigi Ferrajoli intitula "poder selvagem". O conceito é tratado por Ferrajoli em "Direito e Razão"[627], *"El garantismo y filosofia del derecho"*[628] e em "Poderes selvagens: a crise da democracia italiana".

Conforme o autor

> *La expresión "poderes salvajes" alude claramente a aquella "libertad salvaje y desenfrenada" de la que Kant habla en la Metafísica de las costumbres, como condición desregulada propia del estado de naturaleza, esto es, en ausencia del derecho, y opuesta a aquella propia del "estado jurídico" o de derecho. Es evidente que tal poder o libertad salvaje es inevitablemente el poder del más fuerte, mientras que el derecho representa su negación, volcado, siempre según el modelo kantiano, a asegurar la convivencia y, por consiguiente, la garantía de la libertad de todos.*[629]

A "selvageria" é passível de redução, mas não de eliminação[630]. Portanto, permanece uma constante tensão entre poder e direito. Por natureza, o poder tende a se acumular e a se desvincular do direito[631]. Daí a existência do princípio da legalidade, da separação de poderes etc., como técnicas voltadas à contensão e à regulação do poder, com

---

627 "É sobretudo nestas sedes, infra e suprajurídicas, que permanecem e se desenvolvem *micropoderes* e *macro poderes selvagens*, que são, na realidade, as formas de poder mais descontroladas e ilimitadas das quais podem ser prejudicados e subvertidos os mesmos poderes jurídicos e a ordem global do Estado de direito". FERRAJOLI, Luigi. *Direito e razão: teoria do garantismo penal*. 3ª ed. São Paulo: Revista dos Tribunais, 2002, p. 746.

628 *El garantismo y la filosofia del derecho*. Bogotá: Universidad Externato de Colombia, 2000, p. 74 e ss.

629 *Idem*, p. 74.

630 "Naturalmente el derecho, en su paradigma garantista y constitucional, es sólo um modelo normativo – un debe ser, respecto de lo que de hecho ocurre – no apto para eliminar sino sólo para reducir los poderes selvajes". *Idem*, p. 77.

631 *Idem*, p. 74.

vistas a evitar que se torne absoluto[632]. No sentido do quanto exposto, Norberto Bobbio afirma que:

> A história do pensamento político consiste, sobretudo, na invenção de instrumentos institucionais destinados a fazer que quem possua um poder qualquer não tenha condições de abusar dele. O remédio fundamental sempre foi a luta contra a concentração de mais poderes nas mãos de um único indivíduo ou de um único grupo.[633]

Poderes selvagens podem ser públicos ou privados e atuar *contra o* ou *fora do* direito. O cruzamento dessas classificações permite identificar quatro tipos de poderes selvagens[634]: os poderes selvagens públicos ilegais, os poderes selvagens públicos extralegais, os poderes selvagens privados ilegais e os poderes privados extralegais. Como o Judiciário é um órgão estatal, interessa o exame mais acurado dos poderes públicos ilegais e extralegais.

Por poderes públicos ilegais (ou criminosos), entende-se aqueles que se desenvolvem no interior das instituições, a exemplo das organizações subversivas (ex. serviços secretos ilegais).

> En su conjunto estos poderes, al mismo tiempo ilegales e invisibles, han formado un verdadero infraestado o doble Estado clandestino y paralelo, dotado de sus propios códigos y tributos, en contraste con todos los principios de la democracia; desde el principio de la legalidad a los principios de publicidad y transparencia, del de representatividad al de responsabilidad política y control parlamentario y popular sobre el ejercicio de los poderes públicos.[635]

Os poderes públicos extralegais são os que operam em condições de substancial anomia. É um poder público extralegal aquele que se manifesta nas relações entre Estados, pois, no âmbito internacional, não existe regulamentação efetiva.[636] Entretanto, é também possível que, no interior dos sistemas jurídicos, surjam poderes incontidos que desejam conservar ou instaurar "*formas de <u>irresponsabilidad jurídica y política</u>, reacias a los límites y las garantías*"[637].

---

632 *Idem*, p. 74.

633 BOBBIO, Norberto. *Contra os novos despotismos: escritos sobre o berlusconismo*. São Paulo: Unesp; Instituto Norberto Bobbio, 2016, p. 14.

634 FERRAJOLI, Luigi. *El garantismo y la filosofia del derecho*. Bogota: Universidad Externato de Colombia, 2000, p. 77.

635 *Idem*, p. 79.

636 *Idem*, p. 80.

637 *Idem*, p. 80. Grifos nossos.

É possível aproximar a ideia de poderes selvagens, desenvolvida por Ferrajoli, às posturas ativistas assumidas pelos juízes brasileiros. Poder selvagem é aquele que, no agir, não respeita as amarras do direito. A selvageria pode ser oportunista e se aproveitar das teorias que defendem a discricionariedade judicial, ou pode simplesmente se valer de estratagemas para afastar ou torcer regras cuja existência é incontestes – decisões contra o texto da Constituição estão aí para quem quiser consultar; conceitos performáticos são recorrentemente utilizados para driblar o dever de fundamentação constante do art. 93, IX da CF. O próprio Ferrajoli advertiu: "hoje, não é possível confiar na lealdade dos titulares dos poderes de governo, sendo estes próprios os promotores da deformação constitucional".[638]

Em "Poderes selvagens", Ferrajoli denuncia um "processo de desconstitucionalização do sistema político italiano", manifestado "na construção de um regime baseado no consenso ou, no mínimo, na aquisição pacífica por uma parte relevante da sociedade italiana de uma longa série de violações da letra ou do espírito da Constituição".[639] No contexto italiano, o processo de desconstitucionalização resultou numa transformação de fato (não de direito) do sistema político, que se tornou uma espécie de "democracia plebiscitária", em que a maioria governativa é onipotente, ao tempo que está neutralizado o "complexo sistema de regras, de separações e contrapesos, de garantias e de funções e instituições de garantia, que constituem a substância da democracia constitucional".[640]

A democracia, conforme leciona Ferrajoli, possui duas dimensões: uma formal e outra material. A primeira diz respeito ao poder do povo de participar de decisões públicas, seja diretamente ou por meio de representantes. A democracia, sob essa perspectiva, é garantida apenas por força das formas ou procedimentos idôneos a emprestar legitimidade para as decisões. Noutras palavras, é legítima a decisão que se funda na vontade do povo ou de seus representantes, independentemente *do que* efetivamente é decidido.[641]

---

638 *Poderes selvagens: a crise da democracia italiana.* São Paulo: Saraiva, 2014, p. 14.
639 *Idem*, p. 13.
640 *Idem*, p. 13.
641 *Idem*, p. 17.

A segunda – a democracia substancial – exsurge da necessidade de que, à vertente democrática formal, sejam opostos limites substanciais sobre o que pode ou deve ser objeto de decisão. Os direitos fundamentais presentes nas constituições pós-bélicas constituem exemplo dessa sorte de limite. Concretiza-se, portanto, a democracia substancial, a partir do estabelecimento de restrições/vínculos ao poder legislativo e ao poder de governar:

> Esses limites e vínculos são impostos a tais poderes pelos direitos constitucionalmente estabelecidos, os quais identificam aquela que podemos chamar de *esfera do indecidível*: a esfera *daquilo que não é decidível*, ou que não pode ser objeto de deliberação, desenhada pelos direitos de liberdade, os quais têm o poder de tornar inválidas as decisões com eles contrastantes, e a esfera *daquilo que não pode não ser decidido*, ou que deve ser objeto de deliberação, desenhada pelos direitos sociais, os quais impõem como devidas as decisões destinadas a satisfazê-los.[642]

Os vínculos retro dão à democracia uma verdadeira *dimensão constitucional*, conforme consagram os novos textos constitucionais. Ao limitar substancialmente as decisões políticas, o direito adquire autonomia frente à política, no sentido de que não é mais subordinado ao plano político e nem instrumentalizado para fins políticos. A política, por outro lado, torna-se um meio de atuação do direito, posto que substancialmente comprometida com vínculos constitucionais negativos e positivos, os quais criam, respectivamente, âmbitos de abstenção e de ação obrigatória.[643]

A dimensão substancial ou constitucional da democracia foi um limite necessário que se impôs ao Legislativo, à época um poder incontrolável decorrente da ausência de vínculos conteudísticos:

> No velho Estado legal de direito o poder legislativo das maiores parlamentares era um poder virtualmente absoluto, não tendo sido sequer concebida a possibilidade de uma lei que limitasse a lei. Existiam, é verdade, constituições e direitos fundamentais estipulados em cartas constitucionais. Todavia, ao menos no continente europeu, essas cartas eram constituições flexíveis: leis solenes, mas sempre leis, que o legislador ordinário podia muito bem modificar validamente com leis sucessivas. Os princípios e os direitos nelas estabelecidos operavam, de fato, como limites e vínculos apenas políticos, destituídos de uma força jurídica capaz de vincular a legislação.[644]

---

[642] *Idem*, p. 19.

[643] *Idem*, p. 23.

[644] *Idem*, p. 20.

No Brasil, atualmente, os juízes é que precisam de limites, sob pena de sucumbirem à selvageria e à tirania[645]. Daí a urgência de buscar referências doutrinárias que reforcem sua vinculação ao direito e proíbam decisões voluntaristas.

5.3. DO COMBATE À DISCRICIONARIEDADE COMO ELEMENTO DE RACIONALIDADE DO PODER

A função histórica da Constituição é a racionalização do exercício do poder[646]. A Constituição foi concebida como o limite intransponível que se impõe ao governante para evitar abusos. O espírito dos movimentos constitucionalista e neoconstitucionalista era o combate ao uso abusivo do poder em prejuízo dos indivíduos, protagonizado, a primeiro momento, pelo monarca e sustentado, a segundo momento, pelo Parlamento.

A separação de poderes é um postulado do constitucionalismo de contribuição fundamental para o projeto de racionalização do poder iniciado no século XVIII.[647] As teorizações de Locke e a de Montesquieu se escoram sob um fundo comum: a necessidade do fracionamento do poder, operacionalizado sob a certeza de que a sua concentração con-

---

[645] BOBBIO, Norberto. *Contra os novos despotismos: escritos sobre o berlusconismo.* São Paulo: Unesp; Instituto Norberto Bobbio, 2016, p. 105.

[646] O resgate histórico que se pretende fazer nos parágrafos seguintes foi desenvolvido, primeiramente, em artigo escrito em coautoria com Georges Abboud: ABBOUD, Georges; SANTOS, Maira Bianca Scavuzzi de Albuquerque. *Competência privativa da câmara dos deputados: uma abordagem a partir da teoria da tripartição de poderes.* In: LEITE, George Salomão; STRECK, Lenio Luiz; NERY JR, Nelson [coord.]. *Crise dos Poderes da República: Judiciário, Legislativo e Executivo.* São Paulo: Revista dos Tribunais, 2017, p. 635 e ss.

[647] "Es, pues, no sólo un principio organizativo de rango constitucional sino un postulado del constitucionalismo - un movimiento cultural fruto de muy diversas elaboraciones doctrinales y de experiencias históricas compartidas en diversos lugares y épocas - que integra el concepto material de Constitución, completando su definición formal como Norma fundamental superior en jerarquía y en fuerza de ley activa y pasiva a todas las demás; no toda ley fundamental es una Constitución o, si ustedes prefieren verlo así, no hay más Constitución que la Constitución democrática." ROCA, Javier Garcia. *Separación de poderes y disposiciones del ejecutivo con rango de ley: mayoria, minorias, controles.* In: Revista de Direito Constitucional e Internacional | vol. 27/1999 | p. 7 - 28 | Abr - Jun / 1999, p. 1.

duz à tirania, à inocuidade da lei e, consequentemente, à inexistência da liberdade.[648]

A técnica do fracionamento prosperou e, ao longo do tempo, foi adaptada aos diversos contextos jurídico-políticos. Cuida-se de um princípio mutante, que se transforma para melhor atender à função de contenção do poder. Decerto, a separação de poderes não é estanque:

> Não existe uma fórmula definida e definitiva sobre o que seja e como funciona a divisão de poderes. Na verdade, como conceito histórico-político, a separação de poderes sofre alterações de significado constantes, principalmente, no contexto das experiências constitucionais de curta duração. Todavia, o elemento subjacente que permanece com uma carga reguladora do conceito – e que, por isso, desdobra-se em uma dimensão de expectativa ou de longa duração – é a ideia de limitação do poder, classicamente presente na fórmula de Montesquieu a respeito do "poder controla o poder.[649]

A análise da variedade de perfis assumidos pela separação de poderes passa pelo estudo do surgimento do Estado Moderno na França, na Inglaterra e nos Estados Unidos da América, precedido das revoluções liberais que puseram termo ao Estado de polícia.

O absolutismo exsurgiu no século XVI para solucionar os conflitos religiosos havidos na Europa pós reforma protestante, época em que se instaurou o caos a nível social, movido pela perda da centralidade da Igreja.[650] O Estado Absolutista prosperou porquanto prometia o resta-

---

648 *Idem*, p. 2.

649 ABBOUD, Georges; OLIVEIRA, Rafael Tomaz de. *O tribunal federal e a nova separação de poderes: entre a interpretação da Constituição e as modificações na engenharia constitucional*. In: Revista de Processo | vol. 233/2014| p. 423-451. Ago/2015. p. 4.

650 "A pluralização da Igreja, que luta pela liberdade religiosa instalou, fez com que tudo aquilo que antes era coeso passasse por um profundo processo de exaustão e depravação. Países, estamentos, famílias e povos – tudo passava pelo enfrentamento de igrejas intolerantes que se perseguiam mutuamente, de modo cruel e completamente destrutivo, em meio a frações estamentais ligadas pela religião. Num contexto como esse, a pergunta que pairava no ar era a seguinte: como era possível restabelecer a paz? O que fazer para se construir uma nova ordem para as coisas humanas? O Estado Absolutista foi essa resposta. Como? Basicamente por meio de uma política baseada em critérios seculares que expurgava de seu âmbito de seu âmbito de ação os conceitos religiosos que tradicionalmente povoavam esse campo. Ou seja, nesse espaço aberto pelo absolutismo, criou-se o ambiente propício para a separação entre direito e política, de modo que o direito, principalmente no que tange a experiência inglesa, passou a agir como elemento limitador da atividade

belecimento da paz e a garantia da segurança mediante uma política secular, que deu azo à separação entre o direito e a política, o que, posteriormente, permitiria a limitação desta por aquele. Prevaleceu, a primeiro momento, a segurança, em detrimento da liberdade.

Porém, os abusos em que incorreu o monarca[651] tornou urgente a contenção do seu poder, escopo do afamado movimento constitucionalista. É no bojo do constitucionalismo que exsurge a técnica da *separação de poderes*. A exigência de segurança é substituída pelo desejo de retomada da liberdade, o que só seria possível se limitado o poder opressor por meio da Constituição.

A separação adquiriu contornos diversos conforme o contexto político-jurídico para o qual era adaptada. A França, por exemplo, apostou no fortalecimento do Parlamento, muito em razão da desconfiança que se nutria com relação aos juízes, reiteradamente referida ao longo desta obra. Na Inglaterra, tanto o Legislativo como o Judiciário opunham-se ao poder monárquico. É neste país, inclusive, que se identifica antecedente importantíssimo da *judicial review*, pela submissão dos

---

política. Tudo isso em um contexto intelectual ainda era dominado pela estrutura do medievo, no interior do qual as discussões políticas eram monopolizadas por teólogos e letrados, em ambos os casos ligados à Igreja." *Idem*, p. 7.

[651] Paulo Bonavides resume o contexto político da época: "Com a soberania se chegara pois à solução política da existência do Estado moderno, distinto do antigo Estado medievo. A soberania de início é a monarquia e a monarquia o Estado, a saber uma certa massa de poderes concentrados, que não lograram todavia inaugurar ainda a fase de impessoalidade, caracterizadora do moderno poder político em suas bases institucionais. Tal fase só se vem a alcançar na parte continental da Europa, com as doutrinas e as revoluções donde surge subsequentemente o chamado Estado de direito. A soberania se faz dogma. A autoridade do monarca esplende. O Estado moderno se converte em realidade. Mas a sociedade se acha longa de todo o repouso. O poder absoluto unificara em termos políticos a nova sociedade, dando fulminante réplica à antiga dispersão medieva. [...]. O poder soberano do monarca se extraviara dos fins requeridos pelas necessidades sociais, políticas e econômicas correntes, com os quais perdera toda a identificação legitimativa. Mudaram aqueles fins por imperativo de necessidades novas e todavia a monarquia permanecera em seu caráter habitual de poder cerrado, poder pessoal, poder absoluto da coroa governante. Como tal, vai esse poder pesar sobre os súditos. Invalidado historicamente, serve tão-somente aos abusos pessoais da autoridade monolítica do rei." BONAVIDES, Paulo. *Ciência Política*. 18ª ed. São Paulo: Malheiros, 2011, p. 145-146.

atos do Poder Público ao *common law*.⁶⁵² Os juízes ingleses, responsáveis pela produção do direito, diferentemente dos franceses, sempre cumpriram com a tutela das liberdades, resistindo aos atos do rei que as ameaçasse.

Ao fim e ao cabo, o poder que cada órgão adquiriu ou perdeu quando da implementação da separação de poderes varia. A técnica da separação foi adaptada conforme o contexto histórico-político, sempre para garantir a concretização do seu fim último, qual seja, a contenção do poder.

Não é possível falar em uma separação e independência absolutas entre os três Poderes. Ao contrário: o que se nota é uma interpenetração de funções e um poder fiscalizatório mútuos, necessários ao mínimo de autonomia e à limitação pretendida. A própria ideia de controle de constitucionalidade exercida pelo Judiciário é um modo de fiscalização sobre os atos dos demais poderes com fins de evitar abusos.

Nos séculos passados, a preocupação primeira em termos de contenção de abusos se centrou no Executivo, representado pelo monarca. O desejo de frear os arbítrios do rei motivou a criação das primeiras constituições, nas quais se consagrou o princípio da tripartição.

A Segunda Guerra Mundial revelou um novo eixo para o problema – o Legislativo. Face à observação de que os limites postos ao Legislativo eram frouxos e inadequados à garantia de um governo efetivamente democrático, surgiram os novos textos constitucionais – depositários de direitos fundamentais oponíveis contra a maioria.

Hodiernamente, no Brasil, é o Judiciário que ameaça romper a racionalidade no exercício do poder. É notória a reprodução de teorias da interpretação que apostam na discricionariedade como modo válido de decidir questões num Estado Democrático de Direito, corroborando para o ativismo judicial. O grande problema de se creditar teses dessa estirpe é a impossibilidade de controlar decisões discricionárias. Se,

---

652 Edward Coke, *chief of justice* da *Court of common pleas* da Inglaterra, ao julgar o caso *Bohnam* convocou os juízes à defender a supremacia da *common law* frente aos atos do rei e do Parlamento. A doutrina perdeu força no período que sucedeu a Revolução Gloriosa, face ao fortalecimento do Parlamento, mas foi recepcionada nas colônias norte-americanas, onde, após a Constituição de 1787, os juízes, que antes tutelavam as Cartas Coloniais, passaram à defesa da primazia constitucional. *Cf.* nesse sentido: MATEUCCI, Nicola. *Organización del Poder y libertad: historia del constitucionalismo moderno*. Madrid: Editorial Trotta, 1998. p. 91 e ss.

ao fim e ao cabo, a resolução de problemas jurídicos se resume a um ato de escolha do magistrado, para que exigir fundamentação? Se o juiz tem margem de liberdade para decidir conforme queira, por vezes, inclusive, contra o texto, pois, afinal, sua palavra é a última no que concerne à interpretação, para que leis? Para que Constituição? Qual é o grau de segurança que o jurisdicionado possui frente ao Judiciário? Que direito, nesse cenário, estará a salvo?

Discutir o controle do poder jurisdicional é analisar os limites da interpretação/aplicação do direito. Existe uma única interpretação adequada ou, conforme preconizou Kelsen, só se pode falar numa variedade de sentidos possíveis sujeitos à escolha política do magistrado? Trocando em miúdos, é possível falar em respostas corretas no direito?

Desde logo, antecipa-se: a resposta correta não apenas é possível como também é necessária ao Estado Democrático de Direito. Conforme Georges Abboud:

> Na realidade, não há nenhum ganho democrático em se possuir Constituição e legislação consagradoras de direitos se as questões jurídicas puderem ser solucionadas em parâmetros discricionários que são necessariamente *não jurídicos*, isto porque são pautados na vontade e na subjetividade do julgador
> O elevado grau de insegurança jurídica que caracteriza o Brasil é, em sua maior parte, intradecisório, e está presente no nosso modelo relativista de solucionar as questões jurídicas.[653]

Os itens subsequentes se dedicarão a uma breve exposição de duas teorias que trabalham com a possibilidade da resposta correta: a de Ronald Dworkin e a de Lenio Streck.

5.3.1. A TESE DA RESPOSTA CORRETA DE RONALD DWORKIN

Na década de sessenta do século XX, o positivismo jurídico sofreu um duro golpe. Por meio do artigo intitulado "O modelo de regras", publicado pela *University Of Chicago Law Review*, Ronald Dworkin formulou crítica violenta à doutrina positivista, especialmente àquela que considerava sua formulação mais sofisticada: o juspositivismo normativista de Hebert Hart.

---

[653] ABBOUD, Georges. *Processo constitucional*. São Paulo: Revista dos Tribunais, 2016, p. 746-747.

Dworkin mirou teses centrais do positivismo hartiano[654] (a tese das fontes sociais, a tese da convencionalidade, a tese da obrigação e a tese da discricionariedade), cujo exame, ainda que breve, interessa à compreensão de como a teoria dworkiana se estrutura.

Conforme a tese das fontes sociais, o direito é produto de um fato social. Noutras palavras, em última instância, o fundamento de validade do sistema jurídico (a intitulada regra de reconhecimento) é uma questão de fato. A temática é melhor compreendida quanto examinado o quanto dito por Hart a seu respeito.

Segundo Hart, o direito constitui um sistema de regras primárias e secundárias. Regras primárias impõem deveres, ao tempo que regras secundárias outorgam poderes para identificar, alterar ou aplicar regras primárias.[655] A regra de reconhecimento é a regra secundária, cuja função é identificar as regras primárias válidas num determinado ordenamento[656] e constitui o fundamento último de validade do sistema jurídico[657], à semelhança da norma hipotética fundamental kelseniana. Entretanto, ao passo que a norma hipotética é pressuposta, a regra de reconhecimento pode ser demonstrada pela maneira como, na prática, as normas são identificadas. A regra de reconhecimento – que, num geral, não é declaradamente intitulada "regra de reconhecimento" – é *aceita*, nesta qualidade, pela comunidade jurídica. *A existência da regra de reconhecimento é dependente da aceitação da comunidade jurídica,* ou seja, é convencionalmente aceita – do que se extrai a tese da convencionalidade. A norma de reconhecimento, cume do sistema jurídico, à luz do positivismo hartiano, é uma *prática sociológica complexa.*[658]

---

654 MACEDO JR., Ronaldo Porto. *Do xadrez à cortesia: Dworkin e a teoria do direito contemporânea.* São Paulo: Saraiva, 2014, p. 160.

655 HART, Hebert. *O conceito de direito.* São Paulo: Martins Fontes, 2009, p. 121-122.

656 "A forma mais simples de solução para a *incerteza* própria do regime de normas primárias é a introdução de algo que chamaremos 'norma de reconhecimento'. Essa norma especifica as características que, se estiverem presentes numa determinada norma, serão consideradas como indicação conclusiva de que se trata de uma norma o grupo, a ser apoiada pela pressão social que este exerce. A existência dessa norma de reconhecimento pode assumir qualquer uma dentre uma imensa variedade de formas, simples ou complexas". *Idem*, p. 122.

657 *Idem*, p. 136.

658 *Idem*, p. 141-142.

Na leitura dworkiana, Hart propunha um verdadeiro "teste de pedigree" para identificar quais regras pertencem a um determinado sistema jurídico.[659] À verificação da relação entre uma regra e o ordenamento não importaria qualquer investigação de conteúdo; bastaria analisar se o modo como foi criada atende aos critérios da regra de reconhecimento.

Por outro lado, pela tese da obrigação, compreende-se que das determinações das regras jurídicas surgem obrigações que vinculam os indivíduos.[660] Nas palavras do próprio Dworkin, "dizer que alguém tem uma 'obrigação jurídica' é dizer que seu caso se enquadra em uma regra jurídica válida que exige que ele faça ou se abstenha de fazer alguma coisa".[661] Consequentemente, se não existe regra válida, não se pode falar em obrigação jurídica, nem no direito que seria a sua contraface.[662]

Existem casos que não são regulamentados por qualquer regra (os intitulados *hard cases*), o que dá azo à tese da discricionariedade. Conforme explana Dworkin, ante os casos difíceis, o juiz, segundo o positivismo, não aplica o direito pré-existente (posto que não há regra regulamentadora), mas exerce sua *discrição*. Ao fazê-lo, criará nova regra jurídica.

A consideração das teses acima elencadas conduz à conclusão de que o positivismo considera o direito um sistema de regras, o que proporciona uma visão insuficiente da prática jurídica. Na visão dworkiana, cotidianamente os juízes decidem com escoro em normas intitulada princípios, cujos conteúdo e critério de aplicação são diferentes das regras e, portanto, não podem ser identificados por meio do teste de pedigree.[663]

---

659 DWORKIN, Ronald. *Levando os direitos a sério*. São Paulo: Martins Fontes, 2016, p. 28.

660 MACEDO JR, Ronaldo Porto. *Do xadrez à cortesia: Dworkin e a teoria do direito contemporânea*. São Paulo: Saraiva, 2014, p. 161.

661 DWORKIN, Ronald. *Levando os direitos a sério*. São Paulo: Martins Fontes, 2016, p. 28.

662 "Na ausência de uma tal regra jurídica válida não existe obrigação jurídica; segue-se que quando o juiz decide uma matéria controversa exercendo sua discrição, ele não está fazendo valer um direito jurídico correspondente a essa matéria". *Idem*, p. 28.

663 *Idem*, p. 35-36.

Para Dworkin, ante um caso difícil – não regulado por uma regra – o juiz não recorre à discricionariedade para decidir, mas a uma outra espécie normativa (o princípio), que, muito embora passe despercebida pela regra de reconhecimento, é parte do direito como qualquer outra regra. Nesse passo, os princípios asseguram um critério de correção das decisões judiciais, mesmo ante os *hard cases*.[664]

Das críticas dworkianas retratadas, a que mais interessa ao presente item é o combate à discricionariedade proposto pelo autor, intrinsecamente ligado à sua ideia de princípio jurídico.

Conforme o jusfilósofo, é possível observar a existência de poder discricionário em três sentidos. Os primeiros dois remetem ao poder discricionário em sentido fraco, ao tempo que o terceiro constitui a discricionariedade em sentido forte.

O termo "discricionariedade" é utilizado em sentido fraco para designar aquelas situações em que a autoridade pública não pode aplicar mecanicamente os padrões decisórios de que dispõe, sendo-lhe exigida capacidade (de discernimento) para julgar. O conceito é também empregado em sentido fraco naqueles casos em que um funcionário público tem autoridade para tomar uma decisão que não está sujeita à revisão ou cancelamento.[665]

Discricionariedade em sentido forte remete às ocasiões em que se afirma que o funcionário, ao decidir determinadas matérias, não está

---

[664] "É bem por aí que se instala o seu debate [de Hart] com Dworkin: este percebe, a partir da observação da atividade judicial em geral, e dos fundamentos que influenciam as decisões dos tribunais norte-americanos (um exercício de 'fenomenologia', se se quiser), que há componentes outros (além das regras) com 'força gravitacional' suficiente para conduzir os argumentos dos juízes em determinada direção (através, por exemplo, do respeito às decisões passadas), o que contradiz a doutrina positivista de poder discricionário. Indo direto ao assunto, a novidade está em que Dworkin conhece não apenas *regras* (*rules*), mas também *princípios* (*general principles of law*), os quais – em contraste com a concepção positivista – são juridicamente vinculativos; daí ele mesmo ter considerado sua teoria um *general attack on positivism* (ataque geral contra o positivismo)". MOTTA, Francisco Borges. *Levando o direito a sério: uma crítica hermenêutica ao protagonismo judicial*. 2ª ed. rev. e ampl. Porto Alegre: Livraria do advogado, 2012, p. 73-74. Sobre o tema, ver também: Lenio Streck. *Verdade e consenso: Constituição, hermenêutica e teorias discursivas*. 5ª ed. rev., mod. e ampl. São Paulo: Saraiva, 2014, p. 40.

[665] DWORKIN, Ronald. *Levando os direitos a sério*. São Paulo: Martins Fontes, 2016, p. 51.

balizado por qualquer padrão imposto por uma autoridade. Conforme Francisco José Borges Motta, o sentido forte de discricionariedade pode ser "compreendido como a ausência de limitações, ao seu titular, de quaisquer padrões (*standards*) estabelecidos por outra autoridade".[666]

Para Dworkin, a decisão estará sujeita a críticas, mesmo quando seja fruto da utilização do poder discricionário em seu sentido forte.[667] Entretanto, não seria possível afirmar que os destinatários da decisão tivessem *direito* a uma conclusão em sentido diverso.[668]

A doutrina positivista assevera que, ante a ausência de uma regra pré-estabelecida, o juiz tem discricionariedade para julgar. Ao fazê-lo, emprega o sentido forte de poder discricionário, segundo o qual o juiz está livre de padrões para decidir.[669] Os positivistas não enxergam os princípios utilizados na solução dos *hard cases* como padrões *jurídicos* que balizam a decisão, mas como parâmetros extra jurídicos selecionados conforme o arbítrio do juiz – o que, na opinião de Dworkin, é um equívoco. O raciocínio de que "princípios não são regras, logo, não integram o direito" seria falso:

> O positivista conclui que esses princípios e políticas não são regras válidas de uma lei acima do direito – o que é verdade – porque certamente não são regras. Ele conclui ainda que são padrões extrajurídicos que cada juiz seleciona de acordo com suas próprias luzes, no exercício de seu poder discricionário – o que é falso. É como se um zoólogo tivesse provado que

---

[666] *Levando o direito a sério: uma crítica hermenêutica ao protagonismo judicial*. 2ª ed. rev. e ampl. Porto Alegre: Livraria do advogado, 2012, p. 70.

[667] DWORKIN, Ronald. *Levando os direitos a sério*. São Paulo: Martins Fontes, 2016, p. 53.

[668] "Alguém que possua poder discricionário nesse terceiro sentido pode ser criticado, mas não por ser desobediente, como no caso do soldado. Podemos dizer que ele cometeu um erro, mas não que tenha privado um participante de uma decisão que lhe era devida por direito, como no caso de um árbitro esportivo ou de um juiz de uma exposição". *Idem*, p. 54.

[669] "Portanto, parece que os positivistas, pelo menos algumas vezes, entendem sua doutrina no terceiro sentido, o sentido forte de poder discricionário. Nesse sentido, ela tem relevância para a análise dos princípios; na verdade, nesse sentido ela nada mais é do que uma reformulação da nossa segunda abordagem. É o mesmo que dizer que, quando um juiz esgota as regras à sua disposição, ele possui o poder discricionário, no sentido de que ele não está obrigado por quaisquer padrões derivados da autoridade da lei. Ou para dizer de outro modo: os padrões jurídicos que não são regras e são citados pelos juízes não impõem obrigações a estes". *Idem*, p. 55.

os peixes não são mamíferos e então concluído que na verdade eles não passam de plantas.⁶⁷⁰

Ao trabalhar a ideia de princípios jurídicos, Dworkin desarticula a) a tese de que o direito é identificado por meio de uma regra de reconhecimento, posto que esse tipo de teste se mostrou insuficiente à captação de todo o fenômeno jurídico; b) a tese da obrigação, segundo a qual o juiz só estará obrigado a algo quando uma regra pré-estabelecida assim prescrever; e c) a tese da discricionariedade, pois se os princípios existem e também são fonte de obrigações, mesmo ante o esgotamento das regras o julgador estará preso a um padrão jurídico, não podendo, simplesmente, eleger parâmetros conforme a sua discrição.

O ataque de Dworkin ao positivismo foi notadamente impactante. A constatação de que a argumentação jurídica se pauta em princípios, isto é, em *standards* de forte conteúdo moral⁶⁷¹, ignorados pela norma de reconhecimento, colocou em xeque o modo positivista de enxergar o fenômeno jurídico. Para garantir a sobrevivência, o juspositivismo foi forçado a se reinventar. Daí o surgimento das vertentes contemporâneas do positivismo, denominadas positivismo inclusivista/inclusivo (*soft positivism*) e positivismo exclusivista/exclusivo (*hard positivism*).⁶⁷²

Em 1986, ao publicar "O império do direito", Dworkin reestrutura, conforme visto, sua crítica ao positivismo numa teoria do direito alta-

---

670 *Idem*, p. 63.

671 "Tais padrões seriam *princípios* que estariam embebidos em uma forte controvérsia de fundo não apenas jurídico, mas, também – e principalmente –, moral". Lenio Streck. *Verdade e consenso: Constituição, hermenêutica e teorias discursivas.* 5ª ed. rev., mod. e ampl. São Paulo: Saraiva, 2014, p. 40.

672 Sem pretensão de aprofundar ou esgotar o tema, vale a menção de que a doutrina enquadra como positivistas exclusivistas aqueles autores que negam a possibilidade de a regra de reconhecimento incorporar critérios morais, ou seja, rechaçam a possibilidade de a critérios morais constituírem fundamento de validade do direito. Positivistas inclusivistas, por outro lado, admitem que seja possível (mas não necessário ou devido) que a regra de reconhecimento de um ou outro sistema jurídico se valha de critérios morais para identificar as normas que integram o ordenamento. Conforme Lenio Streck, "Seria, portanto, um tipo de positivismo – que mantém o apego pelas *fontes sociais do direito* –, porém, inclusivas com relação à possibilidade de incorporação de elementos morais". Lenio Streck. *Verdade e consenso: Constituição, hermenêutica e teorias discursivas.* 5ª ed. rev., mod. e ampl. São Paulo: Saraiva, 2014, p. 42.

mente complexa e sofisticada, que se preocupa sensivelmente com o *resultado da decisão*. A tese dworkiana parte do pressuposto de que o direito é um *conceito interpretativo*.

É possível identificar diversos tipos de conceitos. Os conceitos do tipo natural são aqueles que se referem a um objeto ou fato natural do mundo, a uma entidade possuidora de uma estrutura interna a ser descoberta pela ciência. Pelo conceito natural, o linguista descobre o sentido dos objetos mundanos perquirindo sua natureza, processo em que são identificadas as suas características naturais para, posteriormente, agrupá-los em categorias mais genéricas.

Por outro lado, conceitos do tipo criterial-semântico[673] são aqueles que se estribam em critérios, criados de maneira espontânea ou, nos casos das linguagens formalizadas, arbitrária. Os critérios podem ser utilizados para a correção do seu uso. Se o indivíduo quiser empregar um conceito criterial, deverá compreender e respeitar determinadas regras relativas ao seu significado. Para os positivistas, o direito seria um conceito do tipo criterial, cujos critérios de uso são ou podem ser compartilhados pela comunidade jurídica. Destarte, a detecção dos critérios de uso do conceito de direito conduziria a uma compreensão unívoca dele. Se, em dada comunidade, todos compartilham dos mesmos critérios sobre o direito, necessariamente terão a mesma concepção do que o direito é.

Por fim, existem conceitos interpretativos, que não se referem a um fato bruto do mundo, mas sim a um objeto cultural, criado pelo homem.[674] As práticas sociais – o direito, por exemplo –, seriam, na visão

---

[673] "Uma concepção semântica de um conceito é aquela que procura identificar os fatos e as regras existentes no mundo que nos permitem usar corretamente esse mesmo conceito. Assim, uma concepção semântica do conceito de árvore, por exemplo, é aquela que usualmente encontramos num dicionário e que identifica o uso dessa palavra à existência de uma referência, a coisa árvore, à qual se reportam as pessoas quando utilizam tal termo. Dentro dessa visão, o significado de um conceito é definido em função da extensão do conceito, isto é, do conjunto de coisas, fatos e práticas que estão inseridos no 'campo semântico' daquela palavra". MACEDO JR., Ronaldo. *Do xadrez à cortesia: Dworkin e a teoria do direito contemporânea*. São Paulo: Saraiva, 2014, p. 181.

[674] Sobre o tema, ver: BLANCO, Carolina Souza Torres. *Racionalidade e correção da decisão jurídica em Ronald Dworkin, Jürgen Habermas e Robert Alexy*. Dissertação (Mestrado em direito). Faculdade de Direito, Pontifícia Universidade Católica de São Paulo. São Paulo, 2014, p. 42.

dworkiana, conceitos interpretativos. Sobre conceitos interpretativos não se estabelece um único significado semântico, mas diversas concepções interpretativas, que variam a depender de fatores diversos.

Conceitos interpretativos devem ser examinados interpretativamente, posto que são frutos da intelectualidade e da capacidade do homem de atribuir sentido aos objetos que cria e buscar vê-los na sua melhor luz. Dizer o que um conceito é exige uma prática interpretativa que busque colocar o objeto referido na sua melhor luz.

Dworkin intitula o argumento do positivismo de que o direito é um conceito criterial-semântico de "aguilhão semântico"[675] – aguilhão, no

---

[675] "Chamarei de aguilhão semântico o argumento que descrevi há pouco, e que tem causado tantos problemas à filosofia do direito. Suas vítimas são as pessoas que têm uma certa imagem do que é a divergência e de quando ela é possível. Elas pensam que podemos discutir sensatamente se (mas apenas se) todos aceitarmos e seguirmos os mesmos critérios para decidir quando nossas posições são bem fundadas, mesmo que não possamos afirmar com exatidão, como seria de esperar de um filósofo, que critérios são esses. Eu e você só poderemos discutir sensatamente quantos livros tenho em minha estante, por exemplo, se ambos estivermos de acordo, pelo menos em linhas gerais, quanto ao que é um livro. Podemos divergir sobre os casos limítrofes: posso chamar de livrinho aquilo que para você seria um panfleto. Mas não podemos divergir sobre aquilo que chamei de casos centrais. Se para você meu exemplar de *Moby Dick* não é um livro, pois em sua opinião romances não são livros, qualquer divergência será necessariamente absurda. Se essa imagem simples das circunstâncias em que a verdadeira divergência é possível esgota todas as possibilidades, ela deve aplicar-se aos conceitos jurídicos, inclusive ao conceito de direito. É então que se coloca o dilema que exponho a seguir. Ou os advogados, apesar das aparências, realmente aceitam, em linhas gerais, os mesmos critérios para decidir quando uma afirmação sobre o direito é verdadeira, ou não pode existir absolutamente nenhum verdadeiro acordo ou desacordo sobe o que é o direito, mas apenas a estupidez de pessoas pensando que divergem porque atribuem significados diferentes ao mesmo som. O segundo termo desse dilema parece absurdo. Portanto, os filósofos do direito adotam o primeiro e tentam identificar as regras fundamentais ocultas que *devem* estar contidas, mas não reconhecidas, na prática jurídica. Eles produzem e discutem as teorias semânticas do direito.

Infelizmente para essas teorias, a imagem do que torna a divergência possível ajusta-se mal aos tipos de divergência que os advogados realmente têm. Ela é coerente quando advogados e juízes divergem sobre fatos históricos ou sociais, sobre que palavras devem ser encontradas no texto de alguma lei, ou quais eram os fatos em alguma decisão judicial anterior. Em direito, porém, grande parte das divergências é teórica, não empírica. Os filósofos do direito em cuja opinião devem existir regras comuns tentam subestimar a divergência teórica por meio de explicações. Dizem que os advogados e juízes apenas fingem, ou que só divergem porque o caso que

sentido de ferrão ou espinho de que são vítimas os positivistas, pois não existe um conjunto fixo de critérios compartilhados na sociedade que seja capaz de, realmente, conduzir a um significado unívoco de direito.[676-677] Nesse sentido, veja-se o quanto dito por Stephen Guest:

> When legal theorists insist on digging out the meanings of legal language in order to cast light on the nature of law, Dworkin accuses them of having succumbed to the semantic "sting". This means that the theorist has wrongly assumed that there is a level of agreement upon the correct criteria with which to use legal language. Any apparent disagreement, then, must be resolvable as a matter of research into the question of whether the participants are using the language correctly[678].

Considerar o direito um conceito interpretativo é, segundo Dworkin, a melhor forma de compreendê-lo. O modo como um indivíduo entende o que é direito afeta o seu raciocínio jurídico e possibilita a aferição da verdade das proposições jurídicas, que nada mais são do que "todas as diversas afirmações que as pessoas fazem sobre aquilo que a lei lhes

---

têm em mãos se situa numa zona cinzenta ou periférica das regras comuns. Em ambos os casos (dizem eles), o melhor a fazer é ignorar os termos usados pelos juízes e trata-los como se divergissem quanto à fidelidade ou reforma do direito, e não quanto ao direito. Aí está o aguilhão: estamos marcados como seu alvo por uma imagem demasiado tosca do que deve ser a divergência". DWORKIN, Ronald. *O império do direito*. 3ª ed. São Paulo: Martins Fontes, 2014, p. 55-56.

676 Conforme Ronaldo Porto Macedo Jr.: "O problema, para Dworkin, é que esse tipo de semântica criterial não é capaz de explicar adequadamente os desacordos teóricos. Para ele, o positivismo jurídico fracassou em sua explicação do significado das controvérsias jurídicas porque foi vítima do mencionado *aguilhão semântico* (*semantic sting*)". MACEDO JR., Ronaldo Porto. *Do xadrez à cortesia: Dworkin e a teoria do direito contemporânea*. São Paulo: Saraiva, 2014, p. 181.

677 "Os *conceitos criteriais* de direito (conforme se verá com mais detalhes no próximo capítulo) podem ser adequados para definir determinados tipos de conceitos, como os conceitos naturais de *livro, casa, veículo, parque* etc. Contudo, eles são lógico-gramaticalmente inadequados para descrever *conceitos interpretativos*, como *direito, cortesia* ou *justiça*. Nesse ponto reside o aguilhão semântico (*semantic sting*) que atinge a teoria positivista. Desacordos são comuns no direito e, com frequência, referem-se às regras que supõem serem as bases ou os fundamentos para o direito. Esses desacordos não se referem à mera aplicação dos critérios em casos particulares, não são desacordos empíricos, mas referem aos próprios critérios (...) o positivismo jurídico fracassa em seu projeto teórico justamente porque não consegue explicar esse elemento central da prática jurídica, isto é, a existência de desacordos teóricos relevantes para as práticas jurídicas". *Idem*, p. 183-184.

678 *Ronald Dworkin*. 3ª ed. Stanford: Stanford University Press, 2013, p. 39.

permite, proíbe ou autoriza".[679] O conceito de direito tem, portanto, consequências de importância para a prática jurídica.[680]

É possível afirmar que o conceito de direito é fundamento para analisar a veracidade de uma proposição jurídica. Para Dworkin, diversas discordâncias jurídicas são discordâncias quanto aos fundamentos que conduzem à verdade de uma proposição jurídica.

Suponha-se, por exemplo, que o direito seja um conjunto de regras. Por esta visão, saber se é verdadeira a afirmativa "é proibido, no Brasil, ultrapassar o farol vermelho" depende única e exclusivamente de verificar se existe ou não uma regra jurídica que institua tal proibição. Por outro lado, na ausência de uma regra, não existe fundamento para dizer que a afirmativa é verdadeira ou falsa, cabendo ao intérprete se valer da discricionariedade.

Existem, porém, conceitos de direito que contemplam outros padrões normativos (princípios) que não as regras jurídicas. Neste caso, ambos os padrões normativos podem servir de fundamento para a veracidade de uma proposição.[681]

Saber o que é o direito não é, portanto, uma questão meramente teórica. Suas implicações práticas são notórias. Encontrar a melhor interpretação do direito é encontrar a melhor forma de fundamentar proposições jurídicas e resolver casos práticos.

Conforme dito acima, conceitos interpretativos devem ser abordados por meio de uma atitude interpretativa. Quando um indivíduo intenta a compreensão de uma prática social (conceito interpretativo) pretende a melhor interpretação possível desta prática. Quando um intérprete intenta a descrição de uma prática social, o faz porque entende que é essa a forma mais valiosa de enxergá-la.[682] É isto o que o intérprete persegue: a interpretação que, segundo sua visão, seja capaz de colocar o objeto interpretado na sua melhor luz.

---

679 DWORKIN, Ronald. *O império do direito*. 3ª ed. São Paulo: Martins Fontes, 2014, p. 6.

680 *Cf.* BLANCO, Carolina Scuza Torres. *Racionalidade e correção da decisão jurídica em Ronald Dworkin, Jürgen Habermas e Robert Alexy*. Dissertação (Mestrado em direito). Faculdade de Direito, Pontifícia Universidade Católica de São Paulo. São Paulo, 2014, p. 44.

681 *Idem*, p. 46.

682 *Idem*, p. 48.

A interpretação de uma prática social é uma forma ou ocasião de interpretação que se assemelha à interpretação artística, pois pretende a interpretação de algo criado pelas pessoas como uma entidade distinta delas mesmas.[683] Cuida-se de interpretações criativas, cuja natureza é construtiva. "Em linhas gerais, a interpretação construtiva é uma questão de impor um propósito a um objeto ou prática, a fim de torná-lo o melhor exemplo possível da forma ou do gênero aos quais se imagina que pertençam".[684]

A interpretação criativa (construtiva) não se preocupa com a intenção do autor ou interlocutor (como a interpretação conversacional), nem com as relações de causa e efeito entre as coisas (como a interpretação científica), mas com o propósito que o intérprete impõe à prática interpretada, a fim de torná-la o melhor possível. O intérprete, porém, não pode torcer o objeto conforme queira, à moda do sujeito solipsista: é constrangido pela história e pela própria forma da prática interpretada.[685]

O intérprete impõe à prática um valor representativo de um interesse ou objetivo. Toda interpretação visa tornar o objeto o melhor possível, de acordo com o valor que é atribuído à prática pelo intérprete.[686]

---

[683] DWORKIN, Ronald. *O império do direito*. 3ª ed. São Paulo: Martins Fontes, 2014, p. 60-61.

[684] *Idem*, p. 64.

[685] É necessária a reprodução da advertência de Dworkin: "Daí não se segue, mesmo depois dessa breve exposição, que um intérprete possa fazer de uma prática ou de uma obra de arte qualquer coisa que desejaria que fossem; que um membro da comunidade hipotética fascinado pela igualdade, por exemplo, possa de boa-fé afirmar que, na verdade, a cortesia exige que as riquezas sejam compartilhadas. Pois a história ou a forma de uma prática ou objeto exerce uma coerção sobre as interpretações disponíveis destes últimos, ainda que, como veremos, a natureza dessa coerção deva ser examinada com cuidado. Do ponto de vista construtivo, a interpretação criativa é um caso de interação entre propósito e objeto". *Idem*, p. 64.

[686] "Portanto, a exposição construtiva da interpretação criativa talvez pudesse nos fornecer uma descrição mais geral da intepretação em todas as suas formas. Diríamos, então, que toda interpretação tenta tornar o objeto o melhor possível, como exemplo de algum suposto empreendimento, e que a interpretação só assume formas diferentes em diferentes contextos porque empreendimentos diferentes envolvem diferentes critérios de valor ou de sucesso. A interpretação artística só se difere da interpretação científica porque julgamos o sucesso das obras de arte segundo critérios diferentes daqueles que utilizamos para julgar as explicações de fenômenos físicos". *Idem*, p. 65.

A intepretação precisa de uma teoria normativa prévia e de uma *hipótese interpretativa*.[687]

Quando o intérprete se coloca diante de uma obra literária, pretende a interpretação que melhor a revele como obra arte. A isto Dworkin intitula *hipótese estética*.[688] A aceitação ou rejeição dessa hipótese depende de uma teoria normativa prévia sobre o que é literatura, qual a sua função, o que torna uma obra literária melhor que outra.

Encontrar a interpretação que revela o texto como a melhor obra de arte possível não implica assumir que a atividade interpretativa seja solipsista.[689] O próprio texto impõe ao intérprete limitações, afinal, o texto também tem sua materialidade. A interpretação que revela a melhor obra de arte que o texto pode ser deve ser encontrada dentro dos limites que o texto em si oferece. Dworkin, então, assevera que a teoria da interpretação deve conter uma subteoria acerca da identidade de uma obra artística, de modo que seja possível saber quando o indivíduo interpreta e quando *modifica* o objeto interpretado.

Naturalmente, discordâncias quanto à teoria da identidade de uma obra (teorias sobre o que é arte) conduzem a variações na interpretação levada a cabo.[690] O jusfilósofo afirma ser também possível que diferentes teorias da interpretação conduzam a teorias diversas sobre o

---

[687] BLANCO, Carolina Souza Torres. *Racionalidade e correção da decisão jurídica em Ronald Dworkin, Jürgen Habermas e Robert Alexy*. Dissertação (Mestrado em direito). Faculdade de Direito, Pontifícia Universidade Católica de São Paulo. São Paulo, 2014, p. 50.

[688] Dworkin relembra que a hipótese estética não é relativista (ou solipsista), posto que encontra limite no próprio objeto: "A interpretação de um texto tenta mostra-*lo* como a melhor obra de arte que *ele* pode ser, e o pronome acentua a diferença entre explicar uma obra de arte e transformá-la em outra. Talvez Shakespeare pudesse ter escrito uma peça melhor com base nas fontes que utilizou para *Hamlet* e, nessa peça melhor, o herói teria sido um homem de ação mais vigoroso. Não decorre daí, porém, que *Hamlet*, a peça que ele escreveu, seja realmente como essa outra peça". DWORKIN, Ronald. *Uma questão de princípio*. São Paulo: Martins Fontes, 2005, p. 223.

[689] *Idem*, p. 222.

[690] *Idem*, p. 223.

que é arte.[691] Divergências sobre a função, o escopo do empreendimento artístico, também conduzem a interpretações variadas.[692]

Enfim, a teoria normativa prévia do intérprete acerca do que é arte e qual é a função de um empreendimento artístico impactam diretamente a interpretação. Decidir qual interpretação é melhor pressupõe avaliar que teoria normativa é melhor.

Da mesma forma, no campo jurídico, a teoria sobre o que é direito e qual é a sua função é determinante para a intepretação. A investigação do conceito do direito (o que é?) e de seu valor político (para que serve? que valores se propõe a efetivar?) condiciona a interpretação:

> Disse que uma interpretação literária tem como objetivo demonstrar como a obra em questão pode ser vista como a obra de arte mais valiosa, e para isso deve atentar para características formais de identidade, coerência e integridade, assim como para considerações mais substantivas de valor artístico. Uma interpretação plausível da prática jurídica também deve, de modo semelhante, passar por um teste de suas dimensões: deve ajustar-se a essa prática e demonstrar sua finalidade ou seu valor. Mas finalidade ou valor, aqui, não pode significar valor artístico, porque o Direito, ao contrário da literatura, não é um empreendimento artístico. O Direito é um empreendimento político, cuja finalidade geral, se é que tem alguma, é coordenar o esforço social e individual, ou resolver disputas sociais e individuais, ou assegurar justiça entre os cidadãos e entre eles o seu governo, ou alguma combinação dessas alternativas. (Essa caracterização é, ela própria, uma interpretação, é claro, mas permissível agora por ser relativamente neutra). Assim, uma interpretação de qualquer ramo do Direito, como o dos acidentes, deve demonstrar seu valor, em termos políticos, demonstrando o melhor princípio ou política a que serve.[693]

É o estudo da atitude interpretativa que conduz Dworkin a uma teoria da verdade, por meio da qual sugere que ante a problemas her-

---

691 "Se alguém pensa que a estilística é importante para importante para a interpretação, achará melhor uma obra de arte que integre pronúncia e tropo; se alguém é atraído pela desconstrução, privará a referência, em seu sentido coerente, de qualquer lugar proeminente numa descrição da linguagem". *Idem*, p. 226.

692 DWORKIN, Ronald. *Uma questão de princípio*. São Paulo: Martins Fontes, 2005, p. 225; BLANCO, Carolina Souza Torres. *Racionalidade e correção da decisão jurídica em Ronald Dworkin, Jürgen Habermas e Robert Alexy*. Dissertação (Mestrado em direito). Faculdade de Direito, Pontifícia Universidade Católica de São Paulo. São Paulo, 2014, p. 51.

693 DWORKIN, Ronald. *Uma questão de princípio*. São Paulo: Martins Fontes, 2005, p. 239.

menêuticos é possível encontrar uma única resposta correta. Noutras palavras, para Dworkin, quando existem divergências interpretativas acerca de uma prática, é possível que um dos pontos de vista seja objetivamente melhor que outro e não apenas diferente.

A primeiro, não se pode perder de vista que, na atividade interpretativa, é possível ao menos uma etapa em que determinados conceitos são compartilhados. É necessário partir de um fundo minimamente comum para que a interpretação possa caminhar. Discutir se um determinado livro é bom ou ruim exige que os intérpretes partilhem minimamente o conceito de livro. A melhor interpretação de um livro deve se ajustar aos paradigmas (casos paradigmáticos[694]) socialmente compartilhados do conceito de livro, descrevendo-os de maneira coerente. Não é mandatório que um paradigma seja sempre considerado. O intérprete pode substituí-lo por outro, que entende ser mais acertado, desde que atenda a um devido ônus interpretativo.[695]

A correção de uma interpretação é aferida por meio do exame da sua justificação. A melhor interpretação do conceito de direito é aquela cuja justificativa é abrangente (contempla os paradigmas socialmente compartilhados sobre o direito) e que o coloca na sua melhor versão. Adianta-se, desde já, uma conclusão: a resposta considerada correta

---

694 "A cada etapa histórica do desenvolvimento da instituição, certas exigências concretas da cortesia se mostrarão a quase todos como paradigmas, isto é, como requisitos da cortesia. A regra de que os homens devem levantar-se quando uma mulher entra na sala, por exemplo, poderia ser considerada um paradigma numa certa época. O papel que esses paradigmas desempenham no raciocínio e na argumentação será ainda mais crucial do que qualquer acordo abstrato a propósito do conceito. Pois os paradigmas serão tratados como exemplos concretos aos quais qualquer interpretação plausível deve ajustar-se, e os argumentos contra uma interpretação consistirão, sempre que possível, em demonstrar que ela é incapaz de incluir ou explicar um caso paradigmático". DWORKIN, Ronald. *O império do direito*. 3ª ed. São Paulo: Martins Fontes, 2014, p. 88.

695 "Os paradigmas fixam as interpretações mas nenhum paradigma está a salvo de contestação por uma nova interpretação que considere melhor outros paradigmas e deixe aquele de lado, por considera-lo um equívoco. Em nossa comunidade imaginária, o paradigma do sexo poderia ter sobrevivido a outras transformações por muito tempo, apenas por parecer tão solidamente arraigado, até que um dia se tornasse um anacronismo não mais reconhecido. Um dia, então, as mulheres passariam a não mais admitir que os homens se levantassem na sua presença; poderiam ver em tal atitude a mais profunda falta de cortesia. O paradigma de ontem seria o chauvinismo de hoje". *Idem*, p. 89.

não necessariamente é definitiva. Pode sucumbir diante de novos argumentos trazidos à baila, que desconsideram determinados paradigmas, ou que demonstram, por outro viés, que a prática é representada da melhor maneira.

Não se pode perder de visa que o próprio critério do que seria a melhor interpretação é também interpretativo e, portanto, é histórico/contextual. A atividade interpretativa é constante e inescapável.

Repita-se: é a justificação que determina a corretude de uma interpretação. Nem sempre a melhor justificativa é a justificativa consensual. Existe, obviamente, um ponto de partida ou um nível de proposições mais abstratas que são consensuais. A partir das proposições mais abstratas, é possível chegar a outras mais concretas e possivelmente divergentes. Nem sempre a proposição mais concreta consensualmente aceita é a que apresenta a melhor justificativa. Ou seja, nem sempre a alternativa consensual é a correta.[696]

De tudo o que foi dito, observa-se que, para Dworkin: a) o direito é uma prática social e, como tal, um conceito interpretativo; b) como conceito interpretativo, o direito deve ser examinado interpretativamente; c) para dizer o que o direito é, deve o intérprete se imiscuir numa prática interpretativa que vise a apresentar a melhor versão do seu objeto (o direito); d) ao perquirir qual seria a melhor versão do direito, o intérprete lhe impõe uma finalidade ou um valor político; e) a intepretação será melhor ou pior na medida em que consiga apresentar a melhor versão do objeto à luz do valor político proposto; f) a interpretação deve, também, atentar-se para casos paradigmáticos, socialmente compartilhados como parte do conceito; e g) a interpretação será mais correta na medida em que consiga g.1) explicar o objeto, fazendo referência aos paradigmas socialmente compartilhados; e g.2) colocar o objeto na sua melhor luz, de acordo com o valor político que lhe foi atribuído.

Dworkin, como intérprete do conceito de direito, também lhe atribui um valor político, uma finalidade política, qual seja, a de concretizar uma igualdade especial, garantindo a todos igual consideração e respeito. Para o autor, apenas atingida a igualdade especial retro, legitima-se a coerção estatal.

---

696 *Idem*, p. 99-100.

Conforme Georges Abboud, Henrique Garbelline Carnio e Rafael Tomaz de Oliveira:

> Quando se encara o direito como *prática interpretativa*, todos os procedimentos metodológicos são instalados em função das controvérsias que cada um de nós temos sobre o que seja direito e até onde é legítima a coerção exercida pelo Estado sob o signo do direito.
> Já nesse ponto fica claro porque Dworkin não aceita nenhum tipo de discricionariedade judicial: permitir que o juiz decida de modo a inovar na seara jurídica pode representar um exercício arbitrário (não justificado em princípios da comunidade moral) da coerção estatal, colocando-se no tênue liame que sustenta o exercício legítimo da força e a exceção.[697]

A restrição do poder do Estado para fins de balizar a forma como a força é usada contra os indivíduos constituiria uma ideia abstratamente compartilhada da função do direito; ou seja, um conceito (no sentido de proposição abstrata consensual) sobre a função do direito. A partir dessa proposição abstrata genérica e mais ou menos compartilhada, constroem-se *concepções* com vistas a aprimorar a ideia consensual inicial.[698] O positivismo terá uma concepção do direito, de acordo com sua crença de qual melhor potencializa a ideia consensual de legitimação da coerção estatal, ao passo que Dworkin também propõe uma concepção própria (a do direito como integridade).

---

697 ABBOUD, Georges; CARNIO, Henrique Garberllini; OLIVEIRA, Rafael Tomaz de. *Introdução à teoria e à filosofia do Direito*. 3ª ed. São Paulo: Revista dos Tribunais, 2015, p. 462.

698 "Afirmei que o conceito de direito – o espaço em que o debate entre as concepções se mostra mais útil – associa o direito à justificativa da coerção oficial. Uma concepção do direito deve explicar de que modo aquilo que chama de direito oferece uma justificativa geral para o exercício do poder coercitivo pelo Estado, uma justificativa que só não se sustenta em casos especiais, quando algum argumento antagônico for particularmente forte. O centro organizador de cada concepção é a explicação que apresenta dessa força justificadora. Cada concepção, portanto, se vê diante do mesmo problema inicial. Como pode *alguma coisa* oferecer mesmo essa forma geral de justificativa da coerção na política corrente? O que pode conferir a alguma pessoa o tipo de poder autorizado que a política supõe que os governantes possuam sobre os governados? Por que o fato de que a maioria elege um regime específico, por exemplo, dá a esse regime poder legítimo sobre os que votaram contra ele?" DWORKIN, Ronald. *O império do direito*. 3ª ed. São Paulo: Martins Fontes, 2014, p. 231.

5.3.2. A TESE DA RESPOSTA CONSTITUCIONALMENTE ADEQUADA DE LENIO STRECK

Não há dúvidas que os escritos de Lenio Streck conduziram boa parte da presente obra. O autor retrata como ninguém os problemas do positivismo – sobretudo a "inevitável discricionariedade" que se observa em todas as faces positivistas[699] – e, fundado em referenciais teóricos que também apoiam este trabalho – a hermenêutica filosófica de Gadamer, por exemplo – propõe uma Teoria da Decisão Judicial que implica um controle rigoroso das decisões judiciais. Nas palavras do próprio autor:

> Observando a ausência de uma teoria do direito que inclua a preocupação com o modo como devem decidir juízes e tribunais, e compreendendo que a hermenêutica (constitucional) não deva ficar à mercê de procedimento *ad hoc* ou atitudes pragmatistas/solipsistas (portanto, de "escolhas" individuais), venho buscando a construção de uma Teoria da Decisão Judicial, que implica um rigoroso controle das decisões judiciais, porque se trata, fundamentalmente, de uma questão que atinge o cerne do Constitucionalismo Contemporâneo: a democracia.[700]

Com Georges Abboud, Henrique Garbelline Carnio e Rafael Tomaz de Oliveira, é possível afirmar que Lenio Streck propõe uma Teoria da Decisão de Modelo construtivista, isto é

> uma teoria que onera o intérprete no momento de construir seu argumento de modo a apresentar uma justificação adequada à Constituição do ajuste por ele realizado entre as circunstâncias concretas do caso e o contexto normativo do direito da comunidade política.[701]

A teoria de Streck é notadamente contrária à discricionariedade judicial, entendida como o elemento que autoriza o juiz (aplicador) a decidir ao arrepio de uma responsabilidade política, livre de uma *accountability* hermenêutica. Consequentemente, a possibilidade da discricionariedade violaria o dever de fundamentar a decisão constitucional e legislativamente, tornando-a um ato de vontade.[702]

---

[699] STRECK, Lenio. *Verdade e consenso: Constituição, hermenêutica e teorias discursivas*. 5ª ed. rev., mod. e ampl. São Paulo: Saraiva, 2014, p. 594.

[700] *Idem*, p. 598.

[701] ABBOUD, Georges; CARNIO, Henrique Garberllini; OLIVEIRA, Rafael Tomaz de. *Introdução à teoria e à filosofia do Direito*. 3ª ed. São Paulo: Revista dos Tribunais, 2015, p. 465.

[702] STRECK, Lenio. *Verdade e consenso: Constituição, hermenêutica e teorias discursivas*. 5ª ed. rev., mod. e ampl. São Paulo: Saraiva, 2014, p. 594.

A discricionariedade é uma sinonímia de arbitrariedade, que contraria a noção do ato decisório como ato de poder que deve estar legitimado. A legitimação num Estado Democrático de Direito advém da fundamentação conforme a Constituição. Se a decisão discricionária é defasada no que concerne à motivação constitucional, consequentemente constituirá o exercício de um poder ilegítimo, ou seja, arbitrário.[703] A discricionariedade é, como a arbitrariedade, fundada na escolha (um ato de vontade) do intérprete, e não na Constituição.[704]

Juízos discricionários são possíveis quando se crê na possibilidade de uma multiplicidade de respostas corretas. É esse o momento da *escolha* que deve ser levada a cabo pelo aplicador. Se o julgamento não pode ser um ato discricionário, é necessária a defesa da possibilidade de uma resposta correta, que, nas lentes da teoria de Streck, é intitulada "resposta hermeneuticamente adequada à Constituição".[705]

A ideia de resposta correta pressupõe uma teoria da verdade. "Correção tem relação com (pretensão de) verdade".[706] O tema remete aos capítulos introdutórios da pesquisa, nos quais se aborda o esquema sujeito-objeto. Ao longo da história, discute-se se os sentidos estavam nas coisas ou na mente do sujeito que as observa. As coisas têm sentido porque possuem uma essência ou possuem sentido porque o sujeito o projeta a partir de sua mente? Prevalece a metafísica clássica ou a metafísica moderna?

Após a virada linguística ocorrida no século XX, o sentido das coisas passa a estar na linguagem. A língua não uma terceira coisa, um instrumental que se coloca entre o sujeito cognoscente e o mundo: é constitutiva de mundo. Entra em cena o paradigma sujeito-sujeito.

---

703 *Idem*, p. 599.

704 *Idem*, p. 599.

705 "Penso que, a partir da hermenêutica filosófica – que tenho trabalhado como uma *crítica hermenêutica do direito* –, é possível alcançar aquilo que pode ser denominado 'a resposta hermeneuticamente adequada à Constituição', que, se assim se quiser, também pode ser chamada de 'resposta correta'. Como procuro demonstrar, a interpretação do direito no Estado Democrático de Direito é incompatível com esquemas interpretativo-procedimentais que conduzam a múltiplas respostas, cuja consequência (ou origem) são discricionariedades, arbitrariedades e decisionismos". *Idem*, p.337.

706 *Idem*, p.354.

Nesse cenário, colocam-se as novas teorias, dentre essas a hermenêutica, que apostam num outro sentido de verdade. É possível falar de verdade a partir daquilo que se intitula prejuízos autênticos (verdadeiros), isto é, aqueles extraídos da tradição e postos à prova, confrontados com a coisa.[707] Tradição, vale o lembrete, não é algo que está sujeito à discricionariedade ou à escolha do intérprete. Para um determinado caso, é, sim, possível uma resposta correta, fundada na tradição constitucional (autêntica).

Na quadra democrática do direito, cabe à hermenêutica preservar a força normativa da Constituição e a autonomia do direito. Para dar cumprimento a esse fim, Lenio Streck propõe um conjunto mínimo de princípios que a decisão deve seguir para concretizar a Constituição. Cuida-se de um *minimo applicandi* preconizado pela teoria da resposta correta.

O primeiro princípio é o da *preservação da autonomia do direito*.[708] No atual momento da história, existe a preocupação de se preservar a autonomia do direito frente a outras esferas, à exemplo da política, da economia e da moral. As decisões judiciais não podem se escorar em argumentos políticos, morais ou econômicos; devem se fundar em argumentos *jurídicos*.[709]

---

[707] Idem, p.363.

[708] Idem, p. 601-605.

[709] "Trata-se da institucionalização de uma verdadeira blindagem contra os predadores do acentuado grau de autonomia conquistado pelo direito nesta quadra da histórica. Com efeito, podem ser detectados dois tipos de 'predadores' do direito: os endógenos, que funcionam no plano da dogmática jurídica (entendida como senso comum teórico), pelo pan-principiologismo, pelos embargos declaratórios (instrumentos utilizados para 'salvar' decisões mal fundamentadas), pelas teses que relativizam a coisa julgada, pela aposta na discricionariedade judicial (que, no Brasil, não tem maiores diferenças da arbitrariedade), pela aposta no ativismo e nas suas derivações, como o instrumentalismo processual e todas as formas e fórmulas que deslocam o problema da legitimidade da interpretação/aplicação do direito em favor do protagonismo judicial (o que denomino 'interpretação feita pelo sujeito solipsista' – ou por sua vulgata que se forjou no âmbito do senso comum teórico). Na outra ponta, tem-se os 'predadores exógenos', que funcionam no plano da teoria do direito, podendo ser destacados, tradicionalmente, a inserção (e o uso) da moral como corretiva do direito, a política, pelas constantes reformas que buscam fragilizar direitos fundamentais, e, finalmente, os discursos *law economics*, que pretendem colocar o direito a reboque de decisões pragmaticistas (para dizer o mínimo)". Idem, p. 602.

Do princípio em questão, decorrem padrões interpretativos (métodos ou princípios) como o da correção funcional – segundo o qual o Judiciário não pode, no momento decisório, alterar a distribuição de competências e funções constitucionalmente postas – e o da preservação da força normativa da Constituição e da máxima efetividade, segundo o qual é preciso buscar o sentido que dê maior eficácia à Constituição. A própria ideia de limites semânticos impostos pelo texto constitucional está relacionada à preservação da autonomia do direito. É preciso que o texto constitucional seja respeitado. A construção da norma deve observar as fronteiras intransponíveis do texto.

A preservação do alto grau de autonomia do direito exige o respeito à lei. Existem raras situações em que é admissível a inaplicação da legislação: i) quando a lei padecer de inconstitucionalidade; ii) quando a inaplicabilidade se dê por força dos critérios de resolução de antinomias; iii) quando da aplicação da interpretação conforme a constituição, caso em que haverá afetação não do texto literal da lei, mas do seu sentido; iv) quando for o caso de aplicar a nulidade parcial sem redução de texto, técnica que conduz à redução de hipóteses de incidência da lei; v) quando for o caso de declaração de inconstitucionalidade com redução de texto, ocasião em que o enunciado é mutilado para que seja assegurada sua constitucionalidade; e vi) nos casos em que a regra contrariar princípios.[710]

O segundo princípio é o do controle hermenêutico da interpretação constitucional.[711] É preciso impor limites às decisões judiciais, combatendo-se a discricionariedade para, inclusive, garantir a autonomia do direito defendida no primeiro princípio. "Pois se o intérprete escolhe os sentidos, então a democracia depende do intérprete. Restar-nos-ia, então, torcer para que tenhamos bons intérpretes?"[712].

Para a proteção das minorias, o espaço de manobra do legislativo foi reduzido, ao tempo que se outorgou o poder contramajoritário ao Poder Judiciário. O Judiciário ampliou sua esfera de poderes, entre-

---

[710] "Como a regra só existe – no sentido da *applicatio* hermenêutica – a partir de um princípio que lhe densifica o conteúdo, a regra só persiste, naquele caso concreto, se não estiver incompatível com um ou mais princípios. A regra permanece vigente e válida; só deixa de ser aplicado naquele caso concreto. Se a regra é, em definitivo, inconstitucional, então se aplica a hipótese 1". *Idem*, p. 605.

[711] *Idem*, p. 605-606.

[712] *Idem*, p. 606.

tanto, precisa de limites. Daí a necessidade de teorias da decisão que busquem a racionalização e o controle da atividade jurisdicional.

O terceiro princípio é o do efetivo respeito à integridade e à coerência do direito. Conforme esclarece Streck, a integridade e a coerência englobam princípios historicamente construídos pela teoria constitucional e depende da efetivação de outro princípio, qual seja, o da fundamentação das decisões judiciais. O respeito à integridade e à coerência contribui para afastar o relativismo. Ao tempo que exigem que se considere o passado, permitem que decisões equivocadas sejam corrigidas, sempre que percebida sua inadequação com o direito.[713]

A coerência é observada quando os padrões aplicados numa decisão são repetidos em casos idênticos. A integridade se assegura pelo respeito à ordem jurídica vigente, em especial, à Constituição.

O quarto princípio é o que erige a fundamentação das decisões à categoria de dever fundamental dos juízes e tribunais. A fundamentação é um *direito fundamental* do cidadão, cuja contraface é um dever (fundamental) que se impõe ao Estado. O juiz está obrigado a explicitar as condições a partir das quais compreendeu.

Para Streck, fundamentar é *justificar*. É agir com transparência no processo democrático de aplicação das leis; é prestar contas (*accountability*); é criar condições de possibilidade de um exercício de controle democrático sobre a decisão.[714]

Por fim, o quinto princípio é o do direito fundamental a uma resposta constitucionalmente adequada. Segundo Lenio Streck, os indivíduos têm direito ao julgamento de sua causa de acordo com a Constituição e às condições de possibilidade de se aferir se o decisório é, de fato, constitucionalmente adequado.[715] O direito fundamental a uma resposta constitucionalmente adequada é dependente dos demais princípios acima descritos. Juntos, os padrões listados conformam critérios de aferição da corretude das decisões judiciais.

---

713 *Idem*, p. 609.

714 *Idem*, p. 615.

715 Vale trazer à colação a seguinte advertência: "Parece despiciendo referir que o direito fundamental a uma resposta constitucionalmente adequada não implica a elaboração sistêmica de respostas definitivas. Isto porque a pretensão de se buscar respostas definitivas é, ela mesmo, anti-hermenêutica, em face do congelamento de sentidos que isso propiciaria". *Idem*, p. 617.

5.4. OS ENUNCIADOS PERFORMÁTICOS E O ATIVISMO JUDICIAL

Conceitos performáticos, conforme explicamos no quarto capítulo, são enunciados semanticamente vazios, em que se sobressai a intenção, a ação desejada pelo interlocutor. Os enunciados performativos estão a serviço de uma ação e não se sujeitam a um juízo de veracidade. Por conseguinte, são indiscutíveis.

É problemática a utilização de conceitos performativos na fundamentação de uma decisão judicial, dada a dificuldade que oferecem ao controle de conteúdo. Dito de outro modo, argumentações estruturadas nesse tipo de conceito são vazias de sentido; servem apenas para possibilitar um agir e não para *justificá-lo* de maneira apropriada. Justamente por isso, não é possível afirmar que um juiz que decide com espeque em enunciados performáticos cumpre com o dever fundamental de motivação, insculpido no art. 93, IX da CF. A motivação que se assim se estriba em performativos é meramente *pro forma*.

A bem da verdade, o magistrado nada diz quando, na exposição de suas razões decisórias, concede a liminar "porque presentes os requisitos", ou, "em nome da justiça", julga procedente ou improcedente o pedido deduzido pelo autor. Subsiste, então, apenas uma *aparência de motivação*, que não satisfaz o dever de fundamentação na magnitude em que retratado no capítulo terceiro desta obra. Ao fim, a expressão "decido porque quero" poderia facilmente substituir os enunciados performáticos dados como exemplo retro.

Aí está o ponto: a utilização de enunciados performáticos não é outra coisa senão um modo de o magistrado substituir a legalidade vigente pela vontade, por meio de uma motivação que não demonstra que a tomada de decisão realmente se deu em conformidade com o direito.

O ato decisório que se escora em conceitos performáticos é, à semelhança da discricionariedade, uma verdadeira manifestação do ativismo judicial, prática que, por si, é danosa ao Estado Democrático de Direito.

A utilização de conceitos performáticos não cumpre com o *minimo applicandi* defendido por Streck, especialmente no que se refere ao primeiro, ao segundo e ao quinto princípios propostos, nos termos dos quais é preciso garantir a autonomia do direito, assegurar parâmetros de controle hermenêutico de uma decisão e, igualmente, zelar para que os indivíduos possam aferir se seu caso foi julgado de acordo com a constituição. Dessarte, decisões fundadas em enunciados performativos não são provimentos constitucionalmente adequados.

Fundamentações performáticas impossibilitam controle de conteúdo e dão espaço para que decisões pautadas na vontade/convicções pessoais sobrevivam pela mera aparência de legitimidade. Decisões dessa estirpe não correspondem ao ideal de uma resposta hermeneuticamente adequada à Constituição.

A justiça, do modo como empregada na argumentação jurídica, é um conceito performático por excelência. Em que pese o argumento do justo seja sedutor, porque espelha um anseio comum a qualquer sociedade, utilizá-lo como álibi retórico quando do momento decisório não é prática democrática e, por isso, deve ser sempre combatida.

5.5. O MALEFÍCIO DOS CONCEITOS PERFORMÁTICOS PARA A DEMOCRACIA: A KATCHANGA E A LUTA CONTRA A CORRUPÇÃO

A essa altura da obra, nosso posicionamento quanto à inconstitucionalidade das fundamentações pautadas no critério de justiça já está suficientemente explícito. Contudo, não poderíamos encerrar nossos escritos sem, antes, abordar de forma direta e específica os malefícios que a utilização da argumentação performática tem causado à democracia, especialmente nos assuntos relacionados ao "combate à corrupção", tema que, na última década, dominou – e, em certa medida, sequestrou – o debate político.[716] Para tanto, utilizar-nos-emos da metáfora da *Katchanga*, que, no nosso sentir, elucida, à perfeição, os perigos do uso dos conceitos performáticos para um regime democrático.

Credita-se ao saudoso Luís Alberto Warat a autoria da estória da *Katchanga*, contada e recontada diversas vezes e com fins variados: na primeira oportunidade, serviu-nos como metáfora explicativa da empreitada hermenêutica, na segunda, como denúncia da prática interpretativa despótica, que coloca a jurisdição no plano do arbítrio. Para

---

716 Boa parte do argumento que exporemos neste item foram adiantados em artigo intitulado "Entre democracia e arbítrio: a metáfora da katchanga e a luta contra a corrupção"; escrito em coatoria com Ricardo Yamin Fernandes, e publicado na coluna organizada pela Associação Brasileira de Direito Processual (ABDpro) no *Empório do Direito*. Disponível em: https://emporiododireito.com.br/leitura/abddpro-99-entre-democracia-e-arbitrio-a-metafora-da-katchanga-e-a-luta-contra-a-corrupcao. Acesso em: 14/02/2021.

aqueles que ainda não conhecem o conto a que nos referimos, segue apertada síntese, guiada pela narrativa de Lenio Streck[717]:

Num dado local, existia um Cassino que disponibilizava aos fregueses todos os tipos de jogos. A banca nada declinava: o entretenimento era universal, desde pôquer até a bocha. Eis que, numa noite qualquer, adentra o estabelecimento um forasteiro e propõe ao *croupier* (que também era dono do Cassino) uma partida de *Katchanga*. O *croupier,* nada obstante não conhecesse o jogo em questão, de pronto aceita o desafio, seguro de que aprenderia as regras no curso da partida. O desafiante começa. Retira do bolso um baralho de cartas, distribui dez para cada um e, desde logo, compra duas. Posteriormente, toma para si cinco cartas e devolve três. Antes que o *croupier* se atrevesse ao próximo movimento, o desafiante coloca suas cartas na mesa e anuncia: *Katchanga*. Sem mais, recolhe todo o dinheiro apostado. O *croupier* observou a sequência de cartas montadas pelo forasteiro e, na rodada seguinte, imitou-a, certo de que descobrira o segredo do jogo. Entretanto, o forasteiro novamente atirou suas cartas à mesa, disse "*Katchanga*" e recolheu o prêmio. Dessa vez, as cartas postas não obedeciam em nada o padrão anterior. Conforme as diversas partidas se sucederam, o cassineiro finalmente percebeu que era inútil buscar sequências no carteado. A vitória, ao fundo, seria daquele que primeiro dissesse *Katchanga*, não importava quais cartas tivesse à mão. Estava claro! Finalmente, dominava a regra fundamental.

O cassineiro, então, desafiou o forasteiro à partida final: ou tudo, ou nada. Certo de que ganharia, na primeira oportunidade o forasteiro atirou as cartas à mesa e, orgulhoso, vociferou "*Katchanga!*". Estava prestes a recolher o dinheiro, quando, de repente, o desafiante o surpreendeu. Sem mais, atirou suas cartas à mesa e decretou: *"Katchanga real"*.

Está aí o conto, que, sem sombra de dúvida, esconde uma lição hermenêutica importantíssima: a dogmática jurídica não consegue antever todas as situações, sempre lhe escapa algo. Conforme Lenio Streck, "há sempre um não dito, que pode ser tirado da 'manga do colete interpretativo'. Esse é o papel da interpretação, para o 'bem' e para o 'mal'".

Contudo, da estória extraímos um ensinamento político, quiçá mais urgente que a lição interpretativa retro. É inegável o papel criativo da hermenêutica; é evidente que o texto normativo é um produto sem-

---

[717] Para a versão completa, ver: https://www.conjur.com.br/2012-jun-28/senso-in comum-katchanga-bullying-interpretativo-brasil.

pre inacabado, que só encontra seu verdadeiro potencial à luz do caso concreto; que o exegetismo deve ser superado, etc. Entretanto, *o potencial criativo da interpretação não pode ser o germe do voluntarismo*. Dito de outro modo: a linguagem sempre deixa espaço para a criação, mas também lhe coloca (ou deve lhe colocar) limites. A *Katchanga*, a princípio projetada como metáfora acerca do papel da linguagem e da necessidade de superação dos modos mais primitivos do positivismo, não pode ser subvertida num álibi para decisões arbitrárias.

Para melhor compreender a segunda função metafórica da *Katchanga*, quiçá seja recomendável uma sutil alteração na estória. Imaginemos que o cassineiro conhecia e ofertava em seu estabelecimento a *Katchanga*. Propagandeava-a, inclusive, como o jogo mais difícil do Cassino. Um forasteiro, experiente em todos os tipos de jogos, é atraído pelo desafio, comparece à casa e chama o *croupier* para uma partida. O desafiante se senta à mesa, primeiro como expectador, convencido de que poderia aprender o jogo ao observá-lo em prática.

Mesmo após acompanhar algumas rodadas, nada parecia fazer sentido: o *croupier* atirava à mesa sequências de cartas completamente aleatórias, gritava "*Katchanga!*" e recolhia para si o dinheiro. De repente, o desafiante compreende que aquele jogo em particular não tinha regras; a única regra fundamental era ter em mãos um punhado de cartas, colocá-la na mesa e anunciar "*Katchanga*" antes que o oponente.

Para se certificar de que entendera corretamente, o forasteiro consulta outros fregueses, mais experientes no jogo, que conformaram sua teoria. O desafiante se sente pronto para enfrentar o *croupier*. Chama-o para uma única partida: ou tudo, ou nada.

Ansioso, na primeira oportunidade o forasteiro atira as cartas sobre a mesa, grita "*Katchanga*" e se prepara para receber o prêmio. É, inclusive, aplaudido pelos presentes, que, pela primeira vez, veriam a banca perder. Contudo, antes que o desafiante pudesse tocar num só centavo, o *croupier* se levanta, olha-o nos olhos, atira sua mão à mesa e afirma "*Katchanga* real. Não conhece a *Katchanga* real? *É um* princípio implícito do jogo. Infelizmente, o Senhor perdeu".

A essa altura da narrativa, duas assunções igualmente preocupantes despontam: (i) a *Katchanga real* passou de um produto interpretativo sempre possível – aquele que jaz na sobra da linguagem e que não necessariamente é antevisto no enunciado *in abstrato* –, a um álibi hermenêutico, que serve para possibilitar a tomada de qualquer decisão no jogo; (ii) num contexto onde é possível a criação de regras (ou princípios) *ad hoc* para além daquelas compartilhadas pelos *players* e reiteradamente aplicadas pelo "intérprete autêntico", a vontade da banca (que detém o poder político), por mais arbitrária e irascível que seja, *sempre prevalece*.

Contudo, a essas conclusões o próprio Lenio Streck apontou, em texto disponível no *Conjur*[718] desde junho de 2012. Perderia o sentido reviver a metáfora da *Katchanga*, se não tivéssemos novas camadas a acrescentar – e temos! –, úteis ao labor jurídico contemporâneo.

Pois bem: parece-nos que a estória da *Katchanga real* flerta diretamente com a teoria do *enunciado performático*, nos moldes como o explicamos no capítulo quarto deste livro.

Conforme dissemos, o traço distintivo de um conceito performático, para além de seu vazio semântico, é a sua finalidade, vez que se destina a um fazer, não a um explicar. Via de consequência, não cabe avaliar se seu conteúdo é verdadeiro ou falso. Ao fim, os performativos são *indiscutíveis*, o que é suficiente para concluir que não poderiam constar da fundamentação de um pronunciamento judicial, visto que blindam a decisão contra qualquer sorte de crítica e inviabilizam a função democrática da motivação, que é possibilitar o controle por parte dos jurisdicionados.

Fundamentação jurisdicional que gravita em torno de conceito performático é *pseudofundamentação*, simulacro de fundamentação, fundamentação fraudulenta, ou, em resumo, uma *não fundamentação*: é motivação na forma, mas não no conteúdo. Por isso é seguro afirmar que o direito, na sua acepção democrática, rechaça argumentações escoradas em conceitos performáticos.

Recentemente, a grande mídia nos instigou a revisitar a metáfora da *Katchanga*, quando divulgadas, pelo *The Intercept*[719], conversas que reportam indícios da relação promíscua havida entre Ministério Público e Poder Judiciário no curso das operações *Lava-Jato*. Muito embora o conteúdo dos dados vazados cause ojeriza a quem acredita no sistema acusatório como necessário a qualquer processo penal civilizado, nos-

---

[718] https://www.conjur.com.br/2012-jun-28/senso-incomum-katchanga-bullying-interpretativo-brasil

[719] Disponível em: https://theintercept.com/2020/01/20/linha-do-tempo-vaza-jato/ Acesso em: 11/11/2021.

sa intenção não é examinar as mensagens em si ou sua (in) aptidão para causar a nulidade das condenações que decorreram das investigações conduzidas pelas operações *Lava-Jato*. Nossa análise se detém muito antes disso, pois diz respeito à (in)possibilidade de aproveitamento, pela defesa, das conversas obtidas por força de sua suposta origem ilícita (existe suspeita de que os diálogos tenham sido obtidos por um *hacker*).

O Poder Público, representado na figura do ex-Juiz e ex-Ministro da Justiça Sérgio Moro, a respeito do levantamento do sigilo da interceptação telefônica entre o ex-presidente Lula e a então presidenta Dilma, opinou, em rede nacional, que o modo de captação e divulgação do diálogo – posteriormente considerado prova ilícita – não importava: relevante era o conteúdo da conversa, que escancarava a tentativa dos partícipes de fraudar à justiça.[720]

Por outro lado, o pacote de medidas contra a corrupção, projeto legislativo apresentado pelo MPF para votação, pretendia excluir a ilicitude da prova, quando, por exemplo, obtida em estrito cumprimento do dever legal, com a finalidade de obstar a prática atual ou iminente de crime ou fazer cessar sua continuidade ou permanência.[721]

O que se nota é que as autoridades públicas, para processar e punir crime de corrupção, têm insinuado a relativização de garantias processuais básicas (*i.e.*, proibição de prova ilícita).

Combate à corrupção é a nova *Katchanga real*, um performativo capaz de transformar o processo penal num verdadeiro vale-tudo e que legitimaria, inclusive, a utilização, contra o acusado, de provas obtidas ilicitamente. Contudo, quando se cogita do emprego das provas ilícitas para (a) punir Juiz e Procurador, acusados de corromper a essência de suas funções e desnaturar as regras básicas de qualquer processo

---

[720] Entrevista concedida à Pedro Bial, no programa "Conversa com Bial", exibido pela Rede Globo. Disponível em: https://www.youtube.com/watch?v=e2aon3Ub-xE. Acesso em: 25.06.2019.

[721] "Art. 157. São inadmissíveis, devendo ser desentranhadas do processo, as provas ilícitas, assim entendidas as obtidas em violação de direitos e garantias constitucionais ou legais. § 2º Exclui-se a ilicitude da prova quando: (...)VI – obtida em legítima defesa própria ou de terceiros ou no estrito cumprimento de dever legal exercidos com a finalidade de obstar a prática atual ou iminente de crime ou fazer cessar sua continuidade ou permanência;".

acusatório[722]; ou (b) no mínimo, inocentar o réu prejudicado, o argumento é subvertido. Passa-se a afirmar que as conversas foram obtidas ilicitamente, logo, não podem produzir qualquer efeito no processo.

A defesa esbravejou: *"Katchanga! Prova ilícita pode ser utilizada, o que importa é o conteúdo"*, afinal, era esse o discurso entoado pelas instituições. Entretanto, a banca, reforçada por setores da opinião pública e da comunidade jurídica[723], retorquiu: *"Katchanga real, a ilicitude da prova só será relativizada para reforçar o combate à corrupção, nunca para enfraquecê-lo"*. No mérito, já se ouve o coro: *"Katchanga real! É absolutamente comum o agir estratégico acertado entre acusação e juiz. Acontece todo o tempo"*.

É isto: em Cassino de *Katchangas*, estamos sempre despidos de qualquer garantia e completamente à mercê do cassineiro. A banca sempre vence, não há previsibilidade, coerência, integridade ou segurança jurídica. Dessarte, não tem razão de ser a existência de um processo (civil ou penal), posto que, ao fim, qualquer regra estabelecida pode ser torcida ou retorcida conforme a agenda da "banca".

Nesse ponto, não se pode falar sobre democracia. A condição mínima para o estabelecimento de um regime democrático é que haja "um conjunto de regras (primárias ou fundamentais) que estabelecem *quem* está autorizado a tomar as decisões coletivas e com quais *procedimentos*".[724] Ou seja, sem regras universais e isonômicas (aplicáveis a todos) sobre *como* o poder deve ser exercido, é impossível pensar a afirmação de um regime democrático. O combate à corrupção tornou-se um perigoso performático, pois seu sentido foi esvaziado para legitimar o agir do Poder Público, inclusive *contra constitutionem*, o texto que fixa as regras mais importantes do jogo democrático.

---

722 Esclareça-se que não concordamos que seja a prova ilicitamente obtida utilizada contra o ex-juiz ou contra o procurador. Em qualquer processo civilizatório, provas ilícitas nunca podem ser empregadas em desfavor de um acusado. Apenas quisemos demonstrar como o argumento anteriormente defendido é arbitrariamente afastado a depender de quem é o réu/suspeito que será prejudicado.

723 Ver, nesse sentido: https://oglobo.globo.com/brasil/sao-nulas-as-provas-obtidas-com-ilicitude-afirma-ex-ministro-do-stf-sobre-dialogos-de-moro-23743273 .

724 BOBBIO, Norberto. *O futuro de democracia: uma defesa das regras do jogo.* 6ª ed. Rio de Janeiro: Paz e Terra, 1997, p. 17.

À GUISA DE CONCLUSÃO: O DIREITO SUBMERSO EM ÁGUAS TURVAS

"Nenhum homem pode banhar-se duas vezes no mesmo rio"
HERÁCLITO

De que modo é possível controlar de maneira eficiente o poder? É essa a pergunta que conduz a história do direito moderno. A primeiro, considerou-se necessário conter os arbítrios das monarquias absolutistas. Posteriormente, notou-se que era preciso controlar substancialmente a atividade do Poder Legislativo para evitar que o direito pudesse ser instrumentalizado pela política contra os indivíduos. Atualmente, o centro das atenções é o Poder Judiciário.

Por isso, muito se discute, no Brasil, sobre o ativismo judicial. No nosso entendimento, é ativista a postura do juiz que substitui a legalidade vigente pela vontade ou por convicções próprias. O ativismo, sob a ótica aqui apresentada, é sempre pernicioso ao Estado Democrático de Direito.

É urgente tratar de que modo as decisões judiciais *devem ser* tomadas numa democracia. Os porquês que conduziram o juiz a uma determinada conclusão são tão importantes quanto a conclusão em si, pois determinam se a decisão é ou não legítima. Nesse sentido, Estado Democrático de Direito é aquele que se justifica adequadamente no exercício do poder.

O objetivo que nos guiou quando da redação desta obra era o de justamente estabelecer quais os limites do agir jurisdicional e os modos legítimos pelos quais uma certa decisão pode ser justificada.

Naturalmente, não resolvemos todos os problemas relativos aos limites decisórios. Trata-se de tema que dificilmente poderíamos esgotar por meio de um único livro. Contudo, ficaremos satisfeitos se tivermos convencido o público leitor de que existem fronteiras instransponíveis que se colocam ao magistrado quando do momento decisório.

Fortes na missão que assumimos, denunciamos a existência de um discurso que corrompe a maneira democrática de julgar, expondo a principal estratagema argumentativa utilizada para essa finalidade, isto é, os enunciados performativos.

Conceitos performáticos são essencialmente *indiscutíveis*. Estão a serviço de uma ação e não se submetem a um juízo de veracidade. Por conseguinte, a controlabilidade de um enunciado dessa natureza é limitada, para não dizer inexistente.

A justiça, do modo como é invocada pelo Judiciário brasileiro, constitui o mais sedutor e perigoso dos conceitos performáticos (certamente existem muitos outros, à exemplo do "combate à corrupção" e do "interesse público"). É vazio de sentido e utilizado a pretexto de um fazer, de modo que redunda num déficit de fundamento. Quando se maneja a justiça como um conceito performático, o fundamento é esquecido ou existe apenas enquanto motivação *pro forma*. Permitir ao juiz decidir desta ou daquela maneira porque está pautado num parâmetro do justo, é dar aval para que julgue sem uma justificação propriamente dita, passível de exame, crítica e validação por parte dos jurisdicionados.

O enunciado "decido para atender a um ideal de justiça", não obstante poder se estruturar em quantidade maior ou menor de palavras, não diz absolutamente nada. Poderia, inclusive, ser sintetizado na fórmula "decido porque quero". É, grosso modo, uma forma de ativismo judicial, pois, ao utilizá-la, o juiz, em lugar de fundar a decisão na legalidade vigente, escora-se em subjetivismos arbitrários.

Para melhor compreender os problemas que surgiriam caso autorizássemos decisões arrimadas no critério da justiça, tomamos a liberdade de fazer remissão a uma obra cinematográfica, cuja direção foi conduzida por Erik Poppe.

Datado de 2008, o drama norueguês "DeUsynlige" narra a estória de Jan Thomas, jovem condenado à prisão pelo suposto assassinato de uma criança. Após o cumprimento de uma parte de sua pena, Jan recebe liberdade condicional e, por força de seu notável talento musical, passa a exercer o ofício de organista substituto num templo religioso local. Após algum tempo de convívio na comunidade, Jan se envolve romanticamente com Anna, mãe do pequeno Jens.

Ao contrário do que se possa imaginar, não é difícil nutrir empatia por Jan. O personagem é um espírito solitário e atormentado pelo passado, ao qual deseja, desesperadamente, superar. O roteiro, a princípio, não nos permite saber ao certo o contexto em que o assassinato ocorreu; cria-se, então, uma atmosfera em que não podemos negar o desejo de descobrir alguma sorte de mal entendido que redima o protagonista.

O crime nos é relevado por meio *flashbacks* esporádicos: dois adolescentes (Jan e um colega) sequestraram um carrinho de bebê, onde uma criança pequena, de idade aproximada a quatro anos, repousava; enquanto discutiam sobre como proceder, o infante fugiu em direção a um rio, escorregou e golpeou a cabeça contra as pedras, desfalecendo imediatamente. Jan o toma nos braços, adentra o rio e deixa que a correnteza carregue o corpo. A despeito de afirmar que o menino morrera em razão da queda, Jan não evitou a condenação por homicídio consumado.

Poppe não retrata Jan como o homicida cruel e insensível ao qual poderíamos facilmente odiar. Pelo contrário: o carinho que dedica ao pequeno Jens nos faz duvidar de que realmente tenha sido capaz de ferir uma criança.

A semelhança entre Jens e o menino morto é impossível de ignorar. Não é por acaso que, a princípio, a sua presença cause desconforto a Jan, quase como se fosse a personificação do passado que o assombra. Contudo, ironicamente, o garoto desenvolve pelo ex-presidiário uma simpatia imediata.

Ao término do primeiro ato, a narrativa, que parecia relativamente direta e linear, toma um rumo inesperado. Somos apresentados a Agnes, a mãe de Isak, o garoto supostamente assassinado por Jan.

Agnes deixara o filho apenas por um momento para comprar uma bebida num café próximo ao parque. Quando retornou, percebeu que o carrinho havia desaparecido. A mulher, então, buscou-o desesperadamente. Descobrimos que, muito embora os rapazes tenham sido presos e condenados, jamais confessaram o crime, e o corpo, depois que levado pela correnteza, desaparecera.

Se a primeira metade da película é inteiramente dedicada a Jan, a segunda é uma imersão na perspectiva de Agnes, para quem a morte do filho é uma ferida terrivelmente dolorosa.

Agnes descobre que Jan foi libertado e trabalha como organista para a igreja. A tradução escolhida para o título do longa é bastante emblemática: "Águas turvas/turbulentas" (ou *Troubled Waters*) é o nome da canção que Jan interpretava quando Agnes o reencontra e reconhece pela primeira vez.

Incapaz de superar a tragédia que lhe acometeu, Agnes passa a vigiar Jan e percebe a proximidade que existe entre o ex-presidiário e o pequeno Jens. Com o intuito de proteger o garoto, a mulher o "sequestra".

Após uma série de eventos, ambos os protagonistas retornam ao rio, onde arriscam a vida para salvar Jens de um afogamento iminente. Jan finalmente confessa que, muito embora tivesse, a princípio, acreditado que Isak falecera em razão da queda, quando o carregou para as águas percebeu que o menino sobrevivera ao golpe; porém, deixou que a correnteza o levasse.

O elemento de que precisávamos para sermos antipáticos a Jan nos é fornecido tardiamente. Quando temos a certeza de que o organista assassinou uma criança indefesa, já não podemos repudiá-lo, pois conhecemos a culpa que o assombra e o amor e os sacrifícios de que é capaz. Contudo, não deixamos de partilhar a dor de Agnes, cuja estória é marcada por uma tragédia insuperável: a perda de um filho.

O mote do filme era certamente provocar essa sorte de paradoxo de sentimentos, mediante a oposição de diversas abordagens sobre o justo e o injusto. O diretor nos provoca a calçar os sapatos do algoz e os da vítima, para, posteriormente, desafiar-nos a realizar os julgamentos que, noutras circunstâncias, teríamos apresentado sem maiores dificuldades.

É justo que um indivíduo seja punido perpetuamente pelos erros que no passado cometeu? É justo que a assassino de uma criança indefesa seja digno de simpatia ou de novas oportunidades? O cumprimento da pena legalmente determinada não seria punição suficiente? Ou a lei é em si injusta, porquanto pune de maneira branda os crimes de assassinato praticados contra infantes? Não seria mais adequado condenar o criminoso à morte? Ou seria a pena capital uma sorte de vingança avessa ao ideal de justiça?

Finda a estória, as perguntas fervilham, porém, não encontram respostas consensuais, porque o tema que conduz a narrativa é um conceito sobre o qual não possuímos critérios minimamente compartilhados: a justiça.

Os questionamentos feitos geram respostas variadas, que oscilam a depender do interlocutor que está sujeito à interrogação. Quando primeiro enxergamos o mundo através dos olhos de Jan, parecíamos convictos de que linha adotaríamos para responder às perguntas. Repentinamente, ocupamos a posição de Agnes e, então, nossas convicções esmorecem.

Muitos dirão que a justiça material está, certamente, associada a algum grau de responsabilização pelos atos nocivos que tenham sido praticados contra terceiros, não podendo, porém, constituir uma forma de expiação violenta e/ou eterna, sob pena de escamotear uma espécie de vingança que não se harmoniza a um modo civilizado de conviver em sociedade. Contudo, estamos certos de que vários de nossos leitores não aquiescerão a esse raciocínio. Sobram exemplos de quem entenda que justo é retribuir com um mal o mal causado e que, por isso, a pena de morte seria a medida adequada para castigar um homicida. Por outro lado, não é raro encontrar pessoas que, fincadas em ideologias pacifistas de inspiração religiosa, preferem acolher o "pecador" e combater a maldade com a prática de um bem, porque consideram primordial romper o ciclo de violência em lugar de alimentá-lo.

A película nos perturba, justamente porque revisita o conflito que nós, enquanto sociedade, experenciamos acerca do (in)justo e que, por ora, ainda somos incapazes de solucionar. O rio é uma simbologia que nos revela a historicidade do homem – que jamais mergulha nas mesmas águas por duas vezes, não apenas porque o rio passa, mas principalmente porque o indivíduo é altamente mutante – e que rememora a nossa incapacidade de, enquanto seres finitos e situacionais, podermos ter uma visão universal e absoluta do mundo e dos valores a partir do qual o organizamos.

A justiça, quer reconheçamos ou não, é um conceito amplo, que abriga teorias variadas e, por vezes, antagônicas. Por isso, pode ser empregada para justificar medidas e resultados diametralmente opostos. Trata-se de termo que escapa a qualquer tipo de controlabilidade e se presta a dar vazão a qualquer forma de agir. Dessarte, permitir que juízes decidam conforme o senso de justo é muni-los de um álibi retórico poderosíssimo, que lhes permite atuar conforme a sua vontade. Desse modo, trai-se a função que historicamente guiou o direito moderno: o controle do poder estatal.

Ao introduzir esta obra, assumimos a tarefa de por à prova a crença pela qual um dia todos fomos seduzidos – a de que cabe ao juiz decidir conforme o senso de justo. Face a tudo o que expusemos, acreditamos ter estabelecido bons argumentos para refutar a assertiva de que, em uma democracia, o juiz está investido do poder de "aplicar a justiça ao caso concreto".

Na qualidade de docentes, não devemos ter a expectativa de que o primeiranista conheça nossas razões. É esperado que o estudante que ingressa na faculdade de direito esteja enredado pela ilusão de que cabe ao magistrado realizar o justo. O que verdadeiramente nos preocupa é que quintanistas permaneçam atados a esse engodo. Se for esse o caso, falhamos em compreender e lecionar o direito.

Não nos cabe, evidentemente, "exorcizar" as paixões que motivaram os alunos a escolher o curso, mas, apenas, guiá-los para que reconheçam qual é o lugar apropriado para cultivá-las: decidir os valores que regerão uma comunidade não é função do juiz, mas do *legislador*, a quem, afinal, elegemos exatamente para esse fim.

POSFÁCIO

Preceitua-nos a clássica dogmática que a obediência à racionalidade jurídica – especialmente em seus caracteres passividade, vinculação ao direito, imparcialidade e dever de fundamentação – confere ao sistema de justiça uma qualificação técnico-jurídica que legitimaria toda e qualquer técnica decisória. Entretanto, a teoria da decisão jurídica, o que inclui a judicial, não se subsume, como pretende a vetusta processualística, à mera compreensão de tais aspectos.

O Judiciário está, paulatinamente, produzindo decisões que possuem aparência constitucional e democrática, mas que se traduzem em *sui generis* fraudes à Constituição e, consequentemente, no esvaziamento do sentido dos direitos fundamentais (processo desconstituinte), isso tudo através de decisões que desconstroem o direito, inclusive com finalidade eminentemente política, seja pela suspensão da própria democracia, seja pela suspensão de direitos da sociedade ou parcela dela (medidas de exceção).

A exceção materializada em referidas fraudes não se identifica, ao menos indistintamente, com a discricionariedade judicial, própria das concepções analíticas do direito, com o "erro judicial" (*"error in judicando"* ou *"error in procedendo"*), com a figura do juiz solipsista que decide segundo sua consciência ou, ainda, com qualquer caso inequívoco de ativismo judicial ou outras formas de decisionismo, embora possa se realizar nessas formas.

Ao Judiciário cabe, no sistema democrático, a última palavra em termos de interpretação da ordem jurídica. Em países como os latino-americanos, providos de Constituições analíticas, boa parte das decisões sobre os diversos campos da vida pública, da vida em comunidade e dos comportamentos humanos acabam sendo transferidas do âmbito legislativo para o jurisdicional.

Reconhecemos três razões principais para que em países de modernidade tardia e capitalismo periférico os espaços deixados à jurisdição para um agir soberano – no sentido schmittiano daquele que decide sobre a exceção, suspendendo direitos –, sejam ainda mais perceptíveis. Além da presença de um Estado de exceção permanente que convive faticamente com uma democracia formal, a qual se realiza plenamente apenas na Constituição (Estado Dual), é preciso consignar a forte influência da tradição jusfilosófica representada pelo positivismo analítico – notadamente em Kelsen e Hart –, cujo paradigma subjetivo-idealista (esquema sujeito-objeto) acabou, em nome de sua pureza metodológica, alargando os limites da discricionariedade judicial.

Com relação ao segundo aspecto, os positivistas, em geral, conferem ao juiz um poder incompatível com a ideia de Estado de direito consistente em fazer a sua valoração moral (ideológica) de uma forma livre. Isto ocorre porque tais positivistas não acreditam que possa existir um raciocínio objetivo, cujas premissas possam ser universalmente demonstradas quando se trata de um juízo moral, sendo sempre uma escolha subjetiva e livre do julgador.

Sendo o Judiciário a autoridade que decide autonomamente (poder da decisão política fundamental), ainda que inconscientemente, ao julgador é conferida uma soberania absoluta. Em outras palavras, referido pensamento de linhagem analítico-normativista propicia ao julgador a autoridade primária, outorgando-lhe o poder soberano de quem pode decidir pela exceção e suspender os direitos da sociedade.

Nesses termos, devem ser desnudados os postulados das teorias positivistas-normativistas e questioná-las em seus aspectos contraditórios, o que se mostra essencial para a consolidação e efetividade da verdadeira democracia, mas também para refutar a prática judiciária autorizada por esses mesmos fundamentos jusfilosóficos acentuadores da discricionariedade do julgador, transformando-o no sujeito do Estado quem possui a última palavra sobre a exceção. Também não se despreza o mal uso de teorias procedimentalistas da argumentação e avaliativas interpretativistas como fundamento a instrumentalização do direito havida nas decisões de exceção

Assim considerando, a incursão na tormentosa relação entre direito e justiça, bem como da teoria da decisão jurídica à luz da democracia constitucional, realizada por Maira Scavuzzi, ensejou uma obra que se apresenta como referência para aqueles que se enveredam no tema da função do Judiciário, bem como dos limites que se colocam ao seu exercício, nas democracias contemporâneas.

Ademais, a obra cumpriu uma relevante missão de, diante das preocupantes fissuras no sistema de justiça brasileiro, bem como dos seus desacertos nos últimos anos, em propor, à luz da teoria da decisão jurídica, parâmetros e limites ao exercício da elementar função que dele se espera na contemporaneidade. Também sob essa perspectiva, a obra cumpriu a relevante missão de constatar que a elevada indeterminabilidade do conceito de justiça, ao obstar a controlabilidade da decisão judicial nele baseada, deve ensejar objeções ao emprego do critério do justo, bem como de conceitos performáticos, enunciados semanticamente vazios através dos quais sobressaem o voluntarismo atrelado à intenção do julgador. Brilhantes, autora e obra, convidam à leitura atenta.

São Paulo, março de 2021.

PEDRO ESTEVAM ALVES PINTO SERRANO
Bacharel, Mestre e Doutor em Direito do Estado pela PUC-SP com Pós-Doutoramento em Teoria Geral do Direito pela Faculdade de Direito da Universidade de Lisboa, em Ciência Política pelo *Institut Catholique* de Paris e em Direito Público pela *Université Paris-Nanterre*; Professor de Direito Constitucional e de Teoria do Direito na Graduação, no Mestrado e no Doutorado da Faculdade de Direito da PUC-SP.

REFERÊNCIAS BIBLIOGRÁFICAS

ABBOUD, Georges. *Cinco mitos sobre a Constituição Federal Brasileira de 1988*. In: Revista dos Tribunais, vol. 996/2018, Out/2018, p. 27-51.

———. *Discricionariedade administrativa e judicial: o ato administrativo e a decisão judicial*. São Paulo: Revista dos Tribunais, 2014.

———. *Direitos fundamentais vs. Interesse público: análise crítica a partir dos enunciados performáticos de John Austin*. In: CLÈVE, Clèmerson Merlin; FREIRE, Alexandre [coord.]. *Direitos fundamentais e jurisdição constitucional*. 1ª ed. São Paulo: Revista dos Tribunais, 2014.

———. *Processo constitucional brasileiro*. São Paulo: Revista dos Tribunais, 2016.

———. *Submissão e Juristocracia*. In: Revista de Processo, vol. 258/2016, Ago/2016, p. 519-527.

———; CARNIO, Henrique Garbellini; OLIVEIRA, Rafael Tomaz de. *Introdução à teoria e à filosofia do Direito*. 3ª ed. São Paulo: Revista dos Tribunais, 2015.

———; NERY JR., Nelson. *Direito constitucional brasileiro: curso completo*. São Paulo: Revista dos Tribunais, 2017.

———; OLIVEIRA, Rafael Tomaz de. *O tribunal federal e a nova separação de poderes: entre a interpretação da Constituição e as modificações na engenharia constitucional*. In: Revista de Processo | vol. 233/2014| p. 423-451. Ago/2015.

———; STRECK, Lenio Luiz. *O que é isto – o precedente judicial e as súmulas vinculantes*. 3ª ed. rev. e atual. Porto Alegre: Livraria do Advogado, 2015.

ALVIM, Arruda. *Manual de direito processual civil*. 16ª ed. rev., atual. e ampl. São Paulo: Revista dos Tribunais, 2013.

ALVIM, Teresa Arruda. *A influência do contraditório na convicção do juiz: fundamentação de sentença e de acórdão*. Doutrinas Essenciais de Processo Civil. vol. 6, p. 233 – 236, São Paulo: Revista dos Tribunais, outubro de 2011.

———. *A uniformidade e a estabilidade da jurisprudência e o estado de direito Civil Law e Common Law*.

———. *Embargos de declaração*. 3ª ed. rev., atual., e ampl. São Paulo: Revista dos Tribunais, 2017.

AMADO, Juan Antonio García. *Hans Kelsen y lar norma fundamental*. Madrid: Marcial Pons, 1996, p. 128.

AUSTIN, John L. *How to do things with words:The William James lectures delivered at Harvard University in 1955*. 2ª ed. J.O. Urmson and Marina Sbisà; Oxford: Clarendon Press, 1975.

BAHIA, Alexandre Melo Franco; PEDRON, Flávio Quinaud. *A fundamentação substancial das decisões judiciais no marco do novo Código de Processo Civil*. Revista de Processo, vol. 256, p. 35-64. Junho de 2016.

BARCELLOS, Ana Paula; BARROSO, Luís Roberto. *O começo da história: a nova interpretação constitucional e o papel dos princípios no direito brasileiro*. In: Virgílio Afonso da Silva [org]. *Interpretação constitucional*. São Paulo: Melhoramentos, 2007.

BARROSO, Luís Roberto. *Curso de direito constitucional contemporâneo: os conceitos fundamentais e a construção do novo modelo*. 5ª ed. São Paulo: Saraiva, 2016.

BERMAN, Harold. *Law and Revolution: the formation of the western legal tradition*. Cambridge, Massachusetts and London, England: Harvard University Press, 1983.

BERMAN, Harold. *Law and Revolution II: the impact of the protestant reformations on the western legal tradition*. London: Harvard University Press, 2003.

BIX, Brian. *Patrolling the boundaries: Inclusive legal positivism and the nature of jurisprudencial debate*. In: *Canadian Journal of Law and Jurisprudence*, v. XII, n. 01, jan. 1999.

BLANCO, Carolina Souza Torres. *Racionalidade e correção da decisão jurídica em Ronald Dworkin, Jürgen Habermas e Robert Alexy*. Dissertação (Mestrado em direito). Faculdade de Direito, Pontifícia Universidade Católica de São Paulo. São Paulo, 2014.

BOBBIO, Norberto. *Contra os novos despotismos: escritos sobre o berlusconismo*. São Paulo: Unesp; Instituto Norberto Bobbio, 2016.

———. *Jusnaturalismo e Positivismo Jurídico*. 1ª ed. São Paulo: Editora Unesp, 2016.

———. *O futuro de democracia: uma defesa das regras do jogo*. 6ª ed. Rio de Janeiro: Paz e Terra, 1997.

———. *O positivismo jurídico: lições de filosofia do direito*. São Paulo: Ícone, 1995.

———; MATEUCCI, Nicola e PASQUINO, Giangranco. *Dicionário de política: vol. 1*. 11ª ed. Brasília: Unb: Imprensa Oficial do Estado, 2000.

BONAVIDES, Paulo. *Ciência Política*. 18ª ed. São Paulo: Malheiros, 2011.

BUENO, Cassio Scarpinella. *Manual de Direito Processual Civil: volume único*. 2ª ed. São Paulo: Saraiva, 2016.

———. *Novo Código de Processo Civil anotado*. São Paulo: Saraiva, 2015.

CANOTILHO, J.J. Gomes. *Direito constitucional e teoria da constituição*. 7ª ed. Coimbra: Almedina, 2003.

———; MENDES, Gilmar Ferreira; SARLET, Ingo Wolfgang (Coords.). *Comentários à Constituição do Brasil*. São Paulo: Saraiva/Almedina, 2013.

CARBONELL, Miguel. *El neoconstitucionalismo: significado y niveles de análisis*. In: CARBONELL, Miguel; JARAMILLO, Leonardo García (orgs.). *El canon neoconstitucional*. Madrid: Trotta, 2010.

CASTELLS, Manuel. *Ruptura: a crise da democracia liberal*. Rio de Janeiro: Zahar, 2018.

CHIASSONI, Pierluigi. *Il fascino discreto della common law: appunti sulla 'rilevanza' dei precedente giudiziali*. In: BRESSONE, Mario; SILVESTRI, Elisabetta; TARUFFO, Michele (orgs). I Metodi della Giustizia Civile. Milani: CEDAM, 2000.

D'Agostini, Franca. *Analíticos e continentais: guia à filosofia dos últimos trinta anos*. São Leopoldo: Unisinos, 2003.

DIAS, Gabriel Nogueira. *Positivismo jurídico e a teoria geral do direito: na obra de Hans Kelsen*. São Paulo: Revista dos Tribunais, 2010.

DIMOULIS, Dimitri. *Manual de introdução ao estudo do direito*. 7ª ed. rev., atual. e ampl. São Paulo: Revista dos Tribunais, 2016.

DINAMARCO, Cândido Rangel. *Relativizar a coisa julgada material*. In: Revista de Processo, vol. 109/2003, p. 9-38, Jan – Março 2003.

DWORKIN, Ronald. *Is democracy possible here? Principles for a new political debate*. Princeton: Princeton University Press, 2006.

———. *Levando os direitos a sério*. São Paulo: Martins Fontes, 2016.

———. *O império do direito*. 3ª ed. São Paulo: Martins Fontes. 2014.

———. *Uma questão de princípio*. São Paulo: Martins Fontes.

CUNHA, Leonardo Carneiro da; NUNES, Dierle; STRECK; Lenio Luiz (Orgs.). *Comentários ao Código de Processo Civil*. São Paulo: Saraiva, 2016

CROSS, Rupert, HARRIS, James. *Precedent in english law*. New York: Oxford University Press, 1991.

DALLARI, Dalmo de Abreu. *Elementos de Teoria Geral do Estado*. 26ª ed. São Paulo: Saraiva, 2007.

FERRAJOLI, Luigi. *El garantismo y la filosofia del derecho*. Bogotá: Universidad Externato de Colombia, 2000.

———. *Direito e razão: teoria do garantismo penal*. 3ª ed. São Paulo: Revista dos Tribunais, 2002.

———. *Poderes selvagens: a crise da democracia italiana*. São Paulo: Saraiva, 2014.

FERRAZ JR., Tércio. *Introdução ao Estudo do Direito*. 7ª ed. rev., atual. São Paulo: Atlas. 2013.

FLORES, Teresa Mendes. *Agir com palavras: a teórica dos actos de linguagem de John Austin*, 2007. Disponível em: http://www.bocc.ubi.pt/pag/flores-teresa-agir-com-palavras.pdf. Acesso em: 20.06.2017.

FONSÊCA, Vitor. *A motivação per relationem*. Revista de Processo, vol. 129, p. 251 – 268, novembro de 2005.

GADAMER, Hans-Georg. *Verdade e método I: traços fundamentais de uma hermenêutica filosófica*. 15ª ed. Petrópolis: Vozes, 2015.

GIACOIA JR. Oswaldo. *Heidegger Urgente: Introdução a um novo pensar*. São Paulo: Três Estrelas, 2013.

GOMES FILHO, Antonio Magalhães; GRINOVER, Ada Pellegrini. *As nulidades no processo penal*. 9ª ed., rev., atual. e ampl. São Paulo: Revista dos Tribunais, 2006.

GORNER, Paulo. *Ser e tempo: uma chave de leitura*. Petrópolis: Vozes, 2018.

GRAU, Eros Roberto. *Por que tenho medo dos juízes: a interpretação/aplicação do direito e os princípios*. 7ª ed. São Paulo: Malheiros, 2016.

GREEN, Leslie. *Legal Positivism*. In: *Stanford Encyclopedia of Philosophy, Fall Edition*.

GUEST, Stephen. *Ronald Dworkin*. 3ª ed. Stanford: Stanford University Press, 2013.

HENKEL, Heinrich. *Introducción a la Filosofía del Derecho*: Fundamentos del Derecho. Montevideo-Buenos Aires: Editorial B de F.

HESPANHA, António Manuel. *Cultura jurídica europeia: síntese de um milênio*. Coimbra: Almedina, 2017.

HÖFFE, Otfried. *Justiça política*. São Paulo: Martins Fontes, 2016.

KAUFMANN, Arthur. *A problemática da filosofia do direito ao longo da história*. In: KAUFMANN, Arthur; HASSEMER, Winfried (org.). *Introdução à filosofia do direito e à teoria do direito*. Lisboa: Fundação Calouste Gulbenkian, 2002.

———. *Filosofía del derecho*. 2ª ed. Bogotá: Universidad Externado de Colombia, 1999.

———. *A democracia*. São Paulo: Martins Fontes, 1999.

KELSEN, Hans. *Teoria pura do direito*. 8ªed. São Paulo: Martins Fontes, 2009.

KIRCHNER, Felipe. *A utopia da verdade real: compreensão e realidade no horizonte da hermenêutica filosófica*. In: Revista Brasileira de Ciências Criminais. Vol. 80/2009.

KLOPPENBERG, James T. *Toward Democracy – The struggle for self-rule in European and American Thought*. New York: Oxford University Press, 2016.

HABERMAS, Jürgen. *Pensamento pós-metafísico: estudos filosóficos*. Rio de Janeiro: Tempo Brasileiro, 1990.

HART, Hebert. *O conceito de direito*. São Paulo: Martins Fontes, 2009.

HEIDEGGER, Martin. *Ser e Tempo*. Campinas/Rio de Janeiro: Unicamp/Vozes, 2012.

HEIDEGGER, Martin. *A caminho da linguagem*. Petrópolis/Bragança Paulista: Vozes/Editora Universitária São Francisco, 2003.

IAZZETTA, Osvaldo. *La democracia delegativa, veinte años después*. In: Gabriela Ippolito-O'Donnell e Martín D'Alesandro. *La ciência Política de Guillermo O'Donnel*. Buenos Aires: Eudeba, 2015.

LEITER, Brian. *Positivism, formalism, realism*. In: Columbia Law Review, v. 99, n. 4, maio/1999.

LEMOS, Rafael Diogo. *Apontamentos acerca da teoria estruturante do direito e a importância de sua utilização no direito brasileiro*.

LEVITSKY, Steven; ZIBLATT, Daniel. *How democracies die*. Nova York: Crown, 2018.

LIEBMAN, Enrico Tulio. *Do arbítrio à razão reflexões: sobre a motivação da sentença*. Doutrinas Essenciais de Processo Civil. vol. 6, p. 233-236, São Paulo: Revista dos Tribunais, outubro de 2011.

LIMA, Robinson Rômulo Gemino. *Comunicação como ação: desdobramentos do performativo desde Austin*. Dissertação (Mestrado em Comunicação e Semiótica). Faculdade de Comunicação e Semiótica, Pontifícia Universidade Católica de São Paulo. São Paulo, 2003.

LOPES JR., Aury. *Direito Processual Penal*. 10ª ed. São Paulo: Saraiva, 2013.

LOPES JR., Aury. *Direito Processual Penal*. 17ª ed. São Paulo: Saraiva educação, 2020.

LOSANO, Mario G. *Sistema e estrutura no direito: vol 2: o século XX*. São Paulo: Martins Fontes, 2010.

LUIZ JR., Otavio. *Direito Civil Contemporâneo: estatuto epistemológico, constituição e direitos fundamentais*. Rio de Janeiro: Forense Universitária, 2019.

MACEDO JR., Ronaldo. *Do xadrez à cortesia: Dworkin e a teoria do direito contemporânea*. São Paulo: Saraiva, 2014.

MARIAS, Julián. *História da Filosofia*. 2ª ed. São Paulo: Martins Fontes, 2015.

MARMOR, Andrei. *Legal positivism: still descriptive and morally neutral*. In: Oxford Journal of Legal Studies, vol. 26, n. 4, 2006.

MARINONI, Luiz Guilherme. *Precedentes obrigatórios*, 5ª ed., rev., atual. e ampl., São Paulo: Revista dos Tribunais, 2016.

MATEUCCI, Nicola. *Organización del Poder y libertad: historia del constitucionalismo moderno*. Madrid: Editorial Trotta, 1998.

MAXIMILIANO, Carlos. *Hermenêutica e Aplicação do Direito*. 20ª ed. Rio de Janeiro: Forense, 2011.

MERRYMAN, John Henry; PÉREZ-PERDOMO, Rogelio. *A tradição da Civil Law: uma introdução aos sistemas jurídicos da Europa e da América Latina*. Porto Alegre: Sergio Antonio Fabris Editor, 2009.

MOREIRA, José Carlos Barbosa. *A motivação das decisões judiciais como garantia inerente ao Estado de Direito*. In: Temas de Direito Processual: segunda série. 2ª ed. São Paulo: Saraiva, 1988.

MOREIRA, José Carlos Barbosa. *Temas de direito processual*. São Paulo: Saraiva, 1977.

MOTTA, Francisco José Borges. *Levando o direito a sério: uma crítica hermenêutica ao protagonismo judicial*. 2ª ed. rev. e ampl. Porto Alegre: Livraria do advogado, 2012.

———. *Ronald Dworkin e a decisão jurídica*. Salvador: JusPodivm, 2017.

MÜLLER, Friedrich. *O novo paradigma do direito*. 3ªed. rev. atual. e ampl. São Paulo: Revista dos Tribunais, 2013.

———. *Teoria estruturante do direito*. 3ª ed. rev. e atual. São Paulo: Revista dos Tribunais, 2011.

NERY, Carmen Lígia. *Decisão judicial e discricionariedade: a sentença determinativa no processo civil*. São Paulo: Revista dos Tribunais, 2014.

NERY JR., Nelson. *Princípios do processo na Constituição Federal*. 12ª ed. rev., atual. e ampl. São Paulo: Revista dos Tribunais, 2016.

———. *Princípio da motivação dos atos judiciais – nulidade da sentença*. Soluções Práticas de Direito. vol. 1/2014. p. 363 – 390. Revista dos Tribunais: Setembro de 2014.

NERY JR., Nelson; NERY, Rosa Maria de Andrade. *Comentários ao código de processo civil*. São Paulo: Revista dos Tribunais, 2015.

———. *Constituição Federal comentada legislação constitucional*. 5ª ed. São Paulo: Revista dos Tribunais, 2014.

O'DONNELL, Guilherme. Democracia delegativa? *Novos Estudos CEBRAP*, n. 31, out. 1991.

OLIVEIRA, Rafael Tomaz de. *Decisão judicial e o conceito de princípio: a hermenêutica e a (in)determinação do Direito*. Porto Alegre: Livraria do Advogado, 2008.

OMMATI, José Emílio Medauar; TORRANO, Bruno (coord). *O positivismo jurídico no século XXI*. Rio de Janeiro: Lumen Juris, 2018.

POZZOLO, Susanna. *Neoconstitucionalismo como último desafio ao positivismo jurídico: A reconstrução neoconstitucionalista da teoria do direito: suas incompatibilidades com o positivismo jurídico e a descrição de um novo modelo*.

PECZENIK, Aleksander. Taking laws seriously, In: *Cornell Law Review*, v. 68, iss. 5 (1983), p. 660. Disponível em: https://scholarship.law.cornell.edu/clr/vol68/iss5/2/.

PENHA, João da. *Como ler Wittgenstein*. Editor Paulus, 2014.

RAZ, Joseph. *La autoridad del derecho: ensayos sobre derecho y moral*. 2ª ed. Cidade do México: Universidade nacional autónoma de México, 1985.

REALE, Miguel. *Lições Preliminares de Direito*. 27ª ed. São Paulo: Saraiva, 2010

ROCA, Javier Garcia. *Separación de poderes y disposiciones del ejecutivo con rango de ley: mayoria, minorias, controles*. In: Revista de Direito Constitucional e Internacional | vol. 27/1999 | p. 7 - 28 | Abr - Jun / 1999.

ROSENFIELD, Denis. *O que é a democracia*. 5ª ed. São Paulo: Brasiliense.

RÜTHERS, Bernd. *Teoría del derecho: concepto, validez y aplicación del derecho*. Bogotá: Themis, 2018, p. 237.

SANCHÍS, Luis Pietro. *Neoconstitucionalismo y ponderación judicia*.

SANTO AGOSTINHO. *A cidade de Deus: volume I: livro Ia VIII*. 2ª ed. Lisboa: Serviço de educação fundação Calouste Gulbenkian, 1996.

SANTOS, Tomás-Javier Aliste. *La motivación de las resoluciones judiciales*. Buenos aires: Marcial Pons, 2011.

SARMENTO, Daniel. *Interpretação constitucional, pré-compreensão e capacidades institucionais do intérprete*. In: BINENBOJM, Gustavo;

NETO, Claudio Pereira de Souza; SAMENTO, Daniel.*Vinte anos da constituição federal de 1988*. Rio de Janeiro: Lumen Juris, 2008.

SCHMITZ, Leonard Ziesemer. *Fundamentação das decisões judiciais*. São Paulo: Revista dos Tribunais, 2015.

SERRANO, Pedro Estevam Alves Pinto. *Autoritarismo e golpes na América Latina: Breve ensaio sobre jurisdição e exceção*. São Paulo: Alameda, 2016.

SHAPIRO, Scott J. *The "Hart-Dworkin" debate: a short guide for the perplexed, Public Law and Legal Theory Working Paper Series of University of Michigan Law School*. In: Working paper n. 77, mar/2007.

SOUZA FILHO, Danilo Marcondes. *A filosofia da linguagem de J. L. Austin*. In: AUSTIN, John L. *Quando dizer é fazer: palavras e ação*. Porto Alegre: Artes Médicas, 1990.

STOLLEIS, Michael. *O direito público na Alemanha: Uma introdução a sua História do Século XVI ao XXI*. São Paulo: Saraiva, 2018.

STRECK, Lenio Luiz. *Dicionário de hermenêutica: quarenta temas fundamentais da Teoria do Direito à luz da Crítica Hermenêutica do Direito*. Belo Horizonte: Casa do Direito, 2017.

———.*Jurisdição Constitucional e Decisão Jurídica*. 3ª ed. São Paulo: Revista dos Tribunais, 2013.

———.*Hermenêutica jurídica e(m) crise*. 11ª ed., rev., atual. e ampl. Porto Alegre: Livraria do Advogado, 2014.

———.*O que é isto – decido conforme minha consciência?* 4ª ed. rev. Porto Alegre: Livraria do Advogado, 2013.

———.*O que é isto – a verdade real? – uma crítica ao sincretismo jusfilosófico de terrae brasilis*. In: Revista dos Tribunais. Vol 921/2012, p. 359-392, publicado em julho de 2012.

———. *A katchanga e o bullying interpretativo no Brasil*. Disponível em: https://www.conjur.com.br/2012-jun-28/senso-incomum-katchanga-bullying-interpretativo-brasil. Acesso em: 17/02/2021.

———.*Súmulas no Direito brasileiro: eficácia, poder e função: eficácia, poder e função: a ilegitimidade constitucional do efeito vinculante*. 2ª ed. rev. e ampl. Porto Alegre: Livraria do Advogado, 1998.

———.*Verdade e consenso: constituição, hermenêutica e teorias discursivas*. 5ª ed. rev., modificada e ampl. São Paulo: Saraiva, 2014.

TALAMINI, Eduardo. *Coisa julgada e sua revisão*. São Paulo: Revista dos Tribunais, 2005.

———; WAMBIER, Luiz Rodrigues. *Curso avançado de processo civil: teoria geral do processo*. 16ª ed. reformulada e ampliada. São Paulo: Revista dos Tribunais, 2016.

TARUFFO, Michele. *A motivação da sentença no processo civil*. São Paulo: Saraiva, 1987.

TAVARES, André Ramos. *Fronteiras da hermenêutica constitucional*. São Paulo: Método, 2006.

TASSINARI, Clarissa. *Jurisdição e ativismo judicial: limites da atuação do Judiciário*. Porto Alegre: Livraria do Advogado, 2013.

THEODORO JR., Humberto. *Curso de direito processual civil: teoria geral do direito processual civil, processo de conhecimento e procedimento comum: volume I*. 56ª ed. rev., atual. e ampl. Rio de Janeiro: Forense, 2015.

TUCCI, José Rogério Cruz e. *A motivação da sentença no processo civil*. São Paulo: Saraiva, 1987.

VESTING, Thomas. *Teoria do Direito*. São Paulo: Saraiva, 2015.

WALUCHOW, Wilfrid J. *Positivismo incluyente*. Madrid/Barcelona: Marcial Pons, 2007.

WARAT, Luis Alberto. *Introdução geral do Direito I: intepretação da lei: temas para uma reformulação*. Porto Alegre: Fabris, 1994.

———. *O direito e sua linguagem*. 2ª versão. Porto Alegre: Fabris, 1984.

WITTGENSTEIN, Ludwig. *Tractatus Logico-Philosophicus*. São Paulo: Companhia Editora Nacional/Editora da Universidade de São Paulo, 1968.

WOLF, Christopher. *Judicial activism: bulwark of freedom or precarious security*. rev. Nova Iorque: Rowman e Littlefield Publishers, 1997.

ZUFELATO, Camilo. *Coisa julgada coletiva*. São Paulo: Saraiva, 2011.

editoraletramento
editoraletramento.com.br
editoraletramento
company/grupoeditoria letramento
grupoletramento
contato@editoraletramento.com.br

editoracasadodireito.com
casadodireitoed
casadodireito